編集者の誕生と変遷

プロフェッションとしての編集者論

文 嬿珠 著
（ムン ヨン ジュ）

出版メディアパル

■ はじめに

はじめに

編集者の誕生と変遷
－プロフェッションとしての編集者論－

　本書は2004年に発表した筆者の博士学位論文「日本の書籍出版編集者の専門的職業化過程に関する研究」の一部を修正・加筆したものである。

　論文では、日本の編集者を考察する有効な理論的枠組みとして、職業社会学の成果を取り入れた"ジャーナリズム・プロフェッション論"を採択し、日本の編集者へ適用した。経験主義や現場主義の色が強いのが日本の企業文化の特徴であり、職業としてのプロフェッションという概念自体あまり馴染まないところで、プロフェッションとしての編集者という議論は少々違和感を与える議題になるかもしれない。

　しかし論文でも強調したように、本論は編集者がプロフェッションなのかどうかを判断する意図はもともと無い。専門的職業化の過程を研究するというのは、ある職業が理念型としてのプロフェッションを志向して変化していく動態的過程に注目するものである。

　本論では出版研究のなかで、あまり注目されずにいた編集者に光を当て、彼らの職業が日本という社会的・歴史的状況下で、どのように形成され、発展してきたのか、そしていまどのような段階、状況に到っているのか、さらに現在の編集者が自分の職業に対しどのような意識的・態度的特性を持っているのかという、書籍出版編集者の専門的職業化の過程を総体的に考察することを目的としている。

ただし、本書では紙面の制約上、論文の内容のうち、プロフェッションとしての編集者の意識的・態度的特性の部分を省いた。紙数の関係上、本書では割愛した「プロフェッションとしての書籍編集者の態度的特性」に関する調査報告は、ご希望の方には「データ」の形で提供したい。出版メディアパル編集部まで、メールでご連絡いただければ幸いである。

　すでに10余年以上も前のデータであるが、当時の調査結果から見えた日本の編集者は、仕事のやりがいや適性にあう仕事、そして仕事の社会的・文化的に意義を重視して職業を選んでおり、職業の社会的機能に重点を置く職業観を持っている人が多く、職業から得られる金銭的報酬よりは自己実現などの精神的価値に重点を置いておられる編集者が多かった。一方、編集者は仕事の将来性についてはあまり期待を持てず不安を感じていることも垣間見ることができた。また、編集者は教育の必要性を認めつつも、それをどう具体化させるかについては対案を描けずにいた。
　このように編集者が抱いている現実的悩みや実践的課題を一つひとつ考え解決していく過程こそが他ならぬ本研究の意義であり、これからの課題であると考える。重要なのは、編集者のプロフェッション性の向上と絡む何らかの問題を解く主体は、近代化や産業化による急激な社会変化のなかをくぐって来た編集者自身、そしてこれからのデジタル社会をのり越えて行く編集者自身であることだ。

　論文を発表してからもう10年以上の年月が過ぎた。データから見る現在の出版業界はあまり明るくない。出版科学研究所が発表した2015年の出版物推定販売金額は、1950年代以後最大の落ち込みと言われる。
　もはや産業の縮小という議論はあまり意味を持たないかもしれない。時代は変化している。伝統的なメディアは固有の歴史と経験、厚い読者層をもっており、ある意味安定した基盤を整えている。しかし、これから編集者が考え

はじめに

るべき読者は生まれてからPCや携帯電話を弄るデジタル・ネイディブ(Digital Native)であり、デジタルメディア環境は人間そのものの意識や思考・行動様式を変えつつある。

近来ジャーナリズムの領域ではデータ・ジャーナリズム、仮想現実（Virtual Reality、VR）・ジャーナリズム、ロボット・ジャーナリズムという新しいニュース生産様式・形式が登場しており、果たして、ジャーナリストの役割は、何なのかという疑問が投げられている。10年後には、この世から消えていく職業の一つに新聞記者をあげる人もある。翻って、編集者はどうだろう。未来のあるべき編集者像、編集者の役割を考える際、本書が少しでも役に立つことができれば幸いである。

本論文の韓国語版は、既に2010年に『日本編集者の誕生』（コミュニケーションブックス）として刊行されている。日本語版の発行は無いものと思っていたので、『編集者の誕生と変遷』の発行は、双子の姉妹の誕生のように嬉しい贈り物となった。

最後に、筆者の論文を「本という一つの形」にしてくださった出版メディアパルの下村昭夫さん、2004年以後の最新資料を提供してくださった日本書籍出版協会事務局長の樋口清一さんと出版労連の皆さん、日本エディタースクール代表の稲庭恒夫さんに謝意を表したい。

「本という形」に整えるため論文を読み直すなか、論文を書いていた当時大変お世話になっていた方々の顔が自然に浮かんだ。一人ひとりお名前をあげ謝意を表すことは出来ないが、著者の日本留学期間を通じて、言葉に言い表せないぐらい大きなお力添えをいただいた指導教授の植田康夫先生(現「週刊読書人」社長)、昨年逝去なされた日本エディタースクール創始者の吉田公彦さんにこの紙上をお借りして深く感謝を申し述べたい。

2016年3月15日

ソウルにて　文嬿珠（Moon Youn Ju）

目次
編集者の誕生と変遷

はじめに……………………………………………………………… 2

第1章　新しい編集者論の試み……………………………………… 9
　第1節　編集者とは何か………………………………………… 10
　第2節　出版ジャーナリズム論と編集者研究………………… 14
　第3節　プロフェッションとしての編集者論………………… 19

第2章　プロフェッション編集者論の理論的背景……………… 23
　第1節　プロフェッションと専門的職業化モデル…………… 24
　　第1項　プロフェッション発生の歴史的背景／24
　　第2項　プロフェッションの概念／26
　　第3項　専門的職業化の概念と意味合い／31
　　第4項　専門的職業化のモデル／33
　　第5項　プロフェッション組織と自主性／37
　第2節　プロフェッションとしてのジャーナリスト………… 44
　　第1項　ジャーナリズム・プロフェッション論／44
　　第2項　ジャーナリズム職における専門的職業化の研究／51
　　第3項　ジャーナリスト組織の特徴と自主性／67

目　次

第3節　プロフェッションとしての編集者……………………………71
第1項　編集の概念／71
第2項　編集者の役割／76
第3項　日本の編集者論／78
第4項　職業としての編集者／86

第3章　書籍出版編集者の誕生……………………………………91
第1節　出版業の成立と編集者の誕生……………………………92
第1項　黎明期における出版業の成立と発展／92
第2項　近代的出版業と編集者／97
第3項　近代出版業の"産業革命"／101
第4項　出版業の成長と編集者の誕生／108
第2節　戦後の編集者が歩んだ道…………………………………117
第1項　戦後の出版と編集者という職業の成立／117
第2項　書籍出版の成長と書籍出版編集者像／124
第3節　高度成長期の編集者………………………………………135
第1項　国勢調査からみる編集者という職業／135
第2項　青年出版労働者の職業意識／140

第4章　出版関連団体が果たした役割……………………………147
第1節　プロフェッショナル・アソシエーションと出版関連諸団体…148
第1項　プロフェッショナル・アソシエーションの性格と機能／148
第2項　江戸、明治、大正期の出版関連団体／152
第3項　戦時中の出版関連団体／157
第4項　戦後の主な出版関連団体／158

第2節　日本書籍出版協会の性格と役割……………………… 166
第1項　日本書籍出版協会の発足経緯／166
第2項　日本書籍出版協会の構造と主な活動／172
第3項　出版倫理綱領の制定と内容／175
第4項　日本書籍出版協会の教育活動／177
第5項　日本書籍出版協会の三十年史とあり方に関する論議／182
第6項　プロフェッショナル・アソシエーションと日本書籍出版協会／187

第3節　日本出版労働組合連合会の性格と役割…………… 190
第1項　出版労連の発足経緯／190
第2項　出版労連のあり方と「新しい質の運動」の問題意識／201
第3項　出版労連の組織と主な活動／206
第4項　出版労連の編集者教育活動／208
第5項　プロフェッショナル・アソシエーションと出版労連／214

第5章　日本の編集者教育………………………………… 217
第1節　プロフェッショナル教育と日本の編集者教育………… 218
第1項　プロフェッショナル教育の課題／218
第2項　日本のプロフェッショナル教育の課題／219

第2節　出版社における社員教育の状況……………………… 221
第1項　有斐閣における社員教育の実例／221
第2項　戦前における出版人養成の実例／222

第3節　大学における出版教育の状況………………………… 226
第1項　大学の出版関連教育の状況／226
第2項　日本の大学における出版教育の目標／230
第3項　出版教育と出版現場とのコミットの程度について／237

第4節　日本エディタースクールにおける出版教育の状況……… 239
　　第1項　日本エディタースクールの発足経緯と主な活動／239
　　第2項　日本エディタースクールの教育活動／242
　　第3項　日本エディタースクールの研究活動と位置付け／248

第6章　明日の出版編集者のために…………………………… 251
　第1節　専門的職業化の観点から見る日本の編集者……………… 252
　　第1項　編集者の誕生と職業の成立／252
　　第2項　編集者のプロフェッショナル・アソシエーション／255
　　第3項　編集者のためのプロフェッショナル教育／259
　　第4項　編集者の自主性そして倫理意識／265
　　第5項　編集者の専門的職業化過程研究の持つ意義／267
　第2節　研究の限界と今後の研究課題……………………………… 270

◇　あとがきに代えて…未来の編集者たちへ……………………… 272
◇　参考文献および参考論文………………………………………… 274
◇　索　引…………………………………………………………… 283

第1章

新しい編集者論の試み
―書籍出版編集者の育成に関する考察―

本章の内容

　本研究は「編集者とは何か」という問題提起から始まる。

　編集者は出版コミュニケーションの過程のなかで、思想や知識、情報の流れ及び伝達のためのチャンネルを提供する位置に立っており、その媒介者としてチャンネルの流れを管理する者でもある。

　しかし「黒衣」という表現からも分かるように、彼らはその存在が表現と創造の表舞台に出ないという特性があり、論議や研究の対象としてあまり注目されてこなかった。本論文はその編集者に注目する。

　そして編集者の観る有効な理論的枠組みとして、職業社会学の成果を取り入れ、「職業」や「プロフェッション」の論議と研究アプローチを編集者に適用する。「職業」というのは人間の社会的活動の一つであり、「職業」を論ずるということは、その職業の社会的役割や機能を理解することである。

　「編集者」とは「編集活動」を日常的な「職業活動」として営む「職業人」であり、編集者という職業を総合的に検討することは、編集者の社会的役割と機能を理解することにつながると期待されるからである。

■ 第1章　新しい編集者論の試み

第1節

編集者とは何か

　植田康夫は出版物が時に歴史を動かす巨大な力を発揮した歴史的実例として
マルチン・ルターの『九十五カ条の論題』（1517年）、そしてディドロ、ダラン
ベール共同編集の『百科全書』（1751年〜80年）を挙げ、出版物の社会におけ
る文化的役割を説明した[1]。

　まず、世界最古のベストセラーであるといわれるマルチン・ルターの『九十五
カ条の論題』は1454年グーテンベルクによって発明された活版印刷がヨーロッ
パに普及しつつあったという事情に助けられ、たちまちにヨーロッパ全域に知
れ渡たることによって「宗教改革」へ繋がったと評価されている。印刷技術の普
及と発展は諸文献の複製を可能にし、流通を加速化させ、ごく少数の特権階級
だけのものであった書物を大衆の手に届けることによって知識、思想、教養の
大衆化をもたらしたのである。印刷技術が当時において世の中に真実を広める
最も有力な手段であったことは間違いない事実であろう。

　ディドロとダランベールの共同編集による『百科全書』は「フランス革命」を準
備した「一大思想運動」として評価された。当時、『百科全書』は「技術と学問の
あらゆる領域にわたって参照されうるような、そしてただ自分自身のためにの
み自学する人々を啓蒙すると同時に他人の教育のために働く勇気を感じている
人々を手引きするのにも役立つような辞典」を目指していたが、その仕事に総

＊1　植田康夫「出版の文化的役割と出版文化の再生」『放送学研究』No.41（1991年）、67
頁〜84頁。

勢184名の進歩的思想家たちが参加することによって、旧体制を打ち破り「近代」を準備する18世紀の啓蒙思想家たちの共同戦線となったのである*2。

　そしてその仕事の中心にディドロという編集者がいた。「いつも陽気で、頑健だった」ディドロは「様々な学問の相互交渉」を図る「集団的」作業である『百科全書』刊行作業の中心に居て、「他人の美質をよく見抜き、人々の発想の交叉点に立ち、先見の能力を持って、柔軟な戦術に長じ」ていた『百科全書』＝「知識人たちの共同戦線」の組織者としての役割を果たしたのである*3。

　このようにディドロは思弁哲学の終焉と実験哲学の到来を説いた思想家であり、彼自身『百科全書』の執筆者の一人でもあるが、歴史的意味を持つ『百科全書』を刊行した優れた編集者として評価することもできよう。

　ディドロが『百科全書』という出版メディアを通じて人間と時代を組織した18世紀のメディア状況と比較すると、現代のメディア状況は目覚しい変化を遂げているわけであるが、技術の発展とメディアの多様化が進んだ現代において出版メディアはいまや人間社会に存在する多様なメディアの一つとして、そして最も古典的メディアとして位置づけられており、その社会的役割も時代と共に変化してきた。18世紀に『百科全書』が果たした啓蒙的役割は現代の出版メディアが担っている文化的役割から鑑みると、当時のような比重は占めていないと言えるであろう。

　メディアの役割の変化は無論その送り手の変化をも意味する。そして送り手の変化の一つに書き手と編集者の分離というのを挙げることができよう。印刷術が発明され、出版業とそれを営む出版業者が登場するとともに書き手と編集者はそれぞれが独立した職業として分離、自立することになった。つまり、編集者は編集者としての固有の役割を担うようになったともいえるであろう。このような出版コミュニケーションの送り手の変化は時代や社会状況によって異なる性格が付与されてきたと思われるが、例えば編集者の社会的地位という面においてもディドロのいたフランスを含む欧米の編集者と日本の編集者とはかなり異なるようである。『エディターシップ』の外山滋比古はヨーロッパにおいてはエディターが大学教授よりも高い社会的地位をもって評価されるという逸

＊2　多田道太郎「『百科全書』について」桑原武夫訳編『百科全書』（岩波書店、1971年）、389頁～399頁。

＊3　前掲書、389頁～399頁。

第1章　新しい編集者論の試み

話を紹介しながら、日本の現状を次のように述べている。

　　欧米の文明文化を見よう見まねで取り入れたわが国では、形にあらわれな
　　いものへの関心はさっぱりである。書物をつくるのに、著者が必要なこと
　　はわかる。原稿も必要である。印刷もしなくてはならないのは理解する。
　　しかし、よい印刷物が出来るには、著者と読者の間に編集をする人がなく
　　てはならないことについての認識がまるでなかった。明治以後の日本の近
　　代文化は編集不在の文化であったと言うことができる。…完全原稿を、と
　　いう印刷所の強い要求ひとつを満足させるにも編集が確立しなくてはなら
　　ないのだが、より広く文化全体の健全な発達のためにも編集機能は不可欠
　　なのである。後進国的文化では、目にみえるところ、仕事らしい仕事だけ
　　が大事にされる。地味で目立たないが、その実きわめて大切だという仕事
　　にはなかなか陽が当らない。編集はそういうもののひとつである[4]。
　　（傍点は本論筆者）

　日本の出版メディアは既に百年を超える伝統と歴史を持っている。それほど
遠い昔まで遡らなくても戦後の日本のメディア状況から、当時、出版メディア
が果たした役割を振り返ってみると、出版メディアは情報と知識を渇望する
日本の読者の精神世界に潤いを与えたメディアとして、限られた紙面や時間割、
設備に拘束される新聞メディアや放送メディアができない多様かつ自由な情報
の発信を先導したのであった。このような出版メディアの役割と機能を果たす
ことにおいて最も中核となる活動が「編集」である。何を編集し、どう編集する
かによって、そして編集者がどのような編集の精神（エディターシップ）を持つ
かによって出版されるものも、その書物の社会的役割も異なってくるのである。
　しかし「編集」の仕事は「目立たない地味な仕事」であり、いままで「編集」の持
つ意味やその仕事のことが客観的な対象として論じられたり、評価されたりす
るケースは非常にまれであった。だが、「編集」は実に知的かつ創造的な活動で
あり、編集を総括する「編集者」は知的組織者として「そんじょそこらの大学教
授などより日常はるかに知的な考察力や判断力を必要とされている」[5]存在な

＊4　外山滋比古『エディターシップ』（みすず書房、1975年）、16頁〜17頁。

第1節　編集者とは何か

のである。

　日本の長い出版メディア史のなかには（現代にも）、このような「編集」を仕事として担ってきた編集者は数多く存在しており、その中にディドロのような優れた編集者がいなかったわけでもない。また編集という仕事が持つ社会的・文化的意味合いが否定されているわけでもない。にもかかわらず「編集とは何か」、「編集者とは何か」を問い詰める論議は未だに数少なく、あまり論議の対象にならないでいる。それ以前に「編集」や「編集者」に対する関心がなかったのである。それを指して外山は日本の文化を「編集不在の文化」と皮肉ったのではないだろうか。

　出版メディアは人間の表現の自由を最大限に生かすことのできる究極の多様性の追求ができるメディアであり、出版文化はその共同体が築いてきた文化の質を表す証拠のようなものである。文化の質に高いも低いもないという議論もあるが、質の高低を文化の多様性と深さの問題として考えると、その文化を出版物という物体として表し、残す手段としての出版メディアの重要性を看過することはできない。そしてそのような出版メディアの送り手として「編集」という知的作業を職業として担っている「編集者」のことをさておいて出版文化と出版メディアの役割を語ることはできないであろう。

　本論文では、我々が出版メディアを論じる際、とりわけ出版メディアの社会的役割と機能という問題を取り上げる際において、結果として現れている出版物そのものの社会における影響や効果だけに注目するのではなく、出版コミュニケーションの影響要因の一つである出版物の作り手側＝編集者の性格と彼らの役割に焦点を当てて論議を進めたい。

＊5　岩崎勝海「現代編集者の誕生」『20ｃ.21ｃ.マスコミ・ジャーナリズム論集』No.2（1994年）、94頁。

第2節

出版ジャーナリズム論と編集者研究

　大石裕は「ジャーナリズム」を「ジャーナリズム組織や個々のジャーナリストの活動総体」ととらえ、「ジャーナリズム論(あるいはジャーナリズム研究)」を、そうした「ジャーナリズムの活動総体を対象とする研究領域と、それに対するアプローチ」ととらえており、より具体的には「ジャーナリズム組織や個々のジャーナリストがいだく主体的な思想、ないしはイデオロギーに規範的意味を込めつつ着目し、社会とのかかわりからその形成・変容の過程を重視したい」として述べている[6]。

　彼のこうした見解はジャーナリズム論(ジャーナリズム研究)とは何かを考える際、重要かつ有効な視座を提示していると思われる。

　つまり、いままでジャーナリズム論というと、そのジャーナリズム組織や個々のジャーナリストの活動に要求される規範論だけが繰り返され、主にジャーナリズム活動に対する批判に「こうすべき」、あるいは「こうなるべき」という当為性だけが強調されてきたきらいがある。しかし、そのような規範や当為性の主張がより説得力を持つためにはジャーナリズム活動に対するより科学的探究を通した理論的根拠が提示されることが望ましいのではなかろうか。大石はいみじくもジャーナリズム論＝ジャーナリズム研究と捉えており、それはすなわちいままでのジャーナリズム論に科学的・理論的アプローチを適用することを提

---

[6]　大石裕「日本ジャーナリズムの理論的課題」『政治・社会理論のフロンティア－慶応義塾大学法学部政治学科開設百年記念論文集』(1998年)、372頁。

案することであり、また現在に至るまで「主観」が主導してきたジャーナリズム論に「客観性」を付与する試みが必要であるということを提起していることに他ならない。そして彼は「ジャーナリズム批判をジャーナリズム論へと展開、あるいは昇進させる契機を、主として欧米や日本において論じられてきた新聞学、ジャーナリズム論、さらにはマス・コミュニケーション論のいくつかに求める」[*7] としているが、そのなかで当然検討されているのが、いままで日本で行われてきた送り手研究の数々である。

　日本ではマス・コミュニケーション過程におけるマス・メディア組織とその組織構成員であるマス・コミュニケーターに関する研究（送り手研究）の立ち後れが、しばしば指摘されてきた[*8]。その立ち後れの理由としてはマス・コミュニケーション研究における初期の問題意識が受け手の相対的主体性の確立をめざす受容過程研究に集中したこと、また方法論的に送り手への接近が難しく、調査技法が定式化されていなかったことなどが考えられる。

　戦後日本のマス・コミュニケーション研究は米国の影響を多く受けているが、米国の初期のマス・コミュニケーション研究といえば、周知の通り、戦争宣伝を主たる対象とする宣伝研究によって始まり、大衆説得、ないしは大衆操作にその関心が向けられ、受け手に対するマス・コミュニケーション効果研究へと流れる傾向を持っていた。そのような米国のマス・コミュニケーション研究の流れは戦後の日本マス・コミュニケーション研究にも浸透し、定着した。そういう過程で日本のジャーナリズム活動に関する調査研究は、その必要性が常に指摘されながらも、ほとんど研究されないまま今日に至っている。

　一方、米国の実証主義的マス・コミュニケーション研究は、初期の受け手に対する効果研究への集中を脱皮し、従来の実証主義的アプローチをジャーナリズム組織やジャーナリストの活動にも適用し、いわゆるマス・コミュニケーションの「送り手研究」として多くの研究成果を生み出してきた。この種の送り手研究はマス・コミュニケーション研究に隣接する諸研究を参照しながら理論構築への試みを進めてきた。

　しかし、米国の影響を強く受けていた日本の実証主義的マス・コミュニケー

[*7]　前掲論文、372頁。
[*8]　鈴木裕久『マス・コミュニケーションの調査研究法』（創風社、1997年）、75頁。

ション研究では、こうした送り手研究についてはその研究動向・成果の紹介に止まり、実際の分析や理論構築に向かうことはまれであった[*9]。

　その結果、日本ではジャーナリズム活動に対しては理論を欠いたまま、ジャーナリズム組織やジャーナリストが取り扱われることになり、固定された批判だけが繰り返されてきたのである。

　以上のような傾向は出版研究においても強い影響を及ぼしている。そもそも日本で独自的な出版研究の必要性に関する問題提起が始まったのは1960年代に入ってからであり、1969年にようやく日本出版学会が結成され、科学としての出版学をめざす調査・研究が促進されるようになった。「出版」が科学的研究の対象として扱われず取り残されてきた理由について、清水英夫は次のように説明しているが、非常に的を射た指摘であると思われる。

　　　新聞学の飛躍的展開にもかかわらず、ごく最近まで"出版"に関する本質的・現象的アプローチが、少なくとも新聞学会の周辺において、ほとんど表面化していない…その理由は、アカデミズムの研究者で、"出版"を専攻する人がほとんど存在しないという"偶然"もあるかもしれないが、…そもそも新聞学が、ジャーナリズムおよび（または）マス・コミュニケーションの科学として、いわばメジャーの地位にあり、出版研究はその下に包摂されるマイナー的存在であるとの認識が、少なくとも潜在的に支配してきたのではなかったか、…すなわち、新聞学における主要命題は、そのままほとんど"出版"にも妥当すると信じられてきたように思われる。そして、このために、社会的コミュニケーションにおける"出版"の特質・役割・機能などの究明が、ほとんど放置されることにもなったのではなかろうか[*10]。

　出版研究は、その送り手研究の立ち遅れや出版ジャーナリズム論の科学的アプローチ、理論構築の問題を論ずる以前に、長い間独自かつ固有な研究領域として自立できず、主体性に欠けていたというこの研究領域特有の経緯が、出版

＊9　大石、前掲論文、381頁。No.2（1994年）、94頁。
＊10　清水英夫『出版学と出版の自由』（日本エディタースクール出版部、1995年）、4頁～5頁。

研究の進展を妨げていたのである。

　出版研究におけるこのような全般的な研究の不足・貧困状況下で編集者やその組織に関する送り手研究はさらに乏しいと言わざるを得ない。とりわけ「黒衣」という表現からも分かるように編集者の存在は、現実の出版過程の中でもなかなか見えにくい存在であり、出版研究の中でも、また当面の出版事情に関する様々な論議の中でも非常に影の薄い存在である。このように編集者が注目されず、研究の対象となれなかったのは、編集者というのが現実に見えにくい存在であるという原因以外にもう一つの要因が考えられる。つまり初期のマスコミ研究と同様、出版研究においても、その出版活動に対する批判や批評の主体、出版研究の主体が主に出版コミュニケーションの送り手側および著者側であったからではないだろうか。簡単にいえば「灯台下暗し」ともいえるようなものが出版研究にあったのではないかと思われる。

　しかし、今の出版現象を理解するためには出版コミュニケーションの送り手のことを理解しなければならない。その中でもメッセージの生産に最も中核的な役割を果たしている編集者個人の背景、態度、価値意識、信念、役割意識、彼らの職業行動、組織構造特性を含む伝達過程や伝達活動が出版コミュニケーション過程に及ぼす影響は実に大きいと考えられる。そしてこのような事実こそ出版コミュニケーション研究における送り手研究の有効性や重要性を物語っていると思われる。しかし今まで編集はもとより編集者、エディターシップのことを体系的な理論や研究方法に基づいて追究したものは極めて少なく、編集者個人に対する伝記的な記録や論評を超え編集者の集団的特性を説明し歴史的評価を可能にした研究アプローチはほとんど見られなかった。

　出版と深い関わりや関心を持っていた個々人として井家上隆幸、外山滋比古、小宮山量平、山口昌男、岩崎勝海等々の論じた「編集論」もしくは「編集者論」は、それぞれ編集者の理想像を描き理想像としての編集者に要求される職能、適性、資質などを提出しており、「編集」や「編集者」、「エディターシップ」を論ずる際の糸口になるものや、示唆に富む論題を数多く含んでいるものの、残念ながらそれらの論議は「主観」を超えた総合的かつ体系的な「編集者論」の形成までに至っているとは言い難い。従って編集者というものを取り上げるにあたって、そのような論議で提起された論点をまとめ、編集者論の理論的・体系的検討を試みることは本論文の重要課題の一つである。

本研究は、大石の表現をそのまま借り、出版ジャーナリズム論とは「出版ジャーナリズム組織や個々のジャーナリスト（編集者）がいだく主体的な思想、ないしはイデオロギーに規範的意味を込めつつ着目し、社会とのかかわりからその形成・変容の過程を重視する研究」であると定義したい。その上で、出版ジャーナリズム批判ではなく出版ジャーナリズム論（研究）を志向する試みとして「編集者論」の研究を展開していきたい。

第3節

プロフェッションとしての編集者論

　日本では出版編集者のことを「編集者女給論」、「編集者黒衣論」、「作家や評論家になるまでの腰掛の仕事」、「編集者35歳定年説」（弱体なその社会的基盤の上で、著作家の周辺を飛び廻って激しい不規則な生活を送って身をすり減らす仕事）、「編集者関取論」（若いうちが稼ぎ時で早く老いるという意味）、などと様々なレッテルを貼って呼んできており、また編集論や編集者論なるものが論じられてきたが、それらの論議は出版編集者のことやその活動の価値を客観的に評価したものではなく、彼らのことについて理論的・体系的に接近したものでもない。

　編集者の社会的役割や機能を探ることにおいて、今までの編集論や編集者論を批判的に検討し、理論的かつ実証的アプローチを通して彼の実像をより客観的かつ総合的に捉えることを目的とする本研究において、プロフェッション（Profession:専門職）という社会学の概念は、非常に有効な研究の枠組みと方法を提示してくれると期待される。

　そもそも「職業」というのは人間の社会的活動（social activity）の一つであり、様々な社会的活動の中で一つの職業が成立するというのは、大まかな表現ではあるが、その活動が人間や社会にとって必要であるということを意味する。

　また、それはその活動が社会的にある特定の役割を持つ、つまり社会において機能的価値を持つことと理解することができる。そして人々にとって「職業」とは、①生計の維持（生業）、②個性の発揮（天職）、③役割の実現（職分）としての意味を持つ*11。

■ 第1章　新しい編集者論の試み

　このような「職業を契機として生起する諸現象を、特に職業に携わる人々の行動や生活に即して捉え、社会的分業の一環としての職業のあり方やその意味と意義を社会・集団、個人の各レベルにわたって実証的に究明する社会学の一分野」[*12]が職業社会学であり、職業社会学は「技術革新にともなう職業構成の急激な変化とその影響を明らかにし、職業的自律性や仕事のやりがいを最適化しうるような職業生活の質の向上の条件を探ること」[*13]を一つの目的としている。

　本論文が職業社会学的観点から日本の書籍出版編集者を観るということは、上述したような職業社会学の観点からすると出版編集を職業という日常的活動として担っている編集者が持つ社会的役割や機能を検討し、彼らの職業活動の性格を明らかにし、その活動の質を高められる諸条件を探ることにほかならない。編集者の活動を職業活動として理解し、その活動の質を向上させるということは、自ずと日本における出版文化の質の向上へとつながると期待できる。とりわけ本論文では、このような職業社会学の研究の一分野であり、現代において日々その存在の重要性や研究の必要性への要求が高まりつつある「プロフェッション」という職業概念に注目し、「プロフェッションの社会学」の観点から日本の編集者論を試みたいと思う。本論において詳しく検討することになるが、「プロフェッションとしてのジャーナリスト」という論議は、主に米国を中心に行われた経緯を持っており、その中心的論議は自らの職業（ジャーナリスト）をプロフェッションとして規定することによって、社会的活動としてのジャーナリズム職の質的向上を目指す職業規範論として形成、発展されてきたものである。この「プロフェッションとしてのジャーナリスト」についてはまず長い間「ジャーナリズム職が果たして専門職なのか」という疑問が投げかけられ、未だそれに関する一致した結論は出されていない。にもかかわらずプロフェッションとしてのジャーナリズムに関する論議がこれだけ繰り返されている理由は、この論議を通じてジャーナリズム職の職業的位相（位置づけ）やジャーナリズムの性格究明（規定と規範）に関する論議ができるゆえんであると思われる。

　そもそも日本において「プロフェッションとしてのジャーナリスト」はもちろ

---

*11　尾高邦雄『尾高邦雄選集第一巻　職業社会学』（夢窓庵、1995年）、28頁〜29頁。
*12　「職業社会学」『社会学事典』（弘文堂、1988年）から引用。
*13　前掲書から引用。

んのこと「プロフェッションとしての編集者」という観点からジャーナリストや編集者が論じられたものはほとんどない。むしろ「プロフェッション」という表現さえ必ずしも一致したコンセンサスを得ておらず、その概念定義が非常に混乱している日本的状況の下で、あえて「プロフェッション」論という理論的枠組を持ち込み、論議を進めることは、「プロフェッションの社会学」という観点とその理論的・実証的アプローチが、実際のマスコミ現場の問題、とりわけ、マス・コミュニケーションの送り手を取り扱う際において他のどのような理論よりも実践的で、ダイナミックなものであると期待されるからである。

　ただし、「プロフェッションとしての編集者」といっても本論文が「編集者」を「プロフェッション」と規定しようとしているわけではなく、「プロフェッションとしての社会学」という明確な理論的枠組みを持ち、社会における一つの役割、機能として定義される「職業」という観点から編集者という職業を見ること、そして編集者という職業集団の社会的特性の歴史的変化過程を見ることによって、社会における編集者の役割と機能を明らかにすることを目標としたい。このような研究アプローチはまた編集者の現状を明らかにするだけではなく今後の出版編集や編集者に関する研究のために有用な座標軸を設定するのに手助けになると期待される。

　したがって、本研究ではこのような認識から出版編集者の社会的役割と機能を理論的かつ実証的に検証することにおいて最も有効な理論の枠と方法として、職業社会学の成果を取り入れた「ジャーナリズム・プロフェッション論」を日本の編集者へ適用し検証することにした。ここで職業社会学の観点から「プロフェッションとしての書籍出版編集者」を論ずるということは、プロフェッションという理念的・伝統的モデルに編集者の職業特性を当てはめて「編集者とはプロフェッションなのか否か」を問うのではなく、ある職業がいかにしてプロフェッション化したのか、つまりある職業が理念型のプロフェッションを志向し変化していく動態的過程に焦点をあてる「専門的職業化（Professionalization）」の観点から日本における書籍出版編集者の専門的職業化の過程を追究することであるということを強調しておきたい。

第2章

プロフェッション編集者論の理論的背景

本章の内容

　職業社会学とりわけプロフェッションの社会学という学問の分野は、社会学のなかでも比較的新しい研究領域である。第2章ではその職業社会学の観点から本論文の理論的背景となる論議を検討する。

　プロフェッション、専門的職業化というキーワードを中心に考察を進めると同時に、専門的職業化の問題に接近するために、プロフェッションの構造的特性(職業の確立やアソシエーションの成立、倫理綱領の作成、教育制度の確立等々)と態度的特性(職業に対する意識および態度)を検証する必要性を提起し、その内容を説明する。

　そしてプロフェッション社会学の研究が活発になった1960年代に触発されたプロフェッションとしてのジャーナリスト論を考察する。とりわけその分野の研究者たちがプロフェッション論を通じて何を強調してきたのかをみることによって、この論議が持つ意味を考える。

　最後に本論文の対象である編集者が日本の出版研究のなかでどのように論じられてきたのかを踏まえた上で、以上のプロフェッション論を日本の編集者に適用することを試みる。

第1節

プロフェッションと専門的職業化モデル

第1項　プロフェッション発生の歴史的背景

　Freidsonによれば、プロフェッション(profession：専門職)という語が職業を指して用いられるのは16世紀以来と見られる。当時は専門職の概念が聖職者の神聖な修道生活を指すものとして用いられたが、大学が設立されることにより大学教育を受けた法律職、医術(外科術を除く)、軍事における紳士的職業にプロフェッションの用語が適用され、今日までそれらの職業が伝統的プロフェッションとして通用されるようになったという。当時のプロフェッションは大学教育を受けた生まれの良い人々の限定的・排他的な職業のことを意味しており、プロフェッショナルは彼らの実践に含まれている高い知識・技能や活動に対する深い尊敬のゆえではなく、彼らの出身のゆえに高い社会的地位が付与されていた[*1]。

　しかし、19世紀末から20世紀の初頭以来、英米諸国において上述したような伝統的なプロフェッションは変化を迎えるようになった。社会の上位階層の社会的地位との結びつきが強かった伝統的プロフェッションと異なり、産業化・近代化が進むにつれその繋がりは緩やかになり、新しく出現した多くの新生プロフェッションには、その職業活動に必要とされる専門的・体系的知識や技能の訓練がより重視されるようになった。また専門的職業活動の従事者であるプ

[*1]　Eliot Freidson, *Professional Powers: A Study of the Institutionalization of Formal Knowledge* (Chicago and London: The University of Chicago Press, 1986), pp.21-22.

ロフェッショナルには、高い水準の職業活動を維持することや社会的に責任ある行為が求められるようになった[*2]。現代においてプロフェッションと呼ばれる職業のほとんどは高度の産業化過程で生まれたものであると言える。

　また、プロフェッションは各々の国における歴史的成長過程によっても区別される。長尾はFreidson[*3]やCollins[*4]の論議を引用し、プロフェッションを「アングロ＝アメリカ型」と「大陸ヨーロッパ型」に分け、「自由競争の理念が強い近代の英米の社会においては特定の諸職業がプロフェッションとしての恵まれた地位を確立すること自体が顕著な社会的現象として注目され、他の諸職業の目標にもなったのに対して、大陸においては類似の諸職業には特別の保障が国家によって与えられたため、その特権的立場を築くための努力が必要でなかったので、プロフェッション意識も英米におけるほど明確でなかった」と説明し、さらに日本の場合は「近代化・産業化は国家主導的に行われ」、「専門的知識に関する諸職業も国家によって育成され」たために、プロフェッション職業の形成・発展過程は「大陸ヨーロッパ型以上に国家依存的」であり、プロフェッションの観念やプロフェッショナル意識もさらにその浸透が遅れたと指摘している[*5]。

　上述したように、伝統的プロフェッションと産業化以後の新生プロフェッション、そして諸国におけるプロフェッションの歴史的形成過程の差異を考えると、一口でプロフェッションとは言っても、その職業的性質が極めて複雑で多様であるため、プロフェッションという概念を一義的に規定することは非常に難しいことが分かる。しかしながら、時代や国による特殊性はあるものの、ある職業が高度の産業化過程のなかで、英米で発展したようなプロフェッションと共通の性質と社会的地位を獲得していき、社会のなかで重要な経済的・社会的機能を果たしているという事実は充分普遍性を持つと考えられる。そしてプロフェッションを社会科学的概念のひとつとして受け取り、プロフェッションという社会学の概念を借りることによってある職業の発展過程や性質を明ら

[*2]　長尾周也『プロフェッショナルと組織』（大阪府立大学経済学部、1989年）、ii頁。

[*3]　*Freidson, Ibid.*

[*4]　R. Collins, "Changing conceptions in the sociology of the professions," in *The Formation of Professions:Knowledge, State and Strategy*, edited by R. Torstendahl and M. Burrage. (London: SAGE Publicatons, 1990).

[*5]　長尾、前掲書、iii-iv頁。

かにすることはもとより経済的・社会的位置付けや役割、責任等々の様々な論議ができると期待される。

第2項　プロフェッションの概念

　プロフェッション研究の古典『The Professions』(1933)の著者であるCarr-Saunders＆Wilsonは、プロフェッションを「一定の費用または給料と引き換えに、熟達したサービスや助言を他人に提供することを目的とし、専門的な知的研究と訓練によって基礎づけられている職業」[6]と規定しているが、その後の社会学者によって定義されたプロフェッションの概念は実に百花繚乱であり、「『権威ある』陳述の一般的一致がない」[7]というのが現状であると言える。

　このように「プロフェッション」の概念が社会学的用語として明確な合意を形成することができなかったのは、「プロフェッション」を対象とする社会科学的論議を広げることにおいて非常に大きい障害となっているが、その原因について中野は「プロフェッションという現象の複雑さとその急速な進展、それにタームに込められる観察者の感情的・評価的価値判断に由来するところが大きい」と説明しつつ、論理的理念型であれ規範的理想型であれプロフェッションについて完全な定義を確定しようとする試みは無意味であると指摘した[8]。つまり、後述するが、「プロフェッション」とは一つのモデルであり、理念型(ideal type)であるため、厳密に言うと現実に存在しないものであるとも言える。

　ただし、プロフェッション概念の内包と外縁が広くて複雑であるとしても、プロフェッションを特徴付ける一連の特性が存在しているのは確かである。本論文の論議を展開するためにも、基本的概念となるプロフェッションの概念に関して最低限の合意が必要であると考える。そこで、Millerson (1964)が整理したプロフェッションの定義リストに竹内が若干の補足を加えて作成した「プロフェッションの定義リスト」[9]は、プロフェッションの概念に関する最小限度の合意を得るための一つと良い手掛かりになると思われる。

---

[6]　A. M. Carr-Saunders & P. A. Wilson, *The Professions* (Oxford: Clarendon Press, 1933), p.284.
[7]　竹内洋「専門職の社会学－専門職の概念」『ソシオロジ』(1971年)、50頁。
[8]　中野秀一郎『プロフェッションの社会学』(木鐸社、1981年)、41頁。
[9]　竹内、前掲論文、48頁～49頁。

表2-1に挙げられている18項目は、計28名の学者たちが定義したプロフェッションの概念に含まれているプロフェッションの基本要件をコーディングしたものである。

学者たちによって最も多く挙げられた順に項目を並べると、

① 組織（Association）の形成（20回）、

② 理論的知識に基づく技術（19回）、

③ 高度な教育訓練（15回）、

④ 行為の綱領（14回）、愛他的サービス（14回）、

⑤ 能力のテスト（11回）、

⑥ 不可欠な公共サービス（6回）

⑦ 他人の事柄への応用（4回）、

⑧ 明確な報酬（3回）、自律性（3回）、

⑨ ライセンスを通じてのコミュニティ・サンクション（2回）、明確な専門職—クライアント関係（2回）、信託されたクライアント関係（2回）、公平なサービス（2回）、同業者への忠誠（2回）、サービス範囲の明確さ（2回）、

⑩ 標準化されない仕事（1回）、地位の公的認知（1回）

の順である。ただし、このリストはあくまでもプロフェッションを理解するための「出発点としての定義」[10]であり、多くの学者によって挙げられたからといって、その項目こそがプロフェッションの概念を構成する最も重要な要因であるという認識はあまりにも単純である。例えば、最も多くの学者によって挙げられた「組織の形成」とは、より正確に言うとプロフェッションの従事者が自発的に結成する職業横断的・相互扶助的「プロフェッショナル・アソシエーション（Professional Association）」の形成を意味するものである。

伝統的な「プロフェッショナル・アソシエーション」は、その職業への人的補充と教育、提供するサービスの質を規定および保持する意味においての免許と制裁などを司っており、プロフェッションの確固たる地位の確立に機能してきた。しかし、あらゆる人々が組織を作り、その職業集団の利益や意見を社会のなかで反映したいと考える今日的状況においてこの要件はプロフェッションの

---

*10　中野、前掲書、41頁。

第2章　プロフェッション編集者論の理論的背景

定義にそれほど大きい比重を占めるとは言い難い[*11]。したがって現代のプロフェッションと関連してプロフェッショナル・アソシエーションを論じる際はそのアソシエーションがプロフェッションやその従事者に対してどのように作用しているのかを視る角度が必要だと言えるであろう。

表2-1　プロフッショナルの定義リスト

	B.Barber(1963)	P.Donham(1962)	E.Gross(1958)	M.Libermann(1956)	E.Meigh(1952)	P.Wright(1951)	J.G.Darley&C.G.Wrenn(1947)	L.D.Brandeis (1914)	Wickenden	Webbs	Tawney	Simon	Ross	Parsons	Marshall	Milne	Lewis&Maude	Leigh	Kaye	Howitt	Greenwood	Flexner	Drinker	Crew	Cogan	Christie	Carr-aunders&Wilson	Bowen
理論的知識に基づく技術	○	○	○	○	○	○	○	○	○				○			○	○				○	○			○		○	○
教育訓練		○		○		○					○					○	○		○							○	○	
能力がテストされること		○														○		○	○								○	○
組織化	○	○	○	○	○	○						○	○	○		○	○		○		○		○		○		○	
行為の綱領				○	○					○	○	○				○	○	○					○		○			
愛他的サービス	○	○		○	○		○						○		○	○			○		○	○	○		○			
他人の事柄での応用								○													○				○			
不可欠な公共サービス		○	○		○	○										○							○					
ライセンスを通じてのコミュニティーサンクション													○						○									
明確な専門職クライアント関係													○						○									
信託されたクライアント関係													○									○						
公平なサービス								○				○																
同業者への忠誠		○																										
明確な報酬	○										○																	○
範囲が明確				○	○																							
自律	○			○	○																							
標準化されない仕事		○																										
地位の公的認識					○																							

[*11]　中野、前掲書、41頁。

第1節　プロフェッションと専門的職業化モデル

　そしてもう一つ、「行為の綱領」や「愛他的サービス」という要因の強調は、その職業が社会において極めて重要な仕事であるという認識から由来するものであり、この志向は個人的プロフェッション（person profession、personal service profession）に属する伝統的なプロフェッションの場合においてはあてはまるものの、新しく台頭した技術的・科学的プロフェッション（technical scientific profession、impersonal service profession）に対し伝統的プロフェッションと同じようなレベルのサービス志向を要求することはもはや出来なくなったとも言える[12]。つまり、この「行為の綱領」や「愛他的サービス」を志向する要因についてはすべてのプロフェッションに対して同等なレベルで要求される必須要件であると認識するのではなく、各々のプロフェッションの性格や機能にあわせて相対的に理解すべきであると考えられる。

　以上２つの例を取り上げたが、既成の多くのプロフェッションの定義は古典的プロフェッションのイメージにとらわれており、高度産業化過程を経てきた現代のプロフェッションを規定する概念としてははたして適当であろうかという疑問もある。

　中野は産業化の進行とともにプロフェッションはその社会性が拡大しており、既存のプロフェッションの定義ではその概念の拡張に対応しきれない状況であると指摘した。そして、現代におけるプロフェッション論を展開するためには伝統的プロフェッションの概念が持っている偏向を是正すべく、次の三点に注意すべきであるとしている[13]。

　第一は、クライアント概念の拡大、つまりクライアントが個人から集団あるいはコミュニティ全体への拡大したこと、それに伴い個人的プロフェッションから技術的・科学的プロフェッションへの発展が起きたことを挙げることができる。

　第二は、「自営」プロフェッションから、「被雇用」プロフェッションへの移行、つまり、社会の大規模化、大組織化につれて、プロフェッション・サービスの生産の場が、自営的独立を特徴とする小規模な単位から大組織の一部門へ移行する傾向が見られ、いわゆる「被雇用専門職（employed or salaried professions）」が出現するようになったと点をあげることができる。とりわけ、

---

[12]　竹内、前掲論文、51頁〜53頁。
[13]　中野、前掲書、37頁〜59頁。

29

■ 第2章　プロフェッション編集者論の理論的背景

「被雇用プロフェッション」と関連しては、その従事者たちが「伝統的プロフェッションに比べて圧倒的に彼らの所属する集団や組織の影響を受け易く、その自律性に制約をもつ」[14]ようになった点に注目しなければならない。

　第三は、専門職業サービスの「消極的」なものから「積極的」なものへの移行、つまり、病気や死とか事件という事後的な問題に関わっていた伝統的プロフェッション・サービスが、「直接未来形成（生産活動）」に直接的に繋がる予防的・促進的機能へ重点を移行させるようになったということである。

　中野はこのような三点を挙げることによって、プロフェッションの伝統的形態はなくならないとしても、プロフェッションの概念を把握するためにはその概念のなかに生じた新しい変化を包括していけなければならないと結論付けている[15]。

　Vollmer＆Millsの言葉を借りて結論を言うと、プロフェッションとは現実に存在しない職業の理念型（ideal type）であり、我々がプロフェッションを論じるということは、ある任意の職業が本当の意味のプロフェッション（really professions）であるかどうかということではなく、特定の職業が「いかにしてプロフェッション化したのか」を問うことに意味がある。したがって、プロフェッションの概念はただ職業の抽象的モデル（理念型）としてのみ適用されるべきであり、ある任意の職業が理念型のプロフェッションを志向し変化していく動態的過程としての「専門的職業化（professionalization）」を論じなければならない[16]。つまりプロフェッションに関する最も核心的論議は、プロフェッションを社会変動と関連づけながら、そのなかでプロフェッションと他の職業との間にどのような構造的差異が現れ、どのような特性を持つようになったのか、そしていかにプロフェッション化していくのか（＝専門的職業化 professionalization）という専門的職業化の過程にその焦点を当てるべきであると思われる。

＊14　前掲書、54頁。
＊15　前掲書、42頁。
＊16　Howard Vollmer & Donald Mills, *Professionalization* (Englewood Cliffs, N. Y.: Prentice-Hall, inc., 1966), pp.vii-viii.

第3項　専門的職業化の概念と意味合い

　Carr-Saunders&Wilsonはプロフェッションとノン・プロフェッション（non-professions）について「その分割線は恣意的であるばかりでなく、分割線の設定は大きな困難をともなう」[17]と指摘し、プロフェッションの理念型を、①資格の設定、②倫理綱領の確立、③地位向上運動を目指す職能集団の形成、④特別な技術と訓練、⑤最小限の報酬（fees）という点に規定し、この尺度から英国の歴史におけるプロフェッションの形成過程をたどった。

　さらにVollmer&Millsは「"プロフェッション"および"非プロフェッション"とは理念型（ideal type）であり、そして現実においていかなる特定の職業もその職業が専門的職業化（professionalization）の諸要素を表出する程度に応じて、これら二つの理念型の連続線上（continuum）のどこかに位置付けることができる」[18]と主張した。

　現代の多くのプロフェッション研究者はこの「専門職―非専門職連続体説」を支持しており、このような仮説からすると、現実に我々が「プロフェッション」と呼んでいる職業は上述したプロフェッションの特性を最大限に持っている職業、あるいは限りなく理念型に近い職業であると表現することができよう。

　「専門職―非専門職連続体説」は、プロフェッションの理念型を両対極の極限とする連続体を想定することによって、ある任意の職業のプロフェッション性を相対的に位置付けようとするものであり、プロフェッションに関する論議を概念定義の論議から専門的職業化の論議へと発展的に昇華させるものである。

　理念型としてのプロフェッションとその従事者であるプロフェッショナルは、高度の専門的知識・熟練に基づいて、公衆にとって必要不可欠なサービスを提供する尊敬し信頼すべき存在であり、したがってプロフェッションには一般の職業より相対的に高い報酬と社会的地位が与えられる。プロフェッションが結果的に享受するようになる恵まれた地位と報酬、社会的影響力の重大性は、プロフェッションに対する一般的評価を高めることによって他の職業にとっては目指すべき目標となる。多くの職業は自分らの職業がプロフェッションへ近づくことを求め、プロフェッションの特性を獲得するために努め、自らの職業を

---

[17]　A. M. Carr-Saunders & P. A. Wilson, *op. cit.*, p284.

[18]　Howard Vollmer & Donald Mills, *op. cit.*, pp.33-34

プロフェッションへと高めようとする。そして社会においてもある職業がプロフェッション化することは、そのサービスの生産と質の管理という点からみて非常に望ましいものと考えられる。ここである任意の職業の専門的職業化のプロセスとその可能性を検討することがプロフェッション研究のひとつの課題として浮かび上がるのである。

米国における専門的職業化の過程を歴史的に概観したWilenskyは、プロフェッションが職業として確立していく過程における時代的区分とその職業的特質を対応させることによって専門的職業化の過程を説明した。Wilenskyは、専門的職業化の過程にある諸職業をその専門的職業化の度合いに応じて次の4つに分けた。

第一は、「確立されたプロフェッション(established professions)であり、それには医師、弁護士、教授などの職業を挙げることができる。第二は、「専門的職業化途上の専門職、限界線上の専門職(others in process, some marginal professions)」であり、この分類に入る職業には司書、看護士、眼科技術者、薬剤師、教師、ソーシャル・ワーカー、獣医師などがある。第三は、「新生プロフェッション(new professions)」であり、例えば、都市管理、都市計画、病院経営を挙げることができる。最後は「疑問視されるプロフェッション(doubtful professions)」であり、この範疇には広告、葬儀業者などを挙げている[19]。

このように一口でプロフェッションといってもそれには多種多様な職業群が含まれており、これと関連してEtzioniの分類もまた参考になる。Etzioniはプロフェッションを医師や弁護士のように「確立されたプロフェッション(established professions)」と教師、看護婦、ソーシャル・ワーカーのような「準プロフェッション(semi-professions)」に分けた。彼によると、この「準プロフェッション(semi-professions)」とは、医師や弁護士のようなプロフェッションとしての社会的地位を確立するために努めているものの未だにプロフェッションとしての社会的認定を受けていない職業を意味する[20]。

Etzioniのこの「準プロフェッション(semi-professions)」はWilenskyの「専

---

*19　Harold L. Wilensky, "The Professionalization of Everyone?," *The American Journal of Sociology*, No.70 (September, 1964), pp.141-142.

*20　A. Etzioni, ed., *The Semi-Professions and Their Organization : teachers, nurses, social workers*, (N.Y.: Free Press, 1969), p.23.

門的職業化の途上の専門職、限界線上の専門職(others in process, some marginal professions)」と同じ概念として理解することができる。プロフェッションの社会学的研究では任意の職業の専門的職業化のプロセスや度合いを検証することで、特定の職業がプロフェッションとなる可能性を検討するとともに、プロフェッションを目指す上で何が必要とされているのかを提案することも研究目的の一つとして設定することができよう。

ただし、専門的職業化のプロセスとその可能性を検討することにおいて注意すべきことは、ある特定の職業がプロフェッションの特性や性質の一つや二つもしくは多くの要素を備えたとしても、必ずしもその職業が「プロフェッション」であるとはいえないということである。例えば、美容師が彼らの職能を教育・訓練するための職業学校を設置したとしても、それだけでその職業が専門的職業化の過程を経ているとは言えないということである。つまり「特定の職業グループがなんらかの度合いでプロフェッショナルの要素を有するといっても、それがプロフェッションの本質的特性に直接結びついている要素である場合こそが重要」[21]であると言える。そしてその本質的特性についてGoodeは①抽象的知識の統一体(a body of abstract knowledge)に関する長期の特化された訓練、②集団的もしくはサービス的オリエンテーション(collectivity or service orientation)の二つの要素を挙げている[22]。

第4項 専門的職業化のモデル

専門的職業化の程度を判定するためには何らかの標準的・客観的な基準を設ける必要がある。多くのプロフェッションの研究者は諸職業の専門的職業化を検討するために、プロフェッションの本質を成す要素を取り上げることで一定の判定基準、尺度を提示してきた。そのようなプロフェッションに関する既存の研究傾向をみてみると、プロフェッションの構造的特性に中心を置く研究と、態度的特性に中心を置く研究の二つに大別することができる。まず、プロフェッションの構造的側面を強調した研究としては米国社会における専門的職業化の

---

*21 長尾、前掲書、52頁。
*22 W. Goode., "Professions and Non-professions," *Professionalization*, edited by Vollmer and Mills (Englewood Cliffs, N. Y.: Prentice-Hall, inc., 1966), pp.33-45.

プロセスを研究したWilenskyとGreenwoodの研究を挙げることができる。

Wilenskyは、諸職業の専門的職業化は一定の規則的な発展の順序を踏んでおり、すなわち何らかの段階を経て達成されるものとして把握した。Wilenskyはある特定の職業がプロフェッションとなるために種々の努力をし、やがてプロフェッションとしての社会的承認を得るまでどのような段階を経過したのかを考察し、米国におけるプロフェッションの確立は次の5つのステップを辿ると説明した。

第一のステップは、「必要とされることをフル・タイムに為し始めること」、つまりフル・タイム職業の出現である。第二のステップは、「当該職業の初期参入者あるいはクライアントたる公衆の要求に基づく訓練・教育機関(training school)の設立」、第三ステップは、地方的あるいは全国的規模の「プロフェッショナル・アソシエーション(professional associations)の設立」、第四ステップは、「職業領域の保護と倫理綱領の保持に対する法の支持を得るための政治的アジテーション」、第五ステップは、「フォーマルな倫理綱領(formal code of ethics)の制定」である[23]。このようなステップを踏むことで、ある特定の職業はプロフェッションとしての地位を確保し、安定化していくのである。

そしてGreenwoodは、プロフェッションは次の5つの属性を持つものであると提示した[24]。第一は、組織的理論体系(systematic theory)である。組織的理論体系とは、実際的であるだけではなく知的なものであり、調査研究(research)に基づくものである。第二は、専門的権威(professional authority)である。プロフェッショナルはクライアントにとって何が有益で何が不利益であるのかを判断することができる。プロフェッショナルはクライアントに関わる事情について正確な判断ができる専門的知識を持っているという信念により権威を獲得することになる。第三に、公式的あるいは非公式的なコミュニティの承認(sanction of community)である。コミュニティの承認はプロフェッションに専門的権限と特権を与える。コミュニティの承認を得ることによって、プロフェッションになるための適切な訓練の性格と内容を決定する権限がプロフェッションに与えられる。国家やその管理者はプロフェッションのスタン

---

[23] Harold L. Wilensky, *op.cit.*, pp.141-146.
[24] Ernest Greenwood, "Attributes of a profession", *Social Work II*, 3 (July 1957), pp.45-55.

ダードを決定する充分な知識を持ち合わせていないため、プロフェッション自らによって職業のスタンダードが設定される。第四に、規制的な倫理綱領（regulative code of ethics）である。倫理綱領とはプロフェッショナルが彼らのクライアントと同僚のプロフェッショナルに対して適切と思われる行動を成文化したものである。このような倫理綱領は制裁やプロフェッション組織からの追放などを通して公式、非公式的にプロフェッショナルに強制される。プロフェッションとして認定されることを希望する職業は、一般的に専門的職業化のひとつの証拠としてこのような倫理綱領を発展させる。第五に、プロフェッショナル文化（the professional culture）である。プロフェッショナル文化は、プロフェッショナルとしての活動のための適切な場と訓練を提供するプロフェッショナル・アソシエーションの会員資格を規制する規範、そしてプロフェッションの言語や象徴（symbol）を含む。プロフェッショナルはプロフェッションの象徴的システムの意味に通じているため、プロフェッショナル文化はプロフェッショナルと外部とを区別する手段でもあり、このような文化の発展は一般人との社会的距離を遠くする要因にもなりうる。

　Hallは、Greenwoodの設定したプロフェッションの５つの属性はある特定の職業が社会構造と繋がる方式と深く関連があるとし、例えばある職業がこれらの特性を獲得することになればその職業はプロフェッションであると考えることができると述べた。プロフェッションの知識基盤は社会の一部であり、プロフェッションの倫理綱領はプロフェッショナルの行動をコントロールする手段として社会によって活用されるものである。そして彼らの権限と権威はその所属するコミュニティによって認められるものである。ある意味においてその職業がプロフェッションなのか否かは社会によってどのように映されているのかによって決められるとも言える。したがって極端的にいうと、ある職業がもし他のすべての属性を全部獲得したとしてもコミュニティによる承認を受けられなかったとしたら、その職業をプロフェッションと呼ぶことはできないであろう*25。

　プロフェッションの構造的側面を強調したこれらの研究は、プロフェッションと呼ばれる職業はプロフェッショナル・アソシエーション、教育・訓練シス

---

*25　R. H. Hall, *Occupations and The Social Structure*, (Englewood Cliffs, New Jersey:Prentice-Hall, Inc., 1969), p.74.

テム、倫理綱領などの共通した組織的形態を持つとし、以上に挙げられたプロフェッションが持ち備えている組織的形態を基準に諸職業の専門的職業化の度合い、そして諸職業がプロフェッションであるかどうかを判断しようとした。しかしながら、これらの研究はプロフェッションの構造的属性や組織的形態を強調することによって、プロフェッションの活動の従事者であるプロフェッショナル個人の内面的特性を看過しているという批判を受けるようになった。

つまり、ある職業が常勤職となり、教育機関とプロフェッショナル・アソシエーションを設立し、倫理綱領を掲げるなど、いくら構造的条件を満たしたとしても、プロフェッショナル個人の態度が専門性志向を見せないとしたら、その職業の専門的職業化は実現できなかったと考えられる。

Grossはプロフェッションの特性を組織的特性と態度的特性に分けて考えるべきであるとし、とりわけプロフェッションの態度的特性・心理的側面をより重視する観点を示した。Grossは、すべての職業は一つの極にプロフェッション的な、他方の極にジョブ(job)的な極限を持つ一つの連続軸上のどこかに位置している、という二極概念に基づき、プロフェッションの理想的性格として、①標準化されない生産物(the unstandardized product)、②個人的関与の度合い(degree of personal involvement)、③専門的技術に関する広範なる知識(wide knowledge of a specialized technique)、④自分の技術に対する責任感(sense of obligation to one's art)、⑤同業者仲間に対する自己同一化の感情(sense of identity with one's colleagues)、⑥社会的福祉に対する貢献(essential to welfare of society)を挙げ、ジョブ(job)はこのような6つの要件に欠けていると説明した[26]。

そしてGrossはプロフェッションの態度的特性として、①プロフェッショナルは自らの職業に対し高い参与意識を持ち、②経済的報酬よりは内面的報酬を重視する職業に対して強い責任感を持っており、③公式的・非公式的プロフェッショナル・アソシエーションを基盤にして築かれた同業者仲間との親密感ないし連帯意識が強いということに注目した[27]。

---

[26]　E. Gross, Work and Society (N. Y.: Thomas Y. Crowell Co., 1958), p.xi.中野、前掲書、45頁。

[27]　朴有鳳・徐正宇・車培根・韓泰烈『新聞学言論』（ソウル：博英社、1980年）119頁～120頁。

Hallはプロフェッションを論ずる際、このような職業の「構造的側面」と「態度的側面」が持つ特性を融合させることによって、プロフェッションと専門的職業化の説明を試みた[28]。

Hallはプロフェッションの構造的特性としてWilenskyの提案した5つのステップを借りる一方、態度的特性として次の5点を挙げている。

① 主要準拠対象としてプロフェッショナル組織の利用(The use of the professional organization as a major reference)

② 公衆への奉仕を信念とする(A belief in service to the public)

③ 自己制御に対する信念(Belief in self-regulation)

④ 使命感(A sense of calling to the field)

⑤ 自主性(Autonomy)

Hallの説明した態度的特性とは、すなわち、「プロフェッショナリズムは第一に、仕事においてその観念や判断の源泉を自らの仲間集団に求める。次に、自らの仕事を社会生活において不可欠のものであると見なし、その恩恵は大衆一般および自らの双方に及ぶと考える。また、専門家の仕事をよく判断しうるのはまさに専門家以外にないのであるから、いわゆる専門家仲間によるコントロールが望ましくかつ実際的であると考える。それから、自らの仕事に対してこれを一種の献身とみなす感情があって、これは例えば外的報酬によって報われるところが少ないような場合でさえ、仕事を放棄しないという態度と結びついている。最後に、仕事の遂行に当たっては、プロフェッションはなんらの外部的圧力からも自由にその意思決定を行うべきであるという信念が重要である」[29]と理解することができる。

第5項　プロフェッション組織と自主性

産業化社会の最も大きな特徴の一つは組織化である。政治、経済、社会のすべての領域に多様な形態の組織体が広範囲にわたって存在しており、現代における人々の生活や社会活動の諸側面は、何らかの形であれ組織体と関係を持ち、

---

[28] R.H.Hall, "*Professionalization and Bureaucratization*," American Sociological Review, No.33 1968, pp.92-93.

[29] 中野、前掲書、182 ～ 183頁。

組織原理に関わりを持っている。

　組織化とプロフェッショナルの問題を取り上げた長尾は、産業化の進展と人々の生活の合理主義化につれ、特に顕著となった社会的趨勢として「専門的職業化（professionalization：プロフェッショナリゼーション）」の傾向と「官僚制化（bureaucratization）」を挙げている[30]。

　社会に存在する職業集団のなかでプロフェッションの比率が高くなり、しかもその役割の重要性が高まり、社会的影響力を有することになってきたが、それが官僚制化と同時進行することによって、伝統的なプロフェッションとは異なる新しい現象を見せている。

　つまりプロフェッショナルが彼らの役割と機能を果たすにはなんらかの組織に編入、または雇用され、組織体を通してその職業活動を遂行するようになったのである。

　長尾のこの指摘は、現代におけるプロフェッションの概念を考える際、古典的なプロフェッションを「自営プロフェッション」だとすると、現代のプロフェッションは「被雇用プロフェッション」＝「被雇用専門職（employed or salaried professions）」であると指摘した中野の見解と一致している。前述したが、中野はここの「被雇用プロフェッション」と関連して、雇用組織のなかでプロフェッショナルがどれだけ自主的活動を保証され、獲得しているのかに注目すべきであると述べている[31]。

　マックス・ウェーバーに代表される「官僚制化」の概念は、複雑で大規模な組織の目的に応じて組織の管理運営を能率的に達成するために、管理機構が合理的に分業化されていく傾向を包括的に捉える社会学的概念であり、合理化の追求の逆機能として生産活動において大部分の人々を生産活動の究極的目的から疎外させることによって人間関係の非人格化をもたらすという点がよく指摘されている。これと関連して、「被雇用専門職」現象が進むにつれプロフェッショナルは職業活動における本来の独立性・自主性を喪失し、プロフェッションとして何をすべきなのか、仕事の目的意識や活動の意味を失ってしまうという「プロフェッショナルのプロレタリア化」現象が指摘されている[32]。

---

[30]　長尾、前掲書、13 〜 18頁。
[31]　中野、前掲書、54頁。
[32]　長尾、前掲書、14頁。

ここで重要な問題として浮かび上がるのが「官僚制規範」と「プロフェッション規範」の対立によって生まれる「葛藤(conflict)」である。Hallは官僚制に関してつぎの6つの構成要件を指摘した[33]。

① 権威の階層序列(Hierarchy of authority)

② 分業(Division of labor)

③ 規則の存在(Presence of rules)

④ 手続きの特殊化(Procedural specification)

⑤ 非人間性(Impersonality)

⑥ 技術的能力(Technical competence)

すなわち、官僚制は、第一に、あらかじめ組織によって構造化された意思決定の場があって、それが権限の大きさによって階層的に異なるレベルを構成しているのである。第二に、仕事は分化されていて機能的にきわめて特殊化している。第三に、成員のすべての行動が組織の統制に服するわけだが、それは規則支配として実現している。第四に、仕事における多様な状況の取り扱いには、一定の決められた手続きや技術が用いられなければならない。最後に、組織内での人選や昇進には組織の設定した普遍的な基準すなわち技術的能力が採用されなければならない、ということである[34]。

しかし、これらの主張について長尾は「被雇用」が必ずしも「プロレタリア化」の従属条件にはなり得ないとし、自営プロフェッションであっても経済的安定が確保されていない場合、彼らの職業活動において完全な自立性は期待できず、クライアントへの奉仕というプロフェッションの職業理念が歪曲されるケースが十分ありうると指摘し、「人が雇用されているか、自立・自営で活動しているかは、重要な論点ではない」と述べている[35]。

長尾のこの指摘は、また、長期の教育と訓練を通してプロフェッションの理念と知識、職業の価値を内在化したプロフェッショナルは、組織に属することによって官僚化された組織の影響を受けやすくなるとしても、そのなかでプロフェッションの価値を実現していくケースも充分ありうると理解することができる。

---

*33　R. H. Hall, *op. cit.*, p.95.

*34　中野、前掲書、184頁。

*35　長尾、前掲書、15頁。

第2章　プロフェッション編集者論の理論的背景

　そして官僚的規範とプロフェッション規範との対立によって生まれる「葛藤」もいくつかの条件によりその度合いが決められると考えられる。長尾はプロフェッショナルと官僚制間の葛藤を論ずる際、次の2点を考慮すべきであると指摘した [36]。

　まず、専門的職業化の度合いである。プロフェッションであっても上述してきたとおり、そのなかには色んなレベルのプロフェッションが存在しうる。したがって、プロフェッション性の度合いの差は官僚的規範とプロフェッション規範との対立の度合いに影響を与えると考えられる。そして2点目は組織体の多様性と組織内の官僚制化の度合いを考慮しなければならない。プロフェッション組織としてもHallの提示した権威の階層序列、技術的能力などの官僚制の6つの条件は各組織により多様な差異を持って構成されると考えられる。特に官僚制の構成要件である技術的能力の採用、つまり組織内人選や昇進において組織の設定した普遍的基準として技術的能力が採用されることは、むしろプロフェッション性を高める契機や基盤となる要件でもある。したがって、官僚制化と専門的職業化はある条件の下ではむしろ平行すると考えることができる。

　より詳しく言うと、組織とプロフェッションに関連して官僚制化と専門的職業化を論ずる際には、官僚的規範・組織原理とプロフェッション規範・原理とは対立するという二分法の考え方ではなく、考察する組織そのものの特性を充分勘案する必要がある。例えば、組織の技術的水準、プロフェッショナルの組織内地位と経歴の長さ、プロフェッショナルの労働条件や職業意識などを考慮しながら見ていく必要があろう。したがって組織体におけるプロフェッショナルの活動の自立性の確保はプロフェッション研究において重要な研究課題のひとつであると考えられる。

　Forsyth&Danisiewiczはプロフェッションの中心的概念を力関係（power）であるとし、とりわけプロフェッショナル個人によって行使されるパワー、つまり自主性の概念を用いて専門的職業化を説明している [37]。Forsyth&Danisiewiczの提示した専門的職業化のモデルを図2-1に表した [38]。

---

[36] 長尾、前掲書、17頁。

[37] Patrick B. Forsyth and Thomas J. Danisiewicz, "Toward a Theory of Professionalization," *WORK AND OCCUPATIONS*, Vol.12 No.1, February 1985, pp.59-76.

[38] *Ibid*, p.63.

第1節　プロフェッションと専門的職業化モデル

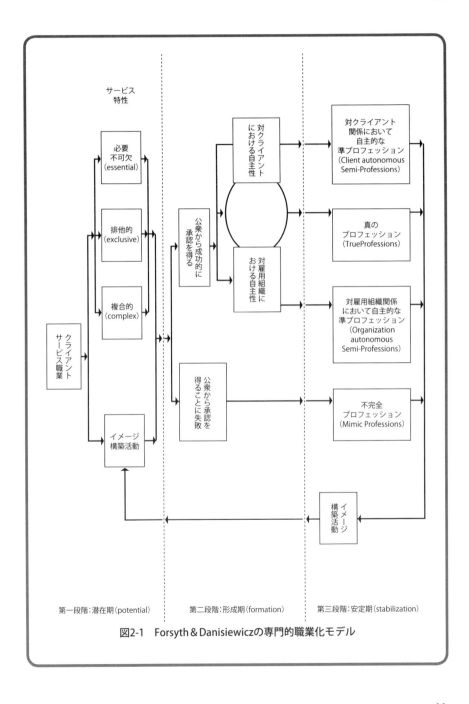

図2-1　Forsyth & Danisiewiczの専門的職業化モデル

第2章　プロフェッション編集者論の理論的背景

　彼らはプロフェッションを取り巻いている力関係のなかでもとりわけ①対ク
ライアント関係における自主性と②対雇用組織関係における自主性の二つの態
度変数に注目し、ある職業メンバーがクライアントや雇用組織関係において発
揮する力(自主性)態度を測ることで、専門的職業化の度合いを説明している。
　Forsyth＆Danisiewiczの専門的職業化モデルを簡略に説明すると、第一段階
はプロフェッションの潜在期であり、この段階である特定職業のプロフェッ
ションとしての潜在性が検討される。潜在性の検討とは、職業の「サービス特性」
と「イメージ構築活動」の問題であり、まず「サービス特性」とは、その職業のサー
ビス本質とも理解できる。つまり、その職業活動が社会にとって必要不可欠な
サービスであり、プロフェッションの職業活動は特定のサービス活動を独占し
ていなければならない(排他性)、そして、そのサービス活動がルーティン化さ
れず、特殊化された知識体系を持って創造的・個別的に適用すれなければなら
ない(複合性)。そして「イメージ構築活動」とは一般的には職業メンバー個人よ
りはプロフェッショナル組織(協会)の問題として論議されるが、ここでは職業
活動を通して提供されるサービス特性が社会にとって必要不可欠であり、排他
的で複合的な本質を持っているということを公衆にアピールしていく努力を意
味する。
　第二段階はプロフェッションの形成期である。この段階は、プロフェッショ
ンとしての地位確立の主張に対する公衆の評価が下され、プロフェッションと
しての権威を形成していく過程である。公衆はある特定の職業が提供している
サービスの本質が必要不可欠・排他的・複合的であるという信念を形成してい
くが、公衆の信念は職業活動のサービス特性とイメージ構築活動に相応しなが
ら形成される。このプロセスが成功的に進められると、特定の職業に対して公
衆の承認－ここで公衆の承認とは、法的承認や資格証より広義の意味を持つ－
を得るようになる。公衆の承認は特定職業に権威・自主性を与えることとなる。
　①対クライアント関係における自主性と②対雇用組織関係における自主
性、両方の関係において自主性を獲得したプロフェッションは(1)完全なプロ
フェッション(true professions)として安定した権威と地位が付与される。一
方、対クライアント関係、対雇用組織関係のうちどちらか一つにおいて自主性
を獲得したプロフェッションは、(2)準プロフェッション(semi-professions)
の地位に着く。最後に両方の関係において全く自主性を獲得していないか

42

あるいは不充分なプロフェッションは(3)不完全プロフェッション(mimics-professions)へと定着していく。

　第三段階はプロフェッションとしての安定と維持の段階である。ここではイメージ構築のための機会が再び与えられる。例えば、準プロフェッションは獲得した権威を利用し、より確実なプロフェッションの地位を獲得するために努めることとなる。一般的にこの段階にみえるイメージ構築活動として、倫理綱領の設定や法的に影響力を行使するために公的な権限を要求する政治的合法性の追求活動などが行われる。

　この専門的職業化のモデルは専門的職業化のプロセスを理論的に説明するにあたって主にパワー（自主性）概念を用いることによってプロフェッションがその職業活動を行う過程で持つ諸関係に焦点を当てている。このモデルはプロフェッションとクライアントとの関係だけではなく、さらにプロフェッションと雇用組織との関係まで広く包括しており、「自営」ではなく「被雇用プロフェッション」化している現代のプロフェッションの特性を反映したモデルとしてユニークな観点を提示していると思われる。

■ 第2章　プロフェッション編集者論の理論的背景

第2節

プロフェッションとしてのジャーナリスト

第1項　ジャーナリズム・プロフェッション論

　ジャーナリズムはプロフェッション(profession：専門職)なのか、それとも
ただの技能職(craft)なのか。この問いはジャーナリズムの論議でしばしば取
り扱われたテーマの一つである。この問いに関しては様々な意見があり、実際
ジャーナリズム・プロフェッション論にどのような基準、物差しを適用するか
によって異なる結論が導かれると考えられる。

　徐正宇らはこのような問い自体が愚問であると批判し、多くの学者がプロ
フェッションとしてのジャーナリストに関する論議を広げてきたものの、それ
らの論議は適切な概念化や理論の確立を欠如した意見ないし主張の発表に過ぎ
なかったと批判した[39]。

　プロフェッションとは現実に存在しない理念型(ideal type)であり、プロ
フェッションと呼ばれる職業はプロフェッションを特徴づける一連の特性
(attributes)を持つものであると考える。我々がプロフェッションを論ずると
いうことは、ある任意の職業が本当の意味のプロフェッションであるかどうか
を論ずるためではなく、特定の職業がプロフェッションという理念型を目指し
「いかにしてプロフェッション化したのかあるいはプロフェッション化してい
くのか」という「専門的職業化(professionalization)」の過程を問うことにその意

───────────────

＊39　ソ・ジョンウ(徐正宇)、ハン・テヨル(韓泰烈)、チャ・ベグン(車倍根)、ジョン・
ジンソク『新聞学理論』(ソウル：博英社、1974年)、150頁〜151頁。

義がある。このようなプロフェッション論の意義はジャーナリズム・プロフェッション論にもそのまま適用できると思われる。

実際、「ジャーナリズムはプロフェッションなのか、それともただの技能職なのか」という問いは、ジャーナリズムの現実とプロフェッションの理想型との乖離（かいり）を確認するために、つまりプロフェッションとしての構成要件を羅列し、ジャーナリズム職が現実にはプロフェッションとして成り立たないということを強調するところによく利用された。しかしこのような問いに関してジャーナリズム職はプロフェッションであるとかプロフェッションではないという答えを断言することにはなんら意味を持たない。なぜならそもそもある職業がプロフェッション職なのか否かという判断はあくまでも相対的なものであり、明確な境界線があるわけでもないからである。

ただし、ジャーナリズム・プロフェッション論議において否定的な立場を示している学者の議論にそれなりの正当性や意義ある問題提起が含まれていることも事実である。彼らの立場を紹介する前に、主にジャーナリズムの立場からプロフェッションを論じた代表的な論議から要約したプロフェッションの備えるべき要件を見ると次のようである[40]。

①　高い知識と技術を基礎にしたものであること。
②　その従事者に専門の高度の教育訓練を施していること。
③　その従事者は強い社会的責任感と職業的使命感を持っていること。
④　その行動を律する倫理基準や綱領を制定していること。
⑤　職業団体を組織し、その職業的水準の維持、向上に努めていること。
⑥　その従事者に対する一定の資格要件を定め、これを検定する制度を持っていること。

否定的な立場を取る学者たちは、ジャーナリズムの分野は上述したようなプロフェッションの特性を多く持ってはいるものの、医師や弁護士、牧師のような伝統的プロフェッションが備えているプロフェッションの要件を欠如していると主張する。確かに以上のようなプロフェッションの要件をジャーナリストに照らしてみた場合、ジャーナリズム職は部分的にプロフェッションの要件を備えているものの、部分的にはプロフェッションの要件を欠如していると言える。

＊40　江尻進「プロフェッションとしてのジャーナリスト」『コミュニケーション研究』No.2（上智大学コミュニケーション学会、1986年）、29頁～55頁。

第2章　プロフェッション編集者論の理論的背景

Lambethは伝統的なプロフェッションの特徴とプロフェッションとしての
ジャーナリスト職を比較しつつ次のように反論した。多くのジャーナリストが
常勤職(full time)として働いているが、ジャーナリストは医師が医学に専念す
るほどジャーナリズムに専念しているわけではないし、ジャーナリスト職に就
くために免許を必要としているわけでもない。

専門的知識の教育と訓練についていえば、伝統的なプロフェッションは正規
の教育や特定の知識を習得してこそプロフェッション職に就くことができるが、
ジャーナリストの場合、大学でジャーナリズム教育を受けること、ジャーナリ
ズム学位をとることがジャーナリスト職に就くための必須条件ではない。また
大学に設けられているジャーナリズム専攻は学校によってその教育内容は様々
であり、潜在力あるジャーナリストになるために習得すべき特定の知識が必要
なわけでもない。ジャーナリストは実際広範囲な教育を受けており、ジャーナ
リズム学科では言論法、倫理、理論、歴史を必修科目としているが、このよう
な科目がジャーナリズム活動のための技術習得に役立たないと考えている学生
達も多い[41]。

また、新聞社や放送局のようなジャーナリスト組織は彼らの職業活動の規範
となる職業綱領が勧告されているものの、必ずしもそれを受け入れる必要はな
い。そしてプロフェッション職の従事者には高度の自主的権限が与えられるべ
きとされているが、とりわけ組織に所属されているジャーナリストは場合、組
織規範によりその自由な活動が制限される可能性が十分ありうる[42]。そのよ
うに考えるとジャーナリストは伝統的なプロフェッションの要件にはあまり当
てはまらないように見える。

さらにMerrillは、まず、米国の労働統計局が提示しているプロフェッショ
ンの構成要因、①専門教育基準を規定していること、②免許制を取り入れてい
ること、③その職業の従事者によって定められた職業行動のスタンダードを

---

* 41　ただし、ここでLambethがいうジャーナリスト教育の状況は米国のジャーナリズム
　　　教育を想定しており、日本の状況とは異なるということに注意しておきたい。

* 42　E. B. Lambeth, *Committed journalism: an ethic for the profession.* (Bloomington,:
　　　Indiana University Press, 1986). Pamela J. Shoemaker and Stephen D. Reese,
　　　Mediating The Message: *Theories of Influences on Mass Media* Content (Longman
　　　Publishers, 1996). キム・ウォンヨン(金元用)訳『マス・メディア社会学』(ソウル:
　　　ナナム出版、1997年)、165頁。

46

第2節　プロフェッションとしてのジャーナリスト

規定していることを挙げた後、それに加えて『米国のプロフェッション』The Profession in America（1965）の著者Lynnが挙げているプロフェッションの特性8つを取り上げ、各々の項目に対してジャーナリストに問いかける。─果たしてジャーナリストはそうであろうか？

① プロフェッショナルは、物事に対し客観的かつ探究的な観点から思考する
② プロフェッショナルは、素人は持っていない特定の確固たる専門（expertise）を持つことで公衆に信頼される
③ プロフェッショナルは、同業者間の固い団結を結んでいる
④ プロフェッショナルは、その職業に参入するために学位や免許のような一定基準が必要である
⑤ プロフェッショナルは、もしそのメンバーがプロフェッションとしてのスタンダードを守らなかった場合、その免許を剥奪し、追放することができる
⑥ プロフェッショナルは、彼らの職業行動を規定する倫理綱領を持っている
⑦ プロフェッショナルは、最も優れた倫理綱領の実践者への褒賞制度を持つ
⑧ プロフェッショナルは、その職業独自の知識体系を共有する [43]

以上の問いに答えようとした場合、ジャーナリズム職は部分的にプロフェッションの特性を有しているとしても、明らかにジャーナリストはプロフェッションではないとMerrillは断言している。そしてMerrillは『ハーパーズ』Harper'sの編集者であるLewis Laphamの言葉を借り、ジャーナリズムが専門的職業化を強調する傾向は結果的にジャーナリズムのエリート主義を植え付けることになり、ジャーナリズムから多様性を奪い、ジャーナリストに狭い職業仲間意識に縛られる内部志向的傾向を増加させ、受け手に対する責任や義務＝パブリック・サービスを軽視することになると、警鐘を鳴らした [44]。

これらの立場は、ジャーナリストの専門的職業化がもたらす結果および影響を非常に否定的に捉えており、主にプロフェッションの市場内における独占的地位や排他性、資格取得や免許制による表現の自由の制限、階級の形成やエリート主義の量産等々を問題点として提起している。

＊43　Dennis Everette and J.C. Merrill, "Journalism as a Profession," *Media Debates: Issues in Mass Communication*, (Longman Publishers, 1996), pp.209-210.
＊44　*Ibid.*, p.211.

第2章　プロフェッション編集者論の理論的背景

　これらの論議で指摘されているジャーナリズムの専門的職業化がもたらし得る危険性については十分な注意が必要であると思われるが、ジャーナリズムのプロフェッション性の志向が以上に指摘されている問題へ直結されるということには十分な説得力に欠けているように思われる。そしてこれらの論議は、論議の進め方としてジャーナリストを伝統的・典型的プロフェッションと同じ次元に並べて比較しており、ジャーナリズムの現実とプロフェッションの理想型との乖離を強調することによってジャーナリズムはプロフェッションではないという断定をしている。しかし、何回も繰り返しているように、そもそもジャーナリズムがプロフェッションであるかどうかを判断することには意味がなく、問題はなぜジャーナリストがプロフェッションを志向しなければならないかという現実の問題提起の本質を理解する必要があると思われる。

　プロフェッションの概念をジャーナリズムに取り入れることにおいて最も先駆的であったのは米国である。本章の第1節で自由競争の理念が強い近代の英米社会では特定の職業がプロフェッションとしての地位を確立すること自体が顕著な社会的現象であったと述べたが、このような社会的現象はジャーナリズムの領域においても現れていた。

　米国におけるジャーナリズム・プロフェッション論は自らの職業をプロフェッションと規定することによってジャーナリズムの質的向上のあり方を方向づけてきた米国のジャーナリズム改革の中心概念として理解される[45]。

　当然のようにジャーナリズム職をプロフェッションとして規定する米国においてはこのような規定に従いジャーナリストへの教育訓練システムの構築、職業団体の結成、倫理綱領の制定など、制度的完成への努力が既に前世紀末葉から始められ、ジャーナリズム職の職業規範を築きつつ現在に至っている。いまや様々な不祥事を起こしジャーナリズム精神の衰退が憂慮されている米国のジャーナリズム現場で、ジャーナリズム・プロフェッション論は、やはりジャーナリズムの質的向上の論議における重要な基礎となっている。

　そして後述するジャーナリストの専門的職業化に関する先行研究の例からみるように、ジャーナリズム・プロフェッション論は米国以外の国、とりわけジャーナリズム職がプロフェッションの地位確立の伝統を持っていない諸国に

＊45　別府三奈子『米国ジャーナリズムの職業規範に関する史的分析』（博士学位論文、
　　　2002年）、1頁。

第2節　プロフェッションとしてのジャーナリスト

おいて、ジャーナリズム・プロフェッション論議を各々のジャーナリズムに適用することによって、諸国におけるジャーナリズムの質的向上のための手がかりを探す研究に大いに活用されてきた。

　最後にジャーナリストのプロフェッションに関する論議に対してちょうど中間的な立場に立っているウィルバー・シュラム（Wilbur Schramn）の見解を紹介しよう。

　シュラムは、現状においてジャーナリストはプロフェッションに関する旧来の定義のどれをとってもプロフェッションとは言い難いし、さらにジャーナリストは被雇用人であるため最終的な権限が彼ら自身ではなく彼らの雇用主に与えられることからジャーナリズムのプロフェッションとしての独自的・自主的活動に障害をもたらすと指摘しつつ、しかしジャーナリストがプロフェッションの定型に合わないとして、ジャーナリストにプロフェッションとしての水準、態度、行動を期待することができないという理由にはならないと主張した。そして彼はこのように述べている。

　　実際のところ、マス・コミュニケーションのように、公共サービスといった高度の考え方を中心として組織されている職業は、当然プロフェッションであり、これに従事する者はプロフェッショナルなものと主張することはできる。プロフェッションは、他のプロフェッションの組織がどうなっているかを追求したところで発展するものではなく、その職業の担うべき公共サービスの義務を遂行するために、どんな行動が必要であるかということを追求することによって発展するものである。こうした問題を真剣に追及して、思慮深い結論を出し、これに基づいた行動をとるならば、マス・コミュニケーションは正に専門的職業化の途上にある。これこそ、われわれがマス・コミュニケーションの「専門的職業化」という言葉の下で論じている問題点である[46]。

　シュラムのこの言葉は、ジャーナリズム・プロフェッション論の持つ意味を

＊46　Rivers, William L. & Schramm, Wilbur., *Responsibility in Mass Communication*, (New York, Harper & Brothers, 1957), 崎山正毅訳『コミュニケーションの社会的責任』（日本放送出版協会、1959年）、497頁。

よく言い表しているように思われる。このようにジャーナリズム・プロフェッション論は一般的に社会におけるジャーナリズムのパブリック・サービス機能の重大性に関する認識から出発し、ジャーナリズムの従事者の公共への責任とパブリック・サービス理念の育成といった精神的な部分を強調してきた。そして、ジャーナリズムのプロフェッションとしての地位の獲得はつまるところジャーナリスト個人個人の質に拠るという認識からそうした質の向上のためには教育システムの安定や充実、そして倫理意識の向上と自主規制の方法によって達成され、プロフェッションとしての社会的評価を得ることができると論じる傾向がある。

　特にメディア界における職業の専門的職業化(Professionalization)に関する研究はいくつかの理由で非常に望ましいと思われる。ジャーナリストにおけるプロフェッショナリズム(journalistic professionalism)に関して十分に理解することは、メディア組織の一般的機能や彼らの生産物に関する我々の理解をより深めると期待される。また専門的職業化やプロフェッショナリズムの概念はコミュニケーション研究者に他の社会学者の研究成果を結び付けられるすばらしい機会を提供すると期待される[47]。

> ◇　**研究メモ**
>
> 　本研究はジャーナリストがあるいは書籍出版編集者がプロフェッションであるかどうかを問うことを目的としているものではなく、またジャーナリストや書籍出版編集者がプロフェッションであるべきだという断定的前提に立つものでもない。ただ、日本社会における書籍出版編集者の社会的役割や機能を追究するにあたって、プロフェッション論、とりわけ専門的職業化の研究は非常に有効な理論的枠組を提示してくれるだけではなく、書籍出版ジャーナリズムの質的向上のための実践的かつ具体的な手がかりを考えるのに非常に役立つと期待される。

---

*47　Swen Windahl and Karl Erik Rogengren, "Newsmen's Professionalization: Some Methodological Problems", *Journalism Quarterly*, No.55, 1978, pp.466-473.

第2項　ジャーナリズム職における専門的職業化の研究

　ジャーナリストの社会学的研究のひとつとして、ジャーナリストの職業活動をプロフェッションの活動と捉え、職業社会学におけるプロフェッションや専門的職業化(professionalism)の観点をジャーナリストに適用するアプローチをとる一連の研究がある。いわば「プロフェッションとしてのジャーナリスト研究」とも呼べるこれらの研究は、ある社会におけるジャーナリストの役割と機能を問うことにおいて、ジャーナリストが彼らの職業、ジャーナリズム活動に対して抱いている自己イメージや態度の持つ重要性に着目し、彼らの職業活動に対する意識的・態度的特性を把握することに重点を置いている。なかで、1964年McLeod＆Hawleyによって行われた「新聞ジャーナリストにおける専門的職業化」[48]の研究は、この類の研究において最も代表的かつパイオニア的研究である。

　Forsyth＆Danisiewiczによると、専門的職業化の理論化のための主なアプローチは主に3つのパターンに分けることができるという[49]。

　第一のアプローチは、Wilenskyのように専門的職業化をプロフェッションがひとつの職業として確立される過程(process)としてみる歴史的プロセスのアプローチをあげることができる[50]。第二のアプローチは、プロフェッションとされる職業が持つ様々な特性や属性に焦点を当てるもので、代表的な研究としてはGoodeの研究[51]がある。そして最後に、職業人によって行使される自主性の問題に焦点をあてるパワー・アプローチ[52]が挙げられる。McLeod＆Hawleyの研究は以上の3つのアプローチのなかで二番目のアプローチにあたる。

＊48　Jack McLeod and Searle Hawley Jr., "Professionalization among Newsmen," *Journalism Quarterly*, No.41 (Autumn 1964), pp.529-538.

＊49　Patrick B. Forsyth and Thomas J. Danisiewicz, *op. cit*., pp.59-76.

＊50　Harold L. Wilensky, op. cit., pp.137-158, Wilenskyは米国におけるプロフェッションの確立の自然史は、1)フル・タイム職業の出現、2)訓練学校の創立、3)職業協会の設立、4)法律による協会の保護に向けての政治的アジテーション、5)フォーマルなコード(規範)の採用、という五つの段階から成り立つとした。

＊51　W.J. Goode, "The Theoretical Limits of Professionalization," in A. Etzioni (ed.) *The Semi-Professions and Their Organization*. (New York: Macmillan, 1969), pp.266-313.

＊52　T.J. Johnson, *The Rise of Professionalism: A Sociological Analysis*. (1972) Berkeley: Univ. of California Press.

■ 第2章　プロフェッション編集者論の理論的背景

　まず、ここではMcLeod＆Hawleyの先験的（a priori）研究を出発点とするジャーナリストにおける専門的職業化に関する一連の先行研究を詳細に検討する。

（1）　プロフェッションとしてのジャーナリストの態度的特性に関する研究

　プロフェッションとは「高度に体系的な知識と訓練を基礎に、社会の中心的な価値に関する問題に対して、有償で依頼人にサービスや助言を提供するサービス職業」[53]であり、典型的・古典的プロフェッションとして聖職者、法律家および医者が挙げられている。しかし、社会の近代化が進むにつれ職業の分化、高度化が進み、新生プロフェッションが次々と誕生するようになった。

　そしてそのようなプロフェッションを名乗る新しい職業に対して、果たしてその職業をプロフェッションと呼び得るかどうかに関する論議もしばしば展開されるようになった。このような論議で、ある職業をプロフェッションとして認めるには、まずプロフェッションとは何かという問いに対して明確な定義や性格規定を与え、そのような基準に照らし合わせることで特定の職業をプロフェッションとして判断することが当然考えられる。

　しかし、プロフェッションの職業的性質・内容・機能は非常に複雑であいまいなところが多いため、一義的にプロフェッションを定義することは難しいだけではなく、あまり意味をなさないという考え方も存在する。したがってプロフェッションの研究ではある職業を一定の規定に従いプロフェッションと非プロフェッションに区分けする作業を進めるのではなく、プロフェッションと他の職業の違いをあくまでも相対的なものと見なし、その程度の問題を取り上げるか、あるいはプロフェッションの問題を専門的職業化（professionalization）の過程の上で捉える見方が登場するようになった。

　ジャーナリストにおける専門的職業化の一連の研究は、以上のようなプロフェッションの社会学的研究の成果を積極的に取り入れており、ジャーナリストがプロフェッションなのか、それともただの技能職（craft）なのかという問いに答えるより、ジャーナリストの専門的職業化のモデルを提示し、その理論化を図る実証研究が少なからず行なわれてきた。とりわけMcLeod＆Hawleyの

＊53　「プロフェッション」『新社会学辞典』（有斐閣、1993年）。

研究やその後の研究は、ジャーナリスト個人が持つ自己イメージ、つまり自ら
の職業活動をプロフェッションとして位置付けるか否かによって彼らのジャー
ナリズム活動にある種の差異が生みだされるという前提の上で、彼らの自己イ
メージを検証する－「専門性志向(Professional Orientation)」を測る－試みに挑
んできた。

　McLeod＆Hawleyは専門性志向のレベルを測定するスケールを開発するため
に、一般にプロフェッションの理念型を構成する諸要件としてM. Lieberman
が挙げている8つの要件[54]－①独創的で本質的なサービス活動であること、
②知的テクニックが強調されること、③研究に基づいた体系的知識を修得する
ために長期間の特別な教育・訓練を受けること、④広範囲の自主性が与えられ
ること、⑤仕事における行動と判断について自らに責任を課すこと、⑥経済的
収入のような私的利得よりクライアントへのサービスにより重点を置くこと、
⑦完全な自治的職能組織を持つこと、⑧具体的な事例によって解釈され、明示
できる倫理コードを持つこと－を基にプロフェッションの中核を構成する多く
の特性を測定変数として利用すること(operationlization)で、専門性志向レベ
ルを測定するためのスケール(尺度)を考案した。

　そして、その測定スケールで測定されたジャーナリスト個人の専門性志向レ
ベル間の差によって、ジャーナリストの間にどのような個人特性が現れるか、
職業意識や職業行動、判断においてどのような差が現れるのかを分析した。

　McLeod＆Hawleyはより専門的に方向付けられたジャーナリストの態度は、
プロフェッショナルな価値の実現をより支持し、彼らが所属している組織(彼
らの研究では新聞社)に対してより批判的であるという仮定に立脚している。
より詳しく説明すると、専門性志向レベルの高い人ほど専門的技術と知識を使
える仕事を望み、社会において必要不可欠(essential)なサービスに寄与するこ
と、クライアントや所属している組織に対して影響力を持つこと(自主性の確
立)を望み、自由な表現ができることや優秀な管理者や有能な同僚と共に働く
ことを望む。一方、金銭的なことや職業の安定性、職業の社会的地位や組織内
の地位、人間関係についてはそれほど重んじないと仮定した。

　McLeod＆Hawleyのこのユニークな研究アプローチは、その後、ラテンアメ

＊54　Myron Lieberman, *Education as a Profession* (Englewood Cliffs, N.J: Prentice-Hall, 1956), pp.2-6.

リカのジャーナリストの研究[55]、米国、コロラド、トルコ、カナダ、スウェーデン、アイルランドの新聞ジャーナリストの研究[56]、米国の新聞写真ジャーナリストの研究[57]、カナダと米国の放送ジャーナリスト研究[58]などで幅広く適用されてきた。

　ジャーナリストの専門性志向に関するこのような諸地域・諸メディアにおける研究の拡大は、諸地域・諸メディアにおけるジャーナリストの個人特性や態度的特性を明らかにするのに一役を果たしたが、その結果を総合的にみてみると、一貫した共通点は発見されず、専門性志向レベルと関わるジャーナリストの個人特性や態度的特性が諸環境によって異なるパターンを持っていることがわかる。例えば、専門性志向レベルとジャーナリストの年齢の面からみると、McLeod & Hawleyの研究、Wrightの研究、WeinthalとO'Keefeの研究、Idsvoog

---

[55] Jack McLeod and Ramona Rush, "Professionalization of Latin American and U.S. Journalists, Part 1 and Part 2," *Journalism Quarterly*, 46:583-590 (Autumn 1969) and 46:784-789 (Winter 1969)

[56] John W. C. Johnstone, Edward J. Slawski and William W. Bowman, "The professional Values of American Newsmen," *Public Opinion Quarterly*, 36:522-540 (1972)
Oguz B. Nayman, "Professional Orientation of Journalists: An Introduction to Communicator Analysis Studies," Gazette, 19:195-212 (1973)
Dan L. Lattimore and Oguz B. Nayman, "Professionalization of Colorado's Daily Newsmen," *Gazette*, 20:1-10 (1974)
Oguz B. Nayman, Charles K. Atkin and Garrett J. O'Keefe, "Journalism as a Profession in a Developing Society: Metropolitan Turkish Newsmen," *Journalism Quarterly*, 50:68-76 (Spring 1973)
Donald K. Wright, "An Analysis of the Level of Professionalism Among Canadian Journalists," *Gazette*, 20:133-144 (1974)
Swen Windahl and Karl Erik Rosengren, "Newman's Professionalization: Some Methodological Problems," *Journalism Quarterly*, 55:466-473 (Autumn 1978)
Maria B. Marron, "Levels of Professionalism and Professional Efficacy Among Journalists in Ireland," *Gazette*, 56:37-57 (1995)

[57] Thomas Coldwell, "Professionalization and Performance among Newspaper Photographers," *Gazette*, 20:73-81 (1974)

[58] Donald K. Wright, "Professionalism Level of British Columbia's Broadcast Journalist: A Communicator Analysis," *Gazette*, 22:38-48 (1976)
David J. Leroy, "Levels of Professionalism in a Sample of Television Newsmen," *Journal of Broadcasting*, 17:51-62 (Spring 1972-73)
Donald S. Weinthal and Garrett J. O'Keefe, "Professionalism Among Broadcast Newsmen in an Urban Area," *Journal of Broadcasting*, 18:193-209 (Spring 1974)
Karl A. Idsvoog and James L. Hoyt, "Professionalism and Performance of Television Journalists," *Journal of Broadcasting*, 21:97-109 (Winter 1974)

第2節　プロフェッションとしてのジャーナリスト

＆Hoytの研究では、年齢の高低とジャーナリストの専門性志向の高低との間には何の関係もないと述べているが、McLeod＆Rushの研究、Lattimore＆Naymanの研究、Wrightの研究では若いほど専門性志向のレベルが高いと述べている。一方、Nayman、Atkin＆O'Keefeの研究では逆に年齢が高いほど専門性志向のレベルが高いと結論付けている[59]。

　次に専門性志向レベルと教育水準との関係についてみると、Nayman、Atkin＆O'Keefeの研究、Wrightの研究、Weinthal＆O'Keefeの研究では専門性志向のレベルが高いほど教育水準が高いとしたが、一方、Lattimore＆Naymanの研究、Wrightの研究、Idsvoog＆Hoytの研究では専門性志向のレベルと教育との間には有意な関連性は無いとしている。

　このように専門性志向レベルに相応するジャーナリストの個人特性と態度的特性に一貫したパターンが見られないのは、むしろ自然なことのように思われる。つまり、専門性志向レベルというのはあくまでも暫定的な変数であり、流動性を持つものである。しかもそれを異なる環境で測り、ある特定の独立変数（例えば、年齢、教育水準など）との関連性を探ろうとする場合、その関連性はそれを取り巻いている環境、社会構造次第で多様化するということが言えると思われる。プロフェッション論の観点から言うと、各々のジャーナリストが置かれている環境や状況の違い、例えば、ジャーナリストという職業成立の背景、職業教育環境、職能団体の存在如何等々は、当然各々の研究が行われたその時点における個別ジャーナリストの特有の性格、特性に反映しているであろう。

　従来の実証的研究の結果においてこのように一貫性がないことは、ジャーナリズムの分野におけるプロフェッション研究の意義を減少させるものではなく、むしろ異なる環境におけるジャーナリスト意識の静態的比較研究の可能性や有効性を提起するものであると考えられる。さらに、専門的職業化を単なる職業（job）から専門職業（profession）へと発展するプロセスとして把握するならば、ある時期における専門的職業化の程度をみるという意味での継続的な時系列研究を進めることも充分意義ある研究になるであろう。

　しかし、この種の研究の最も重要な基本的目標は、ある社会でジャーナリズム活動に従事しているジャーナリストは果たしてどのような人なのか、彼らの

＊59　J.P. Henningham, "Comparisons Three Versions Of the Professional Orientation Index," *Journalism Quarterly* No.61, 1984, pp.302-309.

第2章　プロフェッション編集者論の理論的背景

背景にはどのようなものがあるのか、彼らはどのような教育を受けたのか、彼らは自らの職業活動についてどのような価値や信念をもっているのかという問いに答えることである。そして、できることなら、ある時期、ある地域、あるメディア関連の職業の従事者たちが持っている意識と態度の特徴を掴むことによって、彼らのプロフェッションを高めるために必要とされる方向性を提案することがこの類の研究が持つ究極の意味であろう。

(2)ジャーナリストの専門的職業化研究の概念的・方法論的問題点

　McLeod＆Hawleyの新聞ジャーナリストにおける専門性志向測定研究によって導かれた「ジャーナリストの専門的職業化」研究は、多くのジャーナリズム、マス・コミュニケーション研究者によって繰り返され、ポピュラーな研究領域となった。これらの研究はジャーナリズムをひとつのプロフェッションに高めたいという思いを込めており、その具体的実現方法の一環としてジャーナリスト教育と訓練の強化を提案するものが多い。このような問題意識の背景には、ジャーナリストの自己イメージにより彼らのジャーナリズム活動にある種の格差が生まれるという前提があることは前述したとおりである。

　この種の研究領域で最も影響力を持った研究は上述したように1964年に行われたMcLeod＆Hawleyの研究であり、その後の研究者たちは彼らの研究を完全にあるいは少々修正した形で各々の地域やメディアに適用してきた。McLeod＆Hawleyの研究アプローチはこのように多くの研究者たちによって繰り返され検討される過程で、研究アプローチにおける概念的・方法論的問題点が提出されるようになった。

　McLeod＆Hawleyの研究における問題点を提起した代表的な研究としては、Windahl＆Rosengren(1978)[60]とHenningham(1984)[61]の研究をあげることができる。ここでMcLeod＆Hawleyが考案した専門性志向レベルの測定スケールが持っている概念的・方法論的問題点をWindahl＆Rosengrenの研究やHenninghamの研究を参考に検討することにするが、その前にまずMcLeod＆Hawleyの専門性志向レベルの測定スケールをより詳しく精査してみることに

＊60　Swen Windahl and Karl Erik Rosengren, "Newsmen's Professionalization: Some Methodological Problems" *Journalism Quarterly* 55 (1978), pp.466-473.

＊61　J.P. Henningham, *op. cit.*, pp.302-309.

する。

　McLeod＆Hawleyはプロフェッションに関するLiebermanの定義に基づき、すべての職業に適用できる24個の職業特性項目を作成した（**表2-2**）。

　24項目は専門的な価値を代表する12の職業特性項目と一般的な職業価値を代表する12の職業特性項目から構成されており、前者の方を「プロフェッショナル項目（professional items）」、後者の方を「ノン・プロフェッショナル項目（non-professional items）」と名づけた。

　「プロフェッショナル項目」は職業において専門性を追求する人々が特に強調するであろうと予想される項目であり、例えば、仕事における専門的知識と技術、職業の社会的影響力、仕事における自主性と責任意識などが挙げられている。そして「ノン・プロフェッショナル項目」は一般的に職業活動をすることによって得られると予想される項目であり、例えば、仕事の楽しさ、組織内での地位、定職としての安定性、生活に充分な収入などが挙げられている。

表2-2　McLeod＆Hawleyの職業特性項目

プロフェッショナル項目 (Professional Items)	ノン・プロフェッショナル項目 (Non-Professional Items)
(1) 自分の能力や実力が充分発揮できること	(1) 仕事を楽しむことができること
(2) オリジナルなあるいはユニークな特技が要求されること	(2) 自分を支えてくれる人々と仕事ができること
(3) 新しい技術と知識を習得できる機会があること	(3) 組織の中で昇進の機会があること
(4) 自分の分野において高いレベルの技能や幅広い専門的知識が必要とされること	(4) 仕事自体より人々と共に働くことに意味があること
(5) 世論に影響を与える機会があること	(5) 定職として安定性があること
(6) 世の中になくてはならない、価値ある仕事であること	(6) 給料：良い暮らしを営む十分な収入が得られること
(7) 仕事についてたくさんの経験を積むこと	(7) 刺激があり、多様性に富んだ仕事ができること
(8) 尊敬される能力や才能を持つ上司や同僚に恵まれること	(8) 社会的地位の高い仕事に従事することができること
(9) 個人的な経済的利得よりも、もっと価値のある喜びを与える仕事に就く	(9) 家族との生活が仕事によって妨げられることがないこと
(10) 自分の仕事について、いつも厳重に管理、監督されることから解放されていること	(10) 一般的に他の編集者から尊敬されている知名度の高い新聞社で働くこと
(11) 仕事について重要な決定が行われる際、自分の意見がその決定に影響力を持つこと	(11) 世の中の重要人物との繋がりや出会いの機会に恵まれること
(12) 物事を決定することにあたって、自分の裁量の幅を広く与えられていること	(12) 組織の中で地位の高い仕事に就くこと

調査票では各対象者がその24個の職業特性について自分が考えている重要度のレベルを点数付けるように設計されている。McLeod＆Hawleyによって作成された「プロフェッショナル項目」と「ノン・プロフェッショナル項目」の内容は上記の**表2-2**のとおりである。以上の24項目に対して各対象者がつけた点数を以下の計算式に入れて計算することで各々の対象者の専門性志向スコアが決まることになる。

> P＝ΣP－ΣNP ‥‥‥‥‥ McLeod＆Hawleyの計算式
>
> 専門性志向スコア＝
> 「プロフェッショナル項目」の合計－「ノン・プロフェッショナル項目」の合計

　McLeod＆Hawleyは以上の計算式によって各個人に与えられた専門性志向スコアをもとに対象者の専門性志向レベルを専門性志向の高いグループ（HP＝High Professional）、中レベルの専門性志向を持つグループ（MP＝Medium Professional）、専門性志向の低いグループ（LP＝Low Professional）の３つのグループに分け、HP、MP、LPの３つの専門性志向レベル・グループ間にどのような個人特性や態度的特性の違いが表れるのかを実証的に検証した。

　McLeod＆Hawleyの計算式によると、専門性志向は「プロフェッショナル項目」を高く評価した人ほど高いこととなり、「ノン・プロフェッショナル項目」を高く評価するとその分その人の専門性志向は低いこととなる。

　つまりMcLeod＆Hawleyの前提は専門性志向の高い人は必ず「プロフェッショナル項目」を高く評価し、「ノン・プロフェッショナル項目」を低く評価するであろうという概念的前提に立っている。

　さらに、McLeod＆Hawleyは彼らが作成した24項目の妥当性を検証するために因子分析を実施することによって「プロフェッショナル項目」と「ノン・プロフェッショナル項目」が各々異なる項目群に分けられると確認した。彼らの概念からすると「プロフェッショナル項目」と「ノン・プロフェッショナル項目」は相反する価値を持つことになる。

　McLeod＆Hawleyの以上のような理論的前提と計算式は、その後Nayman[62]やWeinthal＆O'Keefe[63]、Coldwell[64]などによって批判・修正された。彼らが使用した専門性志向スコアの計算式は次のようである。

> 第2節　プロフェッションとしてのジャーナリスト

$$P = \sum P + (\sum P - \sum NP) \quad \cdots\cdots\cdots\cdots \quad \text{Naymanらの計算式(1)}$$

　Naymanなどが以上のような計算式で各対象者の専門性志向スコアを計算した理由は、専門性志向測定スケールで使われたすべての職業特性項目に対して同じく高い評価をする回答者を考慮し、「ノン・プロフェッショナル項目」の影響を最小限に抑えるためである[65]。

　つまり回答者の中には「プロフェッショナル項目」を高く評価しながらも仕事を楽しんだり、刺激ある仕事を追及したり、多様性に富んだ仕事を望む人もいると予想される。また回答者が所属している組織の性格によって組織内での昇進の機会や安定性などに関する意識も異なってくるであろう。

　例えば、回答者が所属している組織が充分プロフェッションを高めてくれるようなプロフェッショナルな組織なら、その中で働いている専門性志向の高い人は当然その組織における仕事の安定性を望み、専門性を高める意味で組織内での昇進や地位の向上を期待する可能性も充分予想される。このような多様な回答パターンの可能性を考慮せずMcLeod＆Hawleyの計算式で計算した場合、そのスコアは「プロフェッショナル項目」と「ノン・プロフェッショナル項目」をすべて高く評価した人がすべての項目を低く評価した人と同じグループに分類

＊62　Oguz B. Nayman, "Professional Orientations of Journalists: An introduction to Communicator Analysis Studies," *Gazette* No.19, 1973, pp.195-212.

＊63　Donald S. Weinthal and Garrett J. O'Keefe, "Professionalism among Broadcast Newsmen in an Urban Area," *Journal of Broadcasting* No18, 1974, pp.193-209.：デンバーやコロラドの首都圏で放送ジャーナリストとして活躍している人々の特性を検証した研究。高い専門性志向を持っている放送ジャーナリストはそうでないジャーナリストに比べて(1)専門的価値の実現を強く望む(2)それぞれの所属放送局に対して批判的な立場をとる(3)プロフェッショナル組織へ所属することを強く望む(4)より高い教育水準を持っている(5)高い経済的収入のために転職を望まない(6)職業行動において専門性志向の低い人とは異なる特性を持つ(7)Journalistic Professionalismといった用語に対する意味づけが異なる、という仮説を立て実証的に放送ジャーナリストのプロフェッションとしての特性を検討している。

＊64　Thomas Coldwell, "Professionalization and Performance among Newspaper Photographers," *Gazette* No.20, 1974, pp.73-81.：McLeod＆Hawleyの開発した相対的な専門性志向の測定スケールを活用しつつ、新聞の写真記者における専門的職業化と役割遂行(performance)との関係を検証したもの。

＊65　*Ibid*., p.75.

第2章　プロフェッション編集者論の理論的背景

される危険性がある。

　このような理由でNaymanなどは「ノン・プロフェッショナル項目」の合計の比重を抑えることでMcLeod & Hawleyの計算式を修正したわけだが、彼らの修正案もMcLeod & Hawleyの概念的前提が持っている根本的な問題点を完全に克服したとは言い難い。

　つまり、Windahl & RosengrenはNaymanらの計算式を書き換えると以下のようになるが、この計算式は「プロフェッショナル項目」の合計の比重を2倍にしただけに過ぎず、McLeod & Hawleyの計算式が持つ概念的・方法論的問題点を根本的には解決していないのである[66]。

$$P = \Sigma P + (\Sigma P - \Sigma NP) = 2\Sigma P - \Sigma NP \quad \cdots\cdots \quad \text{Naymanらの計算式(2)}$$

　Windahl & RosengrenはMcLeod & Hawleyの提案した初期の専門性志向の測定スケールが持っている暗黙的な基本仮定、つまり、McLeod & Hawleyの測定スケールは「ノン・プロフェッショナル項目(non-professional item)」が「プロフェッショナル項目(professional item)」に対する「反プロフェッショナル項目(anti- professional item)」であるという概念的仮定とそれにしたがって導出された方法的問題点を厳しく批判した。

　さらにMcLeod & Hawleyの測定スケールだけではなく、Lattimore & Naymanの修正案もMcLeod & Hawleyの研究スケールが持っている明らかな概念的・方法論的欠点を克服できず、「ノン・プロフェッショナル項目」の否定的な影響をある程度削減したに過ぎないと結論つけた[67]。

　つまりLattimore & Naymanの修正案はMcLeod & Hawleyの測定スケールが持っている問題に対して適切な指摘をしているものの、その対案は「プロフェッショナル項目」をただ2倍にしたに過ぎず、McLeod & Hawleyの問題点が解決できる妥当な理論的根拠が不明であるという問題が残る。そこで第3の計算式が提起されることになった。Windahl & Rosengrenによって提案された専門性志向スコアの第3の対案は、次のように「プロフェッショナル項目」の合計だけでスコアを決めることである。

---

[66]　Windahl and Rosengren, *op. cit.*, p.468.
[67]　*Ibid.*, p.468.

第2節　プロフェッションとしてのジャーナリスト

$$P = \Sigma P \quad \cdots\cdots\cdots\cdots \quad \text{Windahl \& Rosengrenの計算式}$$

Henninghamは、McLeod & Hawleyの研究以後繰り返し使われてきた専門性志向の測定スケールにおける方法的問題点を整理し、オーストラリアの放送ジャーナリストを対象にした調査で得られたデータを上述した3つの計算式に適用し、3つのパターンの専門性志向レベルを決め、各グループの教育水準、年齢、職業経験年数、性別、給料、政治的傾向や社会経済的特性との関係を検証した[68]。

Henninghamはこのようなスケールの比較研究を通して、同じデータベースであっても異なる計算式に適用することで、全く異なる結果が招かれるということを明らかにした[69]（**表2-3**に整理）。

検証の結果をみると、まず、McLeod & Hawley式を利用して専門性志向スコアを決め、それによってHP（High Professional）、MP（Medium Professional）、LP（Low Professional）の3つのレベル・グループに分けてオーストリアの放送ジャーナリストの特性を検証した結果では、高い専門性志向を持っている人々（HP）は教育水準からすると高等教育を受けている者が多く、性別から見ると女性ほどHPが多かった。年齢的には40歳以上あるいは30歳以下、政治的には左派的傾向が強かった。専門職または管理職、あるいは熟練した商業者の父親を持っている人が多かった。

表2-3　3つの計算式によるHPの特性の比較

	McLeod & Hawley の計算式	Naymanらの 計算式	Windahl & Rosengrenの計算式
性別	女性ほどHP	やや男性が多い	男性・女性同じ比重
年齢	40歳以上、30歳以下	若いほどHP	レベル間有意差なし
教育水準	高等教育	レベル間有意差なし	中等教育
政治的態度	左派	中立派	レベル間有意差なし
職業経験	―	長いか、非常に短い	短い

〈注〉HP：High Professional（ハイ・プロフッショナル）

[68]　J.P. Henningham, *op. cit*., pp.302-309.
[69]　*Ibid*., p.308.

61

　　　　■　第２章　プロフェッション編集者論の理論的背景

　一方、Nayman式を利用した結果で、HPの特徴は、性別はやや男性が多く、年齢的には若いほど専門性志向が強かった。またジャーナリストとしてのキャリアが長いかあるいは極めて短い者が高い専門性志向を見せた。HPは政治的に中立的傾向を持つ人が多く、教育水準の面では他のレベル・グループとの間にあまり重要な差は見られなかった。

　最後にWindahl＆Rosengren式を適用した結果では、HPほど高等教育より中等教育を受けた者が多く、女性と男性比率はほとんど同じであった。職業キャリアの面から見るとジャーナリスト職業への新人ほど高い専門性志向を見せていた。そして各回答者の社会経済的背景の比較では各レベル・グループの間にあまり重要な差は見られなかった。

　さらにHenninghamはこの類の研究の主な軸となっている専門性志向レベルの３つのグループ分けにおいて、専門性志向のスコアを計算する式が異なることで同じ人であっても式により各々別のグループに分類されると指摘した。実際に、３つの計算式で分類された３パターンのHP、MP、LPグループ間のクロス集計の結果、McLeod＆Hawley式によりHPに分類された回答者の75％がNayman式のHPに分類され、McLeod＆Hawley式でHPとして分類された61％がWindahl＆Rosengren式のHPに分類された。最後にNayman式によって分類されたHPの82％がWindahl＆Rosengren式におけるHPとして分類された＊70。

　以上の結果から調査によって集められたデータの取り扱い方に関して最も有効で妥当な根拠を持つように注意を払わなければならないということが確認できたと思われる。特にMcLeod＆Hawley式の理論的根拠となっている「ノン・プロフェッショナル項目」は「プロフェッショナル項目」の「反プロフェッショナル項目」であるという前提は覆されたとみるべきであろう。

　Henninghamの放送ジャーナリストの研究では、調査の結果得られたデータをもとに「プロフェッショナル項目」と「ノン・プロフェッショナル項目」の相関関係を検証したが、その結果、二つの項目群の間にかなり高い正（＋）の相関関係を持っていることが明らかになった（相関係数 r ＝0.7、p＜0.001）。

　すなわち、放送ジャーナリストたちは「プロフェッショナル項目」を非常に高く評価しつつ「ノン・プロフェッショナル項目」についてもまた高い評価をし、

────────────────

＊70　*Ibid*., p.308.

「プロフェッショナル項目」について低く評価した場合は「ノン・プロフェッショナル項目」についても低く評価する傾向があると言える[71]。

　したがってこの類の研究を進めるにあたって、McLeod & Hawleyが提示した24項目の職業特性項目はジャーナリストの態度的特性を把握するための調査スケールとして主な参考となるが、彼らの概念的前提やそれに基づいた方法論的展開については改めて考え直す必要があると思われる。

　ここでひとつ参考となる研究アプローチとしてWindahl & Rosengrenの研究を挙げることができるであろう。Windahl & RosengrenはMcLeod & Hawleyが提示した24項目の職業特性項目を利用して得られた調査データに対し因子分析を実施することによって改めて「プロフェッショナル因子」と「会社組織内における安定と昇進の追求因子」という2つの因子を抽出し、その2つの項目間の相関関係でジャーナリストの態度特性を分析した[72]。

　この研究はMcLeod and Hawleyの研究で使われた分析スケールを利用したが、その結果を分析するにあたって、ジャーナリストの態度的特性を明らかにする新しい因子を発見することによってより精密な分析ができたことに意義があると評価できる。とりわけジャーナリストの専門的態度とジャーナリズム組織に対するジャーナリストの態度との関係を新しい因子を利用して分析し、ジャーナリストの中には専門性志向が強くて「会社組織内における安定と昇進」という価値はあまり重要視しないジャーナリストもいるが、一方「会社組織内における安定と昇進」も同じ程度高く評価するジャーナリストもいるということを明らかにした。

　つまりMcLeod & Hawleyの研究では組織内における地位の追求は「ノン・プロフェッショナル」な価値を持つものとして断定されたが、プロフェッショナルの中には職業活動における専門的価値と彼らの属している組織の目的が一致した場合、職業活動で得られる組織内での地位の向上、職業安定性などの報酬をも共に追及するという事実が確認できたこと[73]は、実に興味深い発見である。

　さらにWindahl & Rosengrenはこの研究を通してジャーナリストの「専門的

---

*71　*Ibid*., p.309.
*72　Windahl and Rosengren, *op. cit*., pp.466-473.
*73　*Ibid*., pp.469-470.

態度(professional attitudes)」と「社会構造(social structure)」との関係に注意を払っている。彼らは、「小さい町」と「都市」におけるジャーナリストの「プロフェッショナル因子」と「会社組織内における安定と昇進の追求因子」とを比較した上で、すべての対象者に「より大きい新聞社への転職意向があるのか」と尋ねた。その結果、職業活動を通してプロフェッショナルな価値を追求することやそこで得られる報酬が多いとされる「都市」のジャーナリストは、活動が制限される閉鎖的性格が強いと想像される「小さい町」のジャーナリストより転職意向が低いことが分かった*74。

Windahl&Rosengrenのこのような研究例はジャーナリストの置かれている状況、組織の性格や社会的構造により、プロフェッショナルな態度的特性にある種の差異が生まれるということを物語っており、ジャーナリストの態度的特性を社会的構造や組織特性と関連付けながらより注意深くその関係性を分析する必要性があるということを提起していると思われる。

Windahl&Rosengrenはこれからジャーナリストにおける専門的職業化の研究を進めるには、「個人における専門的職業化(individual professionalization)」と「集合における専門的職業化(collective professionalization)」との関係を明らかにする必要があり、その二つのレベル間の関係性を説明するために測るべきジャーナリストの態度的特性の測定スケールには最低限、教育、専門知識(specialist knowledge)、自主性、プロフェッショナル・アソシエーション、クライアントとの関係といった要素が入るべきであると提案した。

以上、ジャーナリストにおける専門的職業化研究、特にジャーナリストの態度的特性に関する代表的な先行研究の事例を検討し、その研究が抱えている概念的・方法論的問題点を述べてきた。ここで概観した先行研究は主にジャーナリストの態度的特性を把握するために考案された初期の実証研究を中心にしている。したがって専門的職業化を説明するための他のモデルについて十分検討しているとは言えないが、プロフェッションとしてのジャーナリストの態度的特性を把握するための基本的スケールの提示とともにそのスケールが持っている問題点を明らかにする役割は充分果たしていると思われる。

---

*74 *Ibid,*. pp.471-472.

（3） プロフェッションとしてのジャーナリストの構造的特性に関する研究

Windahl&Rosengrenは、スウェーデンのジャーナリストにおける専門的職業化を考察する研究[75]で、専門的職業化のプロセスは個人（individual）レベルと集合（collective）レベルで進行するとし、専門的職業化のプロセスを考察するにあたって「集合における専門的職業化（collective professionalization）」と「個人における専門的職業化（individual professionalization）」の概念を明確にすることを提起した。**図2-2**は個人レベルの専門的職業化と集合レベル専門的職業化という二者間の関係性を視覚的に表したもの[76]である。

Windahl&Rosengrenの専門的職業化モデルは、一つの社会内でプロフェッションが成立するには、その社会の技術的、経済的、政治的、社会的要因に影響されながら、そのような全般的社会環境の影響下で「集合における専門的職業化（collective professionalization）」と「個人における専門的職業化（individual professionalization）」が、それぞれ発展していくという専門的職業化の全体像を図式化したものである。

Windahl&Rosengrenはプロフェッションが社会構造と繋がる構造的側面を強調したGreenwoodのプロフェッションの5つの属性－組織的理論体系（systematic theory）、専門的権威（professional authority）、公式的・非公式的なコミュニティの承認（sanction of community）、規制的な倫理綱領（regulative

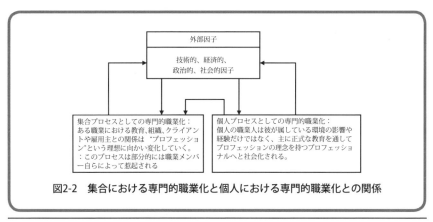

図2-2　集合における専門的職業化と個人における専門的職業化との関係

---

[75] Swen Windahl and Karl Erik Rosengren, 'The Professionalization Of Swedish Journalist', *Gazette* 23(3), 1976, pp.140-149.
[76] *Ibid.*, p.140.

code of ethics)、プロフェッショナルの文化（the professional culture）－を援用し「集合における専門的職業化」を説明した。

Windahl&Rosengrenはすべての職業は技能職（craft）から専門職（profession）へと向かっていくとし、良い教育と訓練がプロフェッションに与えられ、プロフェッションのメンバーに幅広い自主性が与えられ、そしてプロフェッショナルが彼らのサービス理念が具現できる行動のルールを作るなどのプロセスを経て長い年月をかけてプロフェッションへ変化していくと説明した。そして彼らは「集合における専門的職業化」の必須要件として次の6つの特性を提示し、スウェーデンのジャーナリストの専門的職業化の度合いを考察した。

① プロフェッショナル組織あるいは協会の存在
② 職業メンバーの教育と訓練
③ 職業倫理あるいは行動綱領
④ 自主性の程度
⑤ ある種の仕事における独占権の主張
⑥ サービス理念の発現

さらにWindahl&Rosengrenは「個人における専門的職業化」はすなわち「社会化」過程であると述べている。つまり、個人における専門的職業化のプロセスとは、プロフェッショナルな個人が公式的あるいは非公式的過程を通して－①仕事のための教育と訓練、②職業に就くための特別な資格要件、③職業における自主性と自己規制に関する観点を身に付ける－プロフェッショナルとしての態度と行動のパターンを内面化していくことである。

Windahl&Rosengrenの専門的職業化のモデルは、ひとつのプロフェッションが成立する過程を「集合」レベルと「個人」レベルに分けており、この立場はプロフェッションを論ずる際、構造的側面と態度的側面に分けて考察すべきであるというHallなどの指摘と一致している。そしてこのモデルでは専門的職業化のプロセスを理解するうえで外的要因、つまり技術的・経済的・政治的・社会的因子の影響を受けていることを図に表しており、それはすなわち、あるプロフェッションが所属しているその社会の特殊性、職業としての成立からプロフェッションとしての承認を受けるまでの歴史的展開を理解すべきであるということを意味していると考えられる。したがって、Windahl&Rosengrenの専門的職業化モデルは専門的職業化の過程を考察するための大まかな枠として用

第2節　プロフェッションとしてのジャーナリスト

いられるには有効なモデルであると考えられる。

第3項　ジャーナリスト組織の特徴と自主性

　McLeod＆Hawleyの研究を始めとするプロフェッションとしてのジャーナリスト研究はプロフェッションの中核となる多くの特性を選び、専門性志向レベルを測定するスケールを開発し、そのスケールを用いて新聞あるいは放送ジャーナリストの専門性志向レベルによる態度的特性を説明し、ジャーナリストのプロフェッション性を高めるための対案を提示してきた。

　しかし、McLeod＆Hawleyの研究はその後研究の理論的前提や方法論的問題点について批判を受けることとなり、とりわけForsyth＆DanisiewiczはMcLeod＆Hawleyの研究に対して「第一、彼らは個人のプロセスと社会のプロセスを混同し、そのためプロフェッションの特性・属性の枠組み全体が不正確で、首尾一貫していない…第二は、プロフェッショナル化の過程の政治的または経済的アスペクトを軽視している」[77]と厳しく批判した。

　そしてForsyth＆Danisiewiczはプロフェッションの態度的特性を説明する最も有効な尺度としてプロフェッションがその職業活動の上で結ぶ諸関係における自主性に着目し、新しい専門的職業化モデルを提案した。

　確かにMcLeod＆Hawleyらが開発した専門性志向レベルの測定尺度は、ある職業に従事する人のプロフェッショナルとしての態度的特徴を把握するためのひとつの独創的な手がかりとして評価できるものの、彼らの研究はある特定の職業における専門的職業化のプロセスを説明するには充分な説明力に欠けており体系化もされていない。さらにMcLeod＆Hawleyの研究手法を現代の各種職業に適用する場合の大きな問題点は、彼らが前提として用いたプロフェッションの概念や特性がもっぱら古典的・理念的な定義に基づいていることである。

　専門的職業化（professionalization）とは個別の職業の主要な構成要素が「理念として」専門化していく動態的過程であると捉えるのが妥当である。換言すればプロフェッションの概念も他のあらゆる社会的現象と同様、時代の変遷とと

---

[77]　Patrick B. Forsyth and Thomas J. Danisiewicz, *op.cit.*, pp.59-76.大井眞二「ジャーナリズム意識の研究－米ジャーナリスト研究のインプリケーション－」『マス・コミュニケーション研究』、No.48（1996年）、70頁から再引用。

もに変化していくものであり、不変な概念として静態的に捉えるのは間違いであると言わざるを得ない。McLeod & Hawleyの研究アプローチのように固定的特性の集まりを持つものと規定して観察するだけではその動態的過程が十分説明できない。また専門的職業化がプロフェッションの「理念型」を目指す一過程だとしても、その過程を見るにはプロフェッションを取り巻く状況に充分な配慮が必要であると考えられる。

　そして現代社会におけるプロフェッションを論ずる際にはプロフェッションが時代や社会の変化と共に変わってきたことに特に注意すべきである。プロフェッション概念の変化のなかでもとりわけ多くの学者によって指摘されているのがプロフェッションの組織化・官僚化の問題である。現在のプロフェッションは主に自営で営まれていた従来のスタイルから被雇用プロフェッションとなり、その活動が組織に組み込まれ、官僚化されていることがしばしば指摘されている。ジャーナリストにおけるプロフェッションの研究や論議のなかでも、ジャーナリストが他の伝統的なプロフェッションと異なる点として職業活動を遂行するにあたって完全に組織体に依存しなければならないということを配慮すべきであるとしている。職業活動が組織を基礎として遂行される過程でジャーナリストは上級者や所有者、経営陣、政府などの外部勢力からの影響にさらされ、自己の役割や職務の遂行において必要とされる自立の権利を制限される恐れが出てくる。ジャーナリストがプロフェッションとして成り立つためにはこのような外部の影響から自由にならなければならない。

　D. McQuailは、組織を組織目標（強制的、功利的、規範的）や受益者のタイプ（社会全体か、特定の依頼主か、メディアの所有者か、組織の従業員か）などの基準によって分類する例を紹介しながら、メディア組織は他の複合組織に比べてもより混合的な目標を持ち、多様な価値に奉仕する非常にあいまいな組織であり、また組織ごとに異なるだけではなく、目的や志向に応じて内部的に分化する傾向があると指摘した[78]。

　彼は、ジャーナリズムは「未確立なプロフェッション（marginal professions）」であるという立場を取っているが、メディアの職業を①経営者・

---

[78] Denis McQuail, *Mass Communication Theory - An Introduction* (London: Sage Publications, 1983).竹内郁郎・三上俊治・竹下敏郎・水野博介訳『マス・コミュニケーションの理論』（新曜社、1985年）、115頁〜118頁。

管理者、②作家、作曲家、演技者、ディレクターなどクリエイティブな仕事に携わる人、③ジャーナリスト—記者、編集者、通信員など、④技術者—造形や映像の専門家の４つに分けた際、この４つの職業のなかでも②と③はメディア職業の「プロフェッションの中核」に最も近いものであると述べている。そしてこれらメディア職業に従事している人々は、①「社会生活や政治生活に積極的、参加的役割果たす」対「中立的、情報伝達的立場をとる」、②「創造的技能を駆使し、独創的な仕事を行う」対「組織の経営的ニーズに応える」、③「受け手や社会に向けて、意思の伝達を行う」対「消費財に対する受け手の既知の需要を満足させる」といった職業的役割のジレンマを常に感じているが、このような基本的なジレンマは制度内における「自由」対「制約」のジレンマであり、制度自体の明示的、暗黙的なイデオロギーが独創性と自由に価値を置くことに対して、その組織環境は極めて厳格な統制を要求していると指摘した＊79。

　ここでマクウェールのいう「自由」対「制約」のジレンマはプロフェッションの社会学でプロフェッションが組織に編入されることから被雇用プロフェッションとなることによって「プロフェッショナルの価値」と「官僚的規範・組織原理」が対立するという論議に通じる部分があると思われる。要するに、ジャーナリストが彼の持つ職業的価値を実現するにはメディア組織という組織環境の影響を受けざるを得ないということであろう。

　メディア組織は非常にあいまいな組織であり、組織ごとにその性格が異なったりもするが、メディアの従事者は彼らの職業的役割を果たす上で数々のジレンマを感じている。そのなかでジャーナリストが彼の所属している仕事の現場が官僚化して行っても、自由や創造性および批判精神を持ち、公衆や経営からの圧力から距離を持ち、職業活動における価値判断においてプロフェッションの仲間やプロフェッショナルとしての価値基準に従うことができた時、彼らのプロフェッション性はより高まるであろう。つまりあらゆる「統制」からの自主性の獲得と実現は現代のプロフェッションやプロフェッションとしてのジャーナリストを考える際に最も重要な要素の一つである。

　これと関連してJohnstoneらはジャーナリスト達が彼らの職業活動をプロフェッションであると考える限り、彼らは外部の干渉に左右されず自立的な活動をまっとうしようと努めるとし、プロフェッションにおける自主性と外部統

＊79　前掲書、120頁。

制からの自由はジャーナリストの専門的職業化において最も重視すべき要素であるとした[80]。

このような観点から書籍編集者を考えてみると、出版社は机一つと電話一本で始められると言われてきたとおり、たった一人であっても出版社を始めることができるので、実に多様な形態・規模の企業組織が存在している。日本には現在従業員10名以下の零細出版社から200人以上、1000人以上の大出版社が企業として出版活動を行っており、規模の大きい出版社では株式会社のシステムのもとに作業過程について職務の細分化が進んでいる。本来分業的体制によって生産効率を高める他職業とは異なり、出版社にとって職務の細分化は仕事の効率化をもたらす反面、精神的・知的創造活動を本務とする編集者の職業活動を単純労働化してしまう恐れがある。分業の問題は本論議では取り扱わないが、編集者の職業活動が組織体を通して行われているという事実は念頭に入れておくべきであろう。

現代の資本主義社会において出版社は、大きく分けて出版という仕事が持つ文化的意義を達成することと、企業としての営利追求という二つの目的を持っている。その両者が幸せな一致を見ることが最も望ましい状態であるにしてもその両者の目的は必ずしも一致するとは限らず、その場合、葛藤がもたらされることになる。企業としての目標と、読者に必要または有益と考えられる情報や知識を生産するという文化的目標が衝突した場合、とりわけ出版の内容選択と生産に最も重要な役割を果たしている編集者が自己の編集者としての職業意識、価値意識に沿って判断し、行動することが非常に困難となり、極端な場合はいわゆる「職を賭して」闘うということになりかねない。

また出版社の商業性の追求が過度な読者迎合主義に陥っているとしばしば指摘されてきているなかで、編集者のクライアントである読者に対してより独自的かつ自律的に出版の内容を決めることの出来る環境の助成と認識や態度の形成が現社会の編集者に要求される。

---

[80]　J. W. Johnstone, E. J. Slawski and W. W. Bowman, *The News Media: A Journalist Looks at His Profession*, New York: Holt. Rinehart and Winstone, 1986. 李康洙『マスコミ社会学』（ナナム出版社、1987年）、109頁～110頁から再引用。

第3節　プロフェッションとしての編集者

第3節

プロフェッションとしての編集者

第1項　編集の概念

　「編集」とは何かに関してはそれを定義する人や対象とする媒体などによって各人各様であろう。

　様々な定義の中でも「編集」や「エディターシップ」なるものが論じられる際、最も頻繁に引用されているのが英文学者、外山滋比古の著した『エディターシップ』である。外山は『エディターシップ』のなかで「編集人間」[81] という表現を用い、雑誌編集者や映画監督のように自覚的に行う活動ではないにせよ、人間が外界を認識しそのなかから必要なものや好ましいものを切り取り自分の良いように考え、応用し、統合するすべての活動が「編集」であると述べている。

　　人間はすべてのものをあるがままに認識したり理解したりすることは不可能である。対象の重要な部分に注目し、それを印象に留め、同じようにして印象に刻まれたほかの対象の重要な部分ととり合わせる。こういう操作を無限に繰り返して現実を構成する。したがって意識される外界は決して現実世界の総体ではなくて、ごく一部の認識によるアンソロジー的な世界である。ここでもまた、われわれはひとり残らず編集を意識しない編集者なのである[82]。

---

[81]　外山滋比古『エディターシップ』（みすず書房、1975年）、183頁。
[82]　前掲書、55頁。

71

第2章　プロフェッション編集者論の理論的背景

　ここで外山のいう「編集」の概念は人間各人が無意識的に行っている精神活動のすべてを指しており、「人間論としてのエディターシップを追究すること」を目指している「編集」概念の拡大された解釈であると理解できる。このような概念は「編集」の最も本質的なところを掴んだ解釈であり、「エディターシップが貧しければその人の見ている世界も貧しいものになるのは当然」[*83]という指摘などは人間や社会の文化を理解する際において非常に興味深いものがあるものの、特定メディアを通して意識的に行われる「編集論としてのエディターシップを追究すること」においては必ずしも適切な概念とは言えない。

　つまり、外山のこのような「編集」概念の拡張された一般化は「編集」を「人間の普遍的・知的活動」として一般化させてしまうので、「編集」を特化された専門的な職業機能として行う「編集者」を対象とする本論文においてはむしろその理論的追究を撹乱させるおそれがある。したがって外山の「編集論」は「エディターシップ」の持つ創造性がとくに強調されており非常に参考になることは事実だが、本論文においてはもう少し制限的にその概念を定義しておく必要があると思われる。本論文において「編集」とは職業活動の一つとして意識的に行われる活動であり、媒体のなかでも、とりわけ書籍媒体を取り扱う編集活動に絞り編集とその活動の性質を見ることにしたい。

　書籍媒体に限って「編集」の問題を取り扱っている論は数少ないが、概ね印刷媒体（そのなかでも書籍および雑誌媒体）における「編集」について論じられたものとして日本出版学会の機関誌『出版研究』第5号（1974年）には「編集論」というテーマで特集が取り組まれており、「編集」を考える際に役立つ論議が豊富に掲載されている。「編集論」の特集には全7本の論文が載せられているが、そのなかで布川角左衛門は「編集」をP.POSTAというアルファベットの頭文字を並べて詳しく説明している[*84]。ただし、このP.POSTAに取り上げている18もの項目は、布川も述べているように、編集とは何かを分かりやすく説明するために「編集」の要点となる事項を取り上げて便宜的に表したものであり、概念の定義

＊83　前掲書、188頁。
＊84　布川角左衛門「編集とは何か」『出版研究』No.5、1974年、10頁〜25頁。
　　　P.POSTAとは、『「P」Philosophy、Purpose、Project：「P」Policy、Planning、Preparing the contents：「O」Opinion、Organizing、Originality：「S」Securing the manuscripts、Selection、Suitable examining：「T」Technique、Time、Teamwork：「A」Appeal to readers、Accounting(timely, economical)、Authorize』を意味する。

というよりは「編集」にかかわるすべての要項をそのプロセスを追って羅列的に整理したものであると言える。

　「編集」の概念を考える際に最も参考とする論議としては、美作太郎の「編集論序説」を挙げることができよう。美作は「編集論序説」で次の二つの定義を提出している*85。

　第一の定義は広義における概念であり、「編集とは、人間の文化的創造物を、一定の意図のもとに、公表を目的として、特定の伝達媒体に適するように整序し、配列する機能である」と定義している。

　そして第二の定義は狭義における概念であり、「編集とは、一つまたは一つ以上の著作物またはこれに類する資料を、一定の編集方針にもとづく企画に従って入手（取材）し、これに整序・配列の手を加えて印刷その他の複製手段に付し、一定の出版物（書籍・雑誌）にまとめ上げる仕事である」と定義している。

　まず、第一の定義（広義）は「編集」の概念を包括的に表しているが、「編集」の概念の適所を掴んでいる。美作の意図する「編集論」もそうであるがとりわけ本論文で取り扱おうとする「編集」とは、外山のいう「人間の無意識的な知的精神活動」ではなく、読者を想定しその読者の中に一定の観念的な影響を及ぼすことを目指して行う「意図的」活動および「公表を目的」とする活動であるという点を改めてここで確認しておきたい。

　そして第二の定義（狭義）はとりわけメディアの類を書籍・雑誌媒体に限定し放送や映画などの映像メディアにおける編集（編成）はもとより同じ印刷媒体であっても新聞における編集と書籍や雑誌における編集とはかなり性格が異なるという点を明確に指摘している。より厳密にいうと「書籍」と「雑誌」においてもまた同じことが言えるであろう。

　美作太郎は、以上のような二つの概念定義の後、「編集」の特徴を挙げ「編集」概念の実態を説明している*86。まず「編集」には原稿の整理から印刷、製本に至るまで技術的な知識を必要とする。これが「編集」の持つ「技術的側面」である。

　一方「編集」には企画、著者との接触、原稿の評価などの段階で発揮される「理念的・知的側面」を持っている。さらに「編集」は文化性と実務性、美学的・審美的特質を持っている。つまり、出版物はすべて一定の文化内容を持って企画、

*85　美作太郎「編集論序説」『出版研究』No.5、1974年、47頁〜75頁。
*86　前掲論文、62頁〜65頁。

第2章　プロフェッション編集者論の理論的背景

製作されており（文化性）、編集の全工程は編集者が所与の出版社に雇用されその規律や職制のもとで実務的に処理していく過程である（実務性）。そして出版物とは内容と形式との有機的な統一体であるので、そのような出版物の生産における「編集」の中心的役割は内容の忠実・正確な伝達だけではなく書かれた原稿の出版物への転化において「読みやすさ」「取り扱いやすさ」「もちのよさ」といった実利的な要請や著作内容にふさわしい美観を与える美的要請に応えなければならない（美学的・審美的特性）。

美作は以上のような「編集」の概念定義と特徴づけを通して「編集」の骨組みと肉付けを試みたわけだが、彼が編集観の全体を通じてとくに強調しており、本論文においても非常に注目したい指摘が二点ある。まず「編集＝編集技術」という考え方の持つ認識の狭さに注意しなければならないという点がその一つである。「編集」の技術的側面は編集の職能の確立という点で最も基礎となる部分ではあるが、「編集」の全プロセスから技術的な部分だけを摘出しそれだけで「編集」を語る経験的な傾向は戒めなければならない。

反対に出版社内おける編集機能の分化、外注が進む中で、企画、著者との接触、原稿依頼と入手といった知的側面だけを重視し、「編集」の技術的側面を「編集外」と把握する考え方も「編集＝編集技術」の逆のタイプとして同様に狭い編集観であると言えるであろう。「編集」とはその具体的手順に従って説明すると「企画作成－原稿依頼－原稿入手と吟味－整理・割付（レイアウト）－校正－製本」の工程そのすべてであるというふうに全体として捉えなければならない。それを称して美作は「編集の全一性」と表現した。

そして「編集」を理解する際において最も注目したいところは「編集」の持つ「創造性」である。美作は「編集」の過程で企画から原稿整理までの過程を創造的（creative）、原稿指定から造本までの過程を転換的（convertive）であると分析したジョン・ケリーの分析を引用しながら著作物はそれ自体創造性を持っているが「編集」という手が加えられることによって新しい価値が生まれるという「編集」の「第二次的創造」を強調した。ただし、ここでジョン・ケリーの表現した「編集」の転換的過程は「編集」の技術的側面が多く含まれており著作物の忠実な複製として理解されがちで、まるで創造性は発揮されないと思われる恐れがあるが、転換的過程は企画から原稿整理までの過程のような積極的な創造への参加は見えないにせよ、数々の技術的工程を通して著者による文化創造物に磨

きをかけてより価値ある創造物に仕上げる過程としてその過程ももうひとつの創造への参加であると理解すべきであろう。

　ここで書籍出版に絞って書籍出版における「編集」を考える必要があろう。「編集」の最も本質的な機能が「選択」「整序・配列」であるとしたが、この機能から書籍媒体をみた場合、作家・著者の作品を書籍の形にまとめあげる過程において「編集」は機能しないのではないかという問いがあり得る。これに対して美作は、次のように答える。

　　　書籍編集者は、なるほど入手した一篇の原稿を「選択」したり「配列」したりはしないが、一定の形態をもつ出版物にするために「整序」する。しかもこの「整序」は、書かれた文字あるいはタイプで打たれた文字を活字にするという簡単な操作ではなく、タイポグラフィーの可能性をふまえた知的・精神的活動であって、この作業によって、生の著作物はリーダブルな複製物になるだけではなく、編集者の価値観のスクリーンを通して新しい生面を獲得することになるのである[87]。

　書籍編集は実際に目立たない活動であり、著者やその著作物の陰に埋もれがちであるが、だからといって著作物の忠実な再生や正確な複製が書籍編集ではない。上に引用した文章にもすでに現れているが著作物の創造性の実現には編集者の知的・精神的活動が加わっており、編集者の世界観・価値観・出版観たるものがそれに間接的に投影されている。書籍編集を考える際、編集・編集者が著作者・著作物の創造性に隠れながらも内面的・実質的に書物の創造に寄与しているということを理解することは非常に重要であろう。「書籍編集」における独自な創造的役割と特殊な性格を美作は次のような文章で具体的に詳しく表している。

　　　新聞・雑誌などの定期刊行物で…原稿入手前の第一段階が、比較的短期間に、そして執筆者・編集者間の交渉もむしろ実務的に完結するのを例とするのに比べると、書籍編集では著者・編集者間の関係は時間的に長

＊87　前掲論文、54頁。

期にわたり、内容的にもはるかに複雑である。ごく専門的な著作を別として、文芸書、ひろい範囲のノンフィクション、児童読物などの執筆の際に、著者はしばしば編集者に助言を求め、それによって構想を改め、すでに書き下ろした部分を修正する。…編集者の励まし、慰め、協力は著者を立ち直らせる。著者は編集の中に「第一の読者」を見る…編集者は、著作者の創造行為に、内面的に、実質的に参加する。…たとえ、その機能が著作者の創造行為の陰にかくれ、その中に吸収された形をとっているとしても、企画から執筆の完了に至る著者対編集者の微妙な関係…相互浸透的な関係はこれまでに公表された編集者の自伝的記録、体験記の中に読み取ることができる[88]。(傍点は本論筆者)

第2項　編集者の役割

創造的活動としての「編集」を行う主体として「編集者」は出版コミュニケーションの過程の中でただ中立的な媒体人に止まるのではなく、創造的に著作物の生産から消費に至る全過程に影響を与える。

Coserは出版人を「思想の市場(marketplace of ideas)で何が"入ってきて"何が"出て行くのか"を決定する位置に立っている知識(knowledge)および思想(idea)のゲートキーパー」であると称した[89]。

そしてNeavillは、出版に携わっている者は生産、評価、再生産そして販売と消費のいわゆる出版過程の五つの段階において彼らの役割を果たすことで知識の製作と伝播に重要な影響を及ぼしているとし、各段階における編集者の役割を非常に具体的に説明している[90]。

Neavillの説明している編集者の役割を簡略に整理すると次のようである。

第一に、生産段階で編集者が果たす役割として次の三つを挙げることができる。

---

[88]　前掲論文、70頁〜71頁。

[89]　L. Coser, "Publisher as Gatekeepers of Ideas," *The Annals of the American Academy of Political and Social Science* (以下 ANNALS, AAPSS), No.421 (Sept 1975), p.14.

[90]　Gordon Neavill, "Role of the Publishers In the Dissemination of knowledge," *ANNALS, AAPSS*, No.421, (Sept 1975), p.23.

（一）　出版企画者である編集者は著作物の内容に影響を及ぼす。知的生産者は彼らの知的生産物を同時代の人々に伝達するための手段が必要であり伝達の意図を持っている。ここで編集者はその具現化に一役を果たしている。したがって著作者は編集者の要求に合わせて彼らの著作物を具体化する。

（二）　編集者は著作物の内容に直接的に影響を与える。編集者がこの過程においてより影響力を発揮するためには、編集者自らがその出版物を計画し、企画した著作物が生産できるよう勧誘しなければならない。したがって、編集者は何が書かれるべきであるか、そして読者は何を求めているのか把握しておかなければならない。この過程において編集者の主体性が大きくかかわる。

（三）　編集者は読者と著作者との間で彼らの見解を融和させる役割を持つ。このような過程で多くの著作者が開発され、育成されるというのは編集者の大きな業績でもある。

　第二に、評価段階で編集者は、彼らに任された原稿の中から何を出版すべきか、何を出版物にまとめるかを決定しなければならない。この役割はゲートキーパーとしての編集者の最も重要な責任でもある。たとえば、経済的利潤が重要視されるなかで読者にそして社会に必要な著作物がその価値を認められるか否かは出版コミュニケーションにおいて最も重要な問題である。したがって、評価段階で編集者がどのような基準に基づいて決定を下すかは非常に重要な問題である。

　第三に、再生産段階で編集者は出版物の大量再生産過程の全般を監督、総括する役割を持つ。そして編集者は原稿にふさわしいレイアウト、タイトル、表紙、誌面構成、デザインなどを選択する。このような過程は出版物の内容には直接的には影響しないが、それがどういう形になり、消費されるかに大きい影響を与える。

　第四に、配布（販売）段階において編集者は直接的な責任や役割は持たないが、実際の流通段階において編集者も相当の影響を与えているとされている。とりわけ、出版社の流通機構がきちんと整備されていない場合、編集者にその販売責任まで負荷されるケースも多いにありうる。そして編集者はできる限り多数多様な読者に出版物が届けられるよう努力しなければならない。たとえばその手段としては、出版物に関する情報を提供することやメール、そしてその他の販売促進努力が編集者によって行われている。

第2章　プロフェッション編集者論の理論的背景

　第五に、購買段階において編集者は間接的に影響を与える。この段階は、出版物が読者に接触され、読まれる段階であり、出版コミュニケーションの伝達過程が完成される段階でもある。したがってこの段階こそが、生産、評価、再生産、販売の各過程で編集者の役割がどうであったかが評価される。出版編集者の関心はいつも購買者である読者に向けられている。出版の各段階で行われる編集者の決定と行動は編集者が読者をどう認識しており、どう概念化しているかによると言える。

　結局、編集者というのは著者と一般読者の間で媒介的メカニズムを提供する知識、情報のゲートキーパーであり、より広い意味でいえば、文化的ゲートキーパーであると言えるであろう。

第3項　日本の編集者論

　以上、出版の各段階における編集者の役割をNeavillの論議を借りて整理したが、日本においてはとりわけ書籍出版における「編集」とは何か、「編集者」とは何かを問う論議は非常に少ない。「編集」に対する理論的アプローチがあまりなされてこなかった理由について、美作は次のように述べている。

　　　わが国で、近代的な出版業の成立が比較的に遅れ、そのために編集という仕事が、出版にとってのその重要性にもかかわらず正当に評価されなかったということがあるのかもしれない。そのような場合、局外者は問題外として、編集者自身、自分の職能に対する自己卑下に陥り、文化創造者である著者と雇用者である出版者との間に身をくぐめ、「縁の下の力持ち」を自認しながら、編集についての低すぎる評価に甘んずる、というような傾向があったかもしれない。…それだけに止まらない。わが国の出版界には抜き難い経験主義があって、出版内部に起こる事象を経験的に捉える傾向が強い。勘や直感が、客観的認識や理論的系統化よりも親しまれ、重んじられるのはそのためである。多くの人々が体験談を、しかも「人間味ゆたかな」随想風に語ることを好む。編集論はめったに聞かれないが、編集者「論」が盛んに行われるゆえんである。そういうこともあれば、「編集とは何か」についての系統的な考察は後回しになり、

第3節　プロフェッションとしての編集者

出る幕がなくなる[91]。

　美作は主に「編集論」に対する理論的アプローチがない理由として編集業－とりわけ書籍出版の場合がそうであるが－の成立が遅れたこと、編集作業に携わっている編集者自身が編集に対する自尊の精神を欠如していること、出版業界に蔓延している経験主義的傾向を挙げているが、これらの指摘はそのまま「編集者論」の理論的アプローチの不在にも適用できると思われる。

　また美作は「編集論」よりは「編集者論」のほうが盛んに行われてきたと述べているが、それはあくまでも相対的な比較の問題であり、決して「編集者論」が十分になされてきたということを意味してはいないであろう。また数少ない「編集者論」にもやはり経験主義的傾向が強く、編集者に要求される適性や資質、編集者はこうあるべきだという経験論的・アドバイス的論調はあっても編集者に対する理論的アプローチがあったとは言い難い。むしろ「編集とは何か」についての系統的な考察が後回しになり、その理論的アプローチが行われない上で「編集者論」に対する理論的アプローチがありうるのかについてまず疑問を提起せざるを得ない。

　植田康夫は、日本において編集者自らが自分たちの仕事を理論化する動きを見せるようになったのは1960年代になってからだとし、その代表的な論議をいくつか取り上げている[92]。

　まず一番目に取り上げられているのが三一書房の編集者だった井家上隆幸の編集者論である。井家上は理想の編集者として、二つの原則を提示した。「編集者は専門家であってはならないこと」そして「編集者は組織者であるということ」がそれである。

　　　専門家とは、自分自身が一つの理論体系を構築し、それを他の異なった論理体系とたたかわせ、あるいはより深く追求することによってより精緻な論理体系の構築に努力する。この場合、彼は論敵を持つし、また一定の立場をとることを明らかにしなければならない。編集者を職業としている者が、このように鮮明な立場によったとき、その編集者は自分の

---

[91]　美作太郎、前掲論文、49頁。
[92]　植田康夫「編集論」『出版研究』No.30（日本出版学会、1999年）、16頁〜27頁。

79

活動する範囲を、自分と見解を同じくするもののみに限定してしまうことになり、またそれ故、きわめて主観的な発想を、しばしば職業の中に持ち込んでしまう。それは、編集者が自身で組織者としての役割を放棄してしまうことである。…編集者は自己の組織者としての位置を、集団や個人や、理論や運動や、あるいは職業との関係で、たえず客観的に測定し、明らかにしていかなければならない。さらにいえば、編集者とは、書き手相互間のコミュニケーションの媒介となり、それらの集団化の結節点となるばかりではなく読者と書き手とのコミュニケーションを成立させる媒介となり、結節点とならなければならない[93]。

　井家上は、編集者とは出版コミュニケーションの過程のなかで読者と書き手の媒介的存在としてたえず物事を客観的に判断し、コミュニケーションを組織していくべきであるとしているが、これには本論文の論点と関連して指摘しておかなければならない点がひとつある。つまり井家上の論じた「編集者は専門家であってはならない」という文章のなかにある「専門家」の意味するのは何かということである。

　韓国における新聞ジャーナリストの専門的職業化の過程を体系的に論じた姜明求は、ジャーナリズム・プロフェッションの論議でとりわけ「記者集団の専門職化（professionalization）と専門分化（specialization）の混用」は「深刻な問題」であると指摘しているが[94]、この指摘は韓国だけに適用されるものではないように思われる。

　さらに姜明求は「プロフェッションとは一つの理想型的（ideal type）概念であり、社会的奉仕、専門知識に基づいた専門的判断能力、作業過程における自由・自律の確保という目標を掲げて、組織の商業主義的目的に対抗する理想主義的性向を強調するもの」[95]であると説明し、専門的職業化（professionalization）をそのような理念型としてのプロフェッションを目指し変化していく過程だとすれば、専門分化（specialization）とは簡単にいえば経済専門ジャーナリストや

＊93　井家上隆幸「編集者は組織者である」『現代ジャーナリズム』No.1（現代ジャーナリズム研究所、1964年）、19頁～ 20頁。

＊94　ガン・ミョング（姜明求）『韓国言論専門職の社会学』（ソウル：ナナム出版、1993年）、18頁～ 19頁。

＊95　前掲書、18頁～ 19頁。

科学専門ジャーナリストといったある特定分野における「分野の専門性」を指すときに用いられる概念であると理解することができるとしている。

石村善助も「プロフェッションはスペシャリストであるが、スペシャリストはプロフェッションではない」と説明した。「スペシャリスト」は一般に一つの部門に自己の活動を限定している人のことを言い、「むしろ一つのプロフェッションが内部的にさらに分化していって、その職種の行う仕事の一定分野だけを行うようになった人を指す」言葉なのである*96。

つまり「スペシャリスト」はプロフェッショナルもしくはある職業の従事者が「分野の専門性」を獲得したことを意味する言葉であると理解して妥当であろう。石村は、「プロフェッションを専門職、スペシャリストを専門家（時にはこちらも専門職）と、まぎれやすい言葉で示すのも問題の核心を不明確にする恐れがある」と指摘し、日本においてそもそもプロフェッションという言葉やその理念が社会に中に定着しない理由のひとつにはこの「用語のあいまいさ、まぎらしさがわざわいしている」と問題提起している*97。

日本において両方の言葉の区別が紛らわしく、その言葉を使う人も必ずしもそれらの用語を明確に区別せず使うケースがたまたまあり、その使い方が必ずしも適切でない場合をよくみるが、それは編集者を論ずる論議の中でもよく目撃される。そのような意味で以上の井家上の言う「専門家」という言葉は「スペシャリスト（specialist）」の訳語として理解すべきであると思われる。

したがって、井家上の言う「編集者は専門家であってはならない」とは、出版業界の内外で一般的通念として経験的に伝授された価値、つまり「編集者は幅広い知識と教養を持つべき」とされてきた編集者の所要条件を表しており、本論文でいうプロフェッションとしての編集者を否定するものではないということを明確にしておきたい。我々がある職業のプロフェッション性や専門的職業化を論ずる際、それらの論議にはただある特定分野における専門的知識と技術の獲得だけではなく、その職業の成立と発展過程、社会における地位獲得の問題や職業従事者の精神的問題、意識や態度、そして倫理や規律の問題など様々な問題が横たわっているという点を理解しなければならない。

そして「編集者は専門家であってはならない」というのは編集者が読者と著作

---

*96　石村善助『現代のプロフェッション』（至誠堂、1969年）、5頁。
*97　前掲書、6頁。

者を結ぶ知的組織者としての自分の役割を果たすために、編集者が直接ある特定分野だけを偏狭に追究してはいけない、つまり「特定分野の偏狭性に嵌らないこと」、そして「外部世界に対して開かれた存在であること」を意味しており、それは編集者が究極的には著作者や著作物を客観的に評価するためでもある。ただ編集者が知的組織者そして出版コミュニケーションの媒介者として著作者や著作物客観的に評価し、書き手の内容をより豊かなものにするためには、その著作者や著作物の価値を見極める能力が必要であろう。そしてそのような能力を備えた知的組織者であるためには、ある意味において書き手以上の知的考察力と判断力が必要であろう。

　そして井家上のいう編集者の二番目の条件、「組織者であること」の意味するものは、「第一に、個々の無数の集団を自己の周囲につくり、そのコミュニケーションのルートになるということであり、第二に、読み手の特殊な個人的な経験を、一般化し普遍化していくという作業を行うということであって、これらのことは、一言でいえば書き手にむかっては読み手の経験をつきつけ、読み手にむかっては書き手の理論をつきつけて、そこに一つの接点をつくり、対話の場所をつくる」ことをいう。

　以上の井家上と非常に共通した編集者論を提示しているのが山口昌男の「編集者論」である。文化人類学者山口は「編集者とは何か」というインタビューにおいて編集者はメディエーターであること、知的に開かれていること、パフォーマーであること、活字媒体を越えること、祝祭の司祭であること、変貌し移動することなど色々な表現で編集者を語っている[98]。

　彼は編集者をコンヴェンショナルな（conventional）編集者とクリエイティヴな（creative）編集者に分け、コンヴェンショナルな編集者はただの運び屋であるが、その反対にあるクリエイティヴなメディエーターとしての編集者は「コミュニケーションの新しい可能性を鋭くキャッチし」、「開かれた知の運動者」として、「党派的にならず」、「絶えず変貌しながら」、「まわりの現実を組織し、可能でない現実を可能にしていく」存在であると説いている。こうみると、山口の編集者を表す表現はより多様であるが編集者に求める理想像においては井家上の「専門家ではない、組織者としての編集者」と共通するところが多い。

---

[98]　山口昌男「編集者とはなにか」『季刊メディアレビュー』No.7（メディアレビュー編集室、1981年）、18頁～27頁。

第3節　プロフェッションとしての編集者

　次に理論社の創業者、小宮山量平の『編集者とは何か－危機の時代の創造』に
現れている編集者像を参考にすることができる。小宮山は、社会や文化が変
わり、出版界においても流通や技術などの環境が急変した1980年代において、
果たしてどのような編集者が必要なのかを問いかけ、新しい時代が要求する新
しい編集者像を描いている。いわば「エディター待望論」と命名されている小宮
山の描いた「未来の秀れた編集者」とは、「ベストセラーを作り出そうとするの
ではなく、①時代をリードする目をそなえ、②秀れた著作者の登場をうながし、
③新しい読者を喚びさますことを第一義的な目標」として持つ者であり、「①総
合的な認識を身につけ、②知的創造の立会人に徹しうる、そして③広汎な読者
の開拓を目指す職能人（expert）」であると要約することができる[99]。

　新しい時代の新しい編集者像をこのように平面的に並べてみると、前述した
井家上や山口とさほど違いのない編集者の資質、要件を挙げているように思わ
れるが、小宮山の「エディター待望論」の背景には本論文のテーマと関連する非
常に重要な問題意識が見え隠れしている。

　小宮山の時代認識と編集者の変化に関する説明は、本論文の課題のひとつで
ある日本の書籍出版編集者の職業的変遷過程を考えるのに非常に示唆に富む。

　小宮山の説明によると、明治以来昭和初期まで日本の出版業界では「多くの
創業者たちがそれぞれに理想をかかげ」出版活動を展開しており、当時の出版
人は「企画者であり編集者であり経営者であることを一身にそなえて陣頭指
揮した」人たちであった。彼らにとって「編集」と「経営」は別個のものではなく、
経営トップの座でありながら決定権を持つ編集者として出版活動を主導してき
たのである。そしてその伝統は戦後しばらくの間まで続くことになる。

　小宮山は戦後出版を主導した優れた編集者として花森安治、池島信平や神吉
晴夫を挙げているが[100]、その三人は明治以来昭和初期までの「良き時代の出
版人像」つまり「企画者＝編集者＝経営者」の伝統を繋いだ人たちである。三人
は共通して「秀れた大編集者」でありながら「編集者としての企画心を存分につ
らぬき得る場として、経営のトップの座について」おり、彼らの「編集権は経

＊99　小宮山量平『編集者とは何か－危機の時代の創造』（日本エディタースクール出版部、
　　　1983年）、10頁〜22頁。
＊100　花森安治（1911〜1978）暮しの手帖社の取締役編集長。池島信平（1909〜1973）
　　　文藝春秋新社社長。神吉晴夫（1901〜1977）光文社出版部長。

第2章　プロフェッション編集者論の理論的背景

営権によって侵されることなく独立して」いた。しかし、1950年代以後、日本
の出版メカニズムは大衆社会的に変容し、マスプロ・マスセールの流通革命が
進行するにつれて、「編集」と「経営」の分離が進むことになる。そのような時流
のなかで「池島・神吉・花森三氏のように秀れたキャラクターによる編集主導
型の経営は次第に影をひそめ、全体として経営主導型の企業が主流とならざ
るを得な」かったのである。そしてついに「良き時代の出版人像」の伝統を繋い
でいたその三人が逝ってしまった1980年代において、もはや「編集主導型の伝
統」は終焉を告げたと小宮山は嘆いたのである。そして1980年代の出版業界に
は「創意と冒険の気風」をすっかり失った多数の「編集記者(journalist)」たちが、
「コマねずみのように馳けめぐり、チャップリンの「モダンタイムズ」の主人公
よろしく、せっせと著作者を追いかけ、締切日に追われ、校正に走りまわ」っ
ており、「エディターシップを掲げて、高度成長下の精神的荒廃に立ち向かい」
編集主導型を守る「編集者(editor)」[101]はいなくなったというのだ。

　以上のような小宮山の見解をプロフェッションの社会学の観点からみてみよ
う。後の第3章で詳しく考察することになるが、明治以来から昭和初期までは
大まかに日本で出版活動が一種の業として土台を築いていた期間であり、編集
者が一つの独立した職業として定着していった時期であるとみることができ
るが、当時の出版人が「編集者であり経営者でもある存在」だったということは、

---

[101]　小宮山は出版編集に従事する者を「編集記者(journalist)」と「編集者(editor)」に区分
する。小宮山は「編集記者」は編集・出版実務家として重要な存在ではあるが、編集
記者として十分な期間経験と修練を積むことによって、やがて真の意味における「編
集者」になれるとした。「画家というプロフェッショナルにとって画学生時代があり、
彫刻家にとって徒弟時代があるように」「編集者」にとっては「編集記者」の時代が重
要な意味を持つと説明している。このような区分に対し鈴木均は新聞や雑誌と違っ
て書籍編集者の場合、すべての編集者は一人ひとりが自立した編集長(editor)であ
る必要があるとし、小宮山の区分が適切でないと反論した(「エディトリアル・シン
キング＝出版編集論」(『出版研究』No.10、1979年)
鈴木の指摘どおり、実際出版社に入り編集者となった者はその段階ですでに(ある
程度は)編集者としての役割を果たす必要があり、そのための教育と修練は編集者
養成学校などでも積むことができる。但し、ここで小宮山の発想は、実際編集者が
養成できる教育機関を持っておらず、OJT（on the job training)の経験主義が通用
されてきた日本の状況から起因するものであると理解できる。つまり、創造者とし
ての編集者(プロフェッション)になるためには、出版現場に入り充分な経験と修練
を積むことで編集者(editor)としての資質と要件を備えていく過程が必要であると
思うのは日本出版現場の経験主義の自然な表れのように思われる。

84

日本で出版業が成立していた初期には出版人が伝統的なプロフェッションの性格のひとつである「自営プロフェッション」的スタイルを持っていたと理解することができる。それが戦後の大衆社会の波にのり産業化が進むにつれ、編集は経営から分離され、編集者は被雇用の立場へと移行していくようになった。

　伝統的なプロフェッションが自営プロフェッションであったことに対し、現代のプロフェッションは被雇用プロフェッションとして存在する傾向が新たに現れ、プロフェッションは組織に組み込まれることによって「プロフェッション規範」と「官僚制規範」の間で葛藤するということは既に本章の第一節で考察したとおりである。このようなプロフェッションの論議に小宮山の指摘を少々極端に置き換えて考えると、1950年代以後60年代と70年代にかけて日本の出版編集者は編集者として持つべき「編集権」（プロフェッション規範）を「経営権」（官僚制規範）に侵されることによって、真の意味の「創造者としての編集者」（プロフェッション）を失いつつあったと理解することができよう。

　最終的に小宮山は「経営主導型の量産主義」が膨大化している出版業の危機的状況に対する反省を込めて、新しい時代を開拓していくための対案として「編集主導型の企画主義」を呼び戻す「企画革命」＝編集権の確立を提案している。

　以上、日本で論じられた「編集者論」のなかから代表的な「編集者論」として井家上隆幸、山口昌男、小宮山量平の説を取り上げてそれらの論議の要点をみてきたが、「編集者自身、自分の職業に対する自己卑下」の傾向があり、「客観的認識や理論的系統化」より「勘や直感」を重んじ、何かと「経験」に頼ってものを言うことを好み、「編集者論」といえばせいぜい自伝的著述が多いなか、これらの「編集者論」は、総合的かつ客観的に編集者のことを論じ、編集者のあり方や資質、要件などを提示した点で評価すべきものがあると思われる。

　また小宮山の「エディター待望論」がそうであるように、各々の論議の背景や問題意識、そして提案には編集者に対する「客観的認識や理論的体系化」に役立つ示唆を多く含んでいると評価できよう。ただし、これらの「編集者論」はやはり経験的要素が強く、「編集者」についての「客観的認識や理論的体系化」を完成した論議であるとは言い難いのも事実であろう。

■ 第2章　プロフェッション編集者論の理論的背景

第4項　職業としての編集者

　本論文では「編集者論」へのアプローチの方法として職業社会学の観点に基づき「編集者」をひとつの職業として把握することで編集者の機能と役割を明らかにすることを目的している。したがってここでは以上に概観した「編集者論」以外に、数少ないが「職業」としての「編集者」を論じたものを中心にその主要な問題意識を確認しておきたいと思う。出版に関する文献のなかで「出版業者のバイブル」とまで称された『出版概論』（1960年)の著者、Stanley Unwin（スタンリー・アンウィン)は書籍出版の仕事を次のように語っている。

　　　出版というものは、いや書籍出版というものは、というべきであろうが、大抵の人々がはたで考えているのとは、全然違ったものである。出版という仕事は、自分では何をしたいのかわからないが、書物は好きだという者にふさわしい、素人でも愉快にやれる職業だと考える青年があれば、それは見当ちがいというものである。…（出版は)「芸術と技能と商売とを一緒にしたもの」で、そのためには、いくつかの資質の奇妙な、並はずれた組み合わせが望ましいことになる。…要するに出版業者の仕事は決して単純なものではない…書籍出版の過程全体がいちじるしく複雑化しているのである。出版業は、一般に認められている以上に骨の折れる仕事であり、より広い範囲に互る技術的知識と、より高い水準の能率とを必要とするものである[102]。

　イギリスの著名かつ経験豊かな出版人であるUnwinは、出版とはただの「本好きの素人」がこなせるようなものではないと断定し、「職業としての出版」は本来「骨の折れる」大変な仕事であり、その仕事をこなすには「広い範囲に互る技術的知識」と「高い水準の能率」が必要ですると述べているわけだが、彼は後「職業としての出版」という項目で書籍出版を職（仕事)としている編集者の持つべき資格要件を次のように語っている。

---

[102]　Stanley Unwin, *The Truth about Publishing*(George Allen & Unwin Ltd, 1960, 1976), 布川角左衛門・美作太郎訳『最新版 出版概論』（日本エディタースクール出版部、1980年)、xv頁～xvii頁。

第3節　プロフェッションとしての編集者

書籍出版の仕事は簡単な仕事ではない…教育を十分に受けていることも、著作家としての見識も、それだけでは出版業者たるべき資格としては十分でなく、技術上の知識と商業上の勘もまた欠くことができない。そればかりではない、真に有能で成功した出版業者の大多数はピンからキリまで事業に通暁しており、したがって、書籍の様々な生産過程を含む一切の仕事を、みずから体験した知識に基づいて吟味し遂行しうるものである…必要とされる知識は一日で得られるものではない、一年でもだめである。出版業者が学ぶべきことがどんなにたくさんあるかを身に沁みて痛感するようになるのは、十年ないし十五年の該博な経験をしてからのことが多い。…出版業というものは、金銭よりもはるかに大きな報酬を与えてくれるものである[103]。

　簡単に要点だけを取り出してみると、つまり書籍編集者には「著作家以上の見識」と「技術上の知識」、「商業上の勘」「十年ないし十五年の該博な経験」から蓄積された「知識」などが必要であり、そのような仕事をこなすことで「金銭よりもはるかに大きな報酬」を与えられるということになる。このようなUnwinの意識には自分の職業をプロフェッションとして見なし、その職業活動において高い水準を持つことを期待しているプロフェッショナルとしてのアイデンティティがどことなく伺える。実際、Unwinはイギリスの出版界で自分の出版社における出版活動だけに専念したのではなく、1933年〜35年にはイギリスの出版協会の会長、また書籍人協会（society of bookman）の会長などを歴任するなどイギリスの出版業の団結と向上に寄与する活動を多面的に展開したと記録されている[104]。

　そして日本で「職業」として「出版」を取り扱った著述に、岩波書店の編集者であった岩崎勝海の「出版という職業」[105]という論文がある。岩崎はそこでUnwinの言葉を借りつつ、「出版編集という職業」の本来の性質について語っている。岩崎は編集者の仕事は「総じて激しく頭脳と肉体を酷使する極めて特殊

＊103　前掲書、303頁〜304頁。
＊104　前掲書、ii頁。
＊105　岩崎勝海「出版という職業」『出版ジャーナリズム研究ノート』（図書新聞社、1965年）、79頁〜87頁。

な職業」であるとし、「雑務の連続」という編集作業こそが職業としての編集作業の真髄であって、このような特殊な仕事の形態は、ただ出版業が「前近代的であり、中小企業だから」ではなく、出版編集が持つ本来の性質によるとそれだけ出版業が「近代化され、巨大な機構を持つ大経営になることがあっても…変わらぬ」性格であると述べている。そして、出版編集という仕事はこのように「手仕事的」で「雑務の連続」で「前近代的」な仕事であるにもかかわらず、この仕事が「その範囲は広狭があるとはいえ、文化に大きな影響を与える」「創造的」仕事であるために、「金銭では得られない大きな報酬」に憧れる人々を惹きつけているとしている。

　以上の岩崎の「出版編集という職業」という観点に注目し、プロフェッションとしての編集者をより理論的に研究することを進めたものとして田村紀雄の「出版編集論―その職業と意思決定についての考察」がある[106]。

　田村は、Unwinや岩崎の述べた出版編集という職業の性格や機能・役割を踏まえつつ、その仕事が持つ現実の大変さにもかかわらず、これほどその理想像や理念型が熱心に語られることこそ出版編集という職業が強制された労働でなくプロフェッションとしての性格を持つからであるとし、「出版編集者は、出版物づくりの技術・技能にもまして、勿論金銭にもましてあらゆる要素を解決してゆく高い識見と能力、広い知識、強い職業意識や職業倫理が要求される」と整理した。

　ただし、現在日本の編集者は理想化されたモデルとしてプロフェッションが持つ要件を充分備えておらず、現在におけるプロフェッションとしての編集者を論ずるには、「かつて自立していた知的職人が、自己の自立性を売り渡して、あるいはひきかえに安定としての雇用労働者となる過程でもあったが、出版が産業として確立し、企業化のない出版が考えられない以上、この理想のモデルを、どのように現実の職業として定着させるかが問題」であるとした。

　つまり、典型的・理念的モデルとしてプロフェッションとは異なる特性を持つ現代のプロフェッション―最も大きい差異は雇用労働者としてのプロフェッションとなったことを指しているが―としての編集者をいかにしてプロフェッションとして定着させるのかを考えるべきとしている。そしてそのためには「職

---

*106　田村紀雄「出版編集論―その職業と意思決定についての考察」『出版研究』No.10（日本出版学会、1979年）、85頁〜102頁。

第3節　プロフェッションとしての編集者

業人気質や古い事務所が滅びてしまった歴史的意味を問いかえし、これらが徐々に進行した歴史的変動を認識することが、専門職業を考える上できわめて重要で」あり、「日本の出版編集の専門職業としての社会的性格を明らかにしてゆく道をつくるべき」と提案している。

　そして編集者をプロフェッションたらしめるのは編集という職業活動のうえで「重要な意思決定にふさわしい個人的資質」と「重要な意思決定に参画しうるという充実感と責任感」によって支えられる「職業意識」であるとし、書物が生産される全過程における編集者の意思決定という機能に焦点を当て、最終的に「出版編集における個人レベルでの意思決定のメカニズムの問題」を「ゲートキーパー論の批判的検討」の上で進めるべきとしている。コミュニケーションのメッセージを決定付ける重要な意思決定の主体として送り手に注目するゲートキーパー研究は、主に個人の意思決定のメカニズムに焦点をあてる研究として送り手研究の重要な一分野を築いてきたし、出版コミュニケーションにおいてもそのゲートキーパーとしての編集者の意思決定メカニズムやそれに影響を与える諸条件や環境を追究するのは重要な課題であると思われる。

　ただし、本論文では田村のいう編集者の「意思決定の問題」に接近するために、まず現代の書籍編集者は、その活動が自分以外の書き手を通じて達成され、出版社という組織を通して実現されるという特徴を持つことに注目し、そのような職業活動の上で、彼らがどれだけ主体的に活動できるのか、具体的には企画の決定や書き手の選定、そして出版活動をめぐる諸関係において著者対編集者関係、雇用者対編集者関係にどれほどの自主性を持てるのかが彼らの職業活動の質を決める重要な関鍵であると考え、編集者の自主性を問うことを研究課題としている。

　そして何よりも本研究の基本的な問題意識である出版編集者の社会的性格、その役割や機能を明らかにするためには、職業社会学の観点から総体的に出版編集者という職業の歴史的変遷過程を辿ることが先決すべき課題であると考える。そのような観点に立った際、東京大学出版会の編集者としての経験を持つ山田宗睦が論じた『職業としての編集者』[107]はプロフェッションとしての編集者を考える際の主要な論点を示唆しているものとして役立つ。

＊107　山田宗睦『職業としての編集者』（三一書房、1979年）、17頁～42頁。

第2章　プロフェッション編集者論の理論的背景

　山田は、西欧に比べて日本においては編集者という職業はその社会的地位があまり評価されていないと指摘し、編集者自身その所属する出版社を代表し出版社の方向と性格を作っていくと意識している西欧と異なり、日本では出版社を代表するのは経営者であり編集者はその雇用人として社長の指示に従うものと意識していると述べている。

　山田は、西欧における編集者の高い権威は17、18世紀にわたるヨーロッパの知的形成史のなかで形成されたものであるとし、当時、練成された観念を流通させるために学者・思想家を総合し編集し動かしたのが編集者であり、つまり編集者は学者や物書き群を取り仕切る存在であったという。学者や物書き群を組織し動かす者として成り立つために編集者が出版の全過程に通暁しており、そのための技能の修練が必要であるということは基本的要件であろう。

　そして山田は「エディターは、まず学者としての訓練をへ、その上で刻苦精励して個々の学者の知的機能をたばねる学際的能力を身につけた」者が本来の編集者の典型であるとしている。そして編集者の「編集労働」は一種の「精神労働」であり、それは「経済的な価値をうむうまないにかかわらず、高い知的能力を発見」するものであり、「編集」という精神労働が世の中に生み出す価値の性格のゆえに編集者としての職業倫理たるものが必要であると論じている。

　山田は、その後、著者と編集者の理想的関係や編集者の持つべき職業倫理など、職業としての編集者を考える際の論点を具体的に提示しており、提示された論点は本論におけるプロフェッションとしての編集者を考える際においても主要なリファレンスとなる。

　とりわけ山田は、同書のなかで、「知的労働者として編集者」は「知識の伝達者、変形者、加工者、解釈者、分析者、創造者の何役をも一人で兼ねる」のが理想的編集者像であるものの、現代資本主義のもとで「分業的に固定化した一役を果たす」場合が多いとし、編集者の変質＝下級の管理者＝プチ・マネージャー化を憂慮している。そのような彼の観点は本論を展開する上でも注目すべき指摘であるように思われる。

90

第3章

書籍出版編集者の誕生

本章の内容

　本書の主な内容は、プロフェッションという物差しを持って日本の書籍出版編集者の構造的特性を総体的に検討することである。

　第3章からは本題に入り、日本において出版業が成立してから、編集者がひとつの独立した職業として確立してきた経過を歴史的に検討するとともに、専門的職業化の主要要素を日本の書籍出版編集者の状況に照らしながら検討することによって、日本の書籍出版編集者が置かれている構造的特性を検証する。

　現在の編集者を理解するには、彼らの「今」を築いてきた長い歴史過程を共に考察しなければならない。

　したがって、現在の書籍出版編集者を理解するには、日本に出版業が成立してからどのようなプロセスを経て編集者という職業が成り立ち、定着してきたのかを時代の変化と関連づけながら理解する必要がある。

　第3章では、編集者という職業の誕生を取り扱う。

■ 第3章　書籍出版編集者の誕生

第1節

出版業の成立と編集者の誕生

第1項　黎明期における出版業の成立と発展

　「非営利的な出版や自己の計算によらない委託出版業とは異なり出版を営利的かつ恒常的に行う事業」[1]を「出版業」と定義した場合、日本において出版業はいつからどのように成立・発展したのであろうか。

　日本では天正年間(1573～92年)のころまでは、出版は寺院などを中心とし、読書階級も一部に限られていた。江戸時代の出版活動は「朝廷や幕府、大寺院などが手掛け、やがて上層町人階級の手によって嵯峨本の刊行が行われ」たが、この段階における出版活動は「一般庶民とは無縁の一部特権階級だけが関与していた文化活動であり、書物の発行部数も少なく、一種の美術品としての扱いを受け」るものであったという[2]。そのような書物が広く一般にわたり、庶民の文化活動の一部となるのは「本屋」の成立をみることから始まる。

　江戸時代の「本屋」とは、現代でいう出版、取次、新刊小売、古書売買の4つの事業を兼ねていたところであり、「本屋」の呼び方について諏訪春雄は、江戸時代の漢籍などの専門書出版社が自らのことを「物之本屋」と称し、販売店の店頭に物之本屋の看板を出していたところ、「もののもと」が「もののほんや」と読まれ、そこから「ほんや」という呼び方が生まれたという説を紹介している。ともかく、日本で民間の文化活動の一部を担う「本屋」が生まれ、小規模ながら出

---

*1　「出版業」『出版事典』(出版ニュース社、1971年)参照。
*2　諏訪春雄『出版事始－江戸の本』(毎日新聞社、1978年)、50頁。

版物を自ら生産し、比較的安い値段で多量の出版活動を行うようになったのは、寛永期（1624〜44年）の京都に始まり、のち大阪や江戸へと派生していったと言われている。

　川瀬一馬は、江戸時代の出版に関して「江戸末期」にやっと「経済的に印刷・出版が事業として成り立ちやすくなり、従来、出版費は篤志家が負担して技術と労務とを担当していた工人たちが、印刷・出版の業務を行うまでに発展して、印刷・出版業が商工行為として成り立つような段階に発展しはじまった」と説明しており、このような展開は「活字印刷法が盛行した結果の産物で、慶長後半から「本屋」と出版業を名乗る者が出始め、江戸時代の印刷・出版業の発達の道を開いた」と述べている[3]。しかし、ここで一つ注意すべきことは、江戸時代に印刷・出版業が商工行為として成り立つようになったとして「全般の印刷・出版業が主として営業本位で成り立っていたと見るのは、はなはだ不足で、それは絵入りの通俗読み物および実用書の範囲にとどまり、学術的な文化を指導するような出版は寺院・諸侯などの力によって行われ、その業務だけを商工者が担当するにとどまったのが実体」[4]だということである。

　江戸末期から明治の初めにかけて書肆とも呼ばれた出版業者の姿は前述したように出版、取次、古書売買（書店）という三つの事業体が混合した形が多く、明治になっては書肆の店の片隅で新聞を展示販売するところもあった。

　ところが、出版初期の書肆に見られるこのような原始的な生態は次第に出版量が増大していき、書肆の内部においても兼業されていた三つの分野から自己の得意とする分野に絞ったり、特定分野を選んで発展させていった結果、いよいよ専門分化が行われるに至った。このようにして出版だけを専業とする業種の独立が始まったのである。書肆が出版社へと発展したのは出版、取次、書店の混合的事業形態をより専門的に営もうとする書肆内部の自然な専門分化の過程が進行した結果であると言えるが、出版と出版販売の分化を助成した外部的な背景としては、当時、出版界の成長と併行して伸びていった新聞企業の進展と、教科書の出版や普及、そして鉄道の発達を挙げることができる[5]。

＊3　川瀬一馬「日本印刷出版の歴史（明治以前）」『講談社の80年』（講談社、1990年）、23頁。
＊4　前掲書、23頁。
＊5　石川静夫編『東販創立十周年記念出版物　出版販売小史』（東京出版販売株式会社、1959年）。

第3章　書籍出版編集者の誕生

　1884（明治17）年、明治政府は各種産業の助成に意を用い、同業組合の創立を奨励した。民間出版社の創業とその活動も盛んであった出版界ではこれを機に1887（明治20）年に「東京書籍出版営業者組合」が結成されたが、この組合の性格を組合員からみると、創立当時いわゆる書肆は、書店および出版業に二分し社会的に完全に分離独立する過渡期にあったので、今日でいうと書店と出版社を兼ねたもの、あるいは出版業だけのものもあり、あるいは取次と出版、取次と書店といったものもあり、正確には出版・取次・書店の混合組合であったと言える*6。

　このころを境にして、新聞の発行も独立して別の分野を占めるに至り、今日に及ぶ出版業界の三つの軸、すなわち出版業、取次業、小売書店業の一連の業種が明瞭化していくことになった。

　明治20年代は近代出版の歴史のあらゆる面において歴史的分岐点となっており、それ以前の出版は前時代的性格を持っていたと表現するなら、明治20年代以後の出版業は近代性を帯びるようになったと言える*7。

　明治以前からの歴史を持つ吉川弘文館、明治になってから1869（明治2）年の丸善を皮切りに、金原出版*8・金港堂・有斐閣・春陽堂・三省堂・中央公論社*9・東京経済雑誌社・冨山房などが、その前身も含めて明治20年ごろまでに誕生した。そして明治20年には、明治の出版界に一つの「雑誌王国」を築いた博文館が創業し、以後、河出書房・明治書院・新潮社・研究社・誠文堂など、現在まで健全に活躍している出版社が事業を興した。とりわけ博文館は「近代的出版、もしくは商業出版の先駆」と言われており、博文館の二代目館主として雑誌『太陽』を創刊し、博文館の雑誌書籍分野で活躍した大橋新太郎は、明らかに出版というものを一個の営利事業として捉えていた。

　1900（明治33）年になると、博文館に代わって次の時代を先導した実業之日本社が創業される。このようにして企業としての出版社が日本に広がったのが明治30年前後のことであり、『講談社の80年』は明治30年前後を「日本出版

＊6　前掲書、28頁。
＊7　前掲書、42頁。
＊8　明治8年創業時の社名は「金原医籍店」医書関係書を出版。
＊9　京都西本願寺普通教校の学生有志を中心とした禁酒進徳の教養団体「反省会」が設立されたのが1886（明治19）年であり、反省会の機関誌『反省会雑誌』がのちの『中央公論』となる。中央公論社という社名に改められたのは1914（大正3）年。

界の黎明期」であると記している＊10。この時期に出発した近代的出版業者とその活動は現代における出版業界の根底となるものであったと評価できる。

　明治時代は日本が近代国家として成長していく時期であり、新しい世界に目覚めた国民の意識や知的水準の向上、そして洋式印刷術の普及などにより出版の量も飛躍的に伸びた時期である。いまだ新聞と雑誌の区別も明確でなかった明治初期において雑誌は主に海外の新知識を紹介する役割を果たしており、そのほかに、宗教、医学、教育関係のものが主流を成していた。新聞の急速な発達に比べれば、ジャーナリズム活動においては非常に遅れていたと言える。それが明治７年から10年ごろになると、雑誌の内容が専門的に分化され、評論雑誌、政論雑誌の発生、宗教雑誌の発展、学術、医事関係の雑誌が続出した。当時の代表的評論雑誌としては『民間雑誌』、『明六雑誌』などがある。

　明治時代の後期となると、新聞界に引き続き、雑誌界においても営利本位の企業化の傾向が現れてきた。日清戦争に至るまでの明治20年代は、前代からの学者の啓蒙事業としての非営利的雑誌(『国民之友』、『日本人』)と、従来の編集者中心から経営者・出版資本家中心に移行する雑誌との二つの動きがみえてきた。いわゆる雑誌企業化への過渡期の時代と言える＊11。

　この時期の雑誌出版の企業化傾向を代表する出版社が大橋佐平の創業した博文館である。日清戦争以前に既に20余種の雑誌を出し、雑誌出版業の基礎を確立した博文館は、1895（明治28）年１月には、総合雑誌『太陽』『少年世界』『文芸倶楽部』を創刊し、旺盛な出版活動を展開した。日清戦争以後、文芸誌、総合誌、婦人誌などが急速に発行部数を増大させたが、これらの量産出版に一翼を果たしたのが博文館や1900（明治33）年に創業した実業之日本社、春陽堂、金港堂、新声社＊12などを挙げることができる。

　また、1895（明治28）年には博報堂、1901（明治34）年には電通＊13が創業されたが、出版界においても明治30年代は出版広告が盛んに行われるよう

＊10　『講談社の80年』、63頁。
＊11　山本文雄『日本マス・コミュニケーション史[増補]』（東海大学出版会、1983年）、67頁。
＊12　1896（明治29）年7月に新声社を創立、文芸雑誌『新声』を創刊した佐藤義亮は『アカ
　　　ツキ叢書』など書籍出版まで広げるが代金回収につまづき、新声社を人手にわたし、
　　　1904（明治37）年に「新潮社」を創業、『新潮』を発刊。
＊13　1901年光永星郎は「日本広告株式会社」と「電報通信社」を設立し、1906（明治39）年
　　　通信部門を「日本電報通信社」とした。これが後の「電通」となる

になり、当時輸入の百科事典などの広告が盛んに行われた*14。

　これらの出版界に「面白くて、ためになる雑誌」をモットーに雑誌王国を築いた講談社（大日本雄辯會）が1909（明治42）年に創業され、雑誌『雄弁』『講談倶楽部』、そして娯楽的大衆雑誌の代表格である『キング』などの成功を収めていくことになる。出版文化の大衆化を促した講談社の出版活動なども加えられた日本の出版界は、明治末期から大正にかけて本格的な企業化が進められ、大量生産、大量販売の出版様式が定着することになった。

　さらにもう一つ大正時代の出版界の特徴は数多くの婦人雑誌が続出し、多数の読者を獲得したことである。婦人雑誌の源流は明治17年の『女学新誌』（編集：近藤賢三）、18年の『女学雑誌』（編集近藤賢三のち巌本善治）、『女学叢誌』を挙げることができる。その後、博文館で発行された『女学世界』（明治34年創刊）、実業之日本社で発行された『婦人世界』（明治39年創刊）がその後の女性雑誌の歴史を引継ぎ、明治30年代になると女性雑誌はすでに出版界の一角を占めるほどに成長する。さらに、大正時代に入ると、大正2年には『婦女界』、5年『婦人公論』、6年『婦人界』『主婦之友』、9年『婦人倶楽部』、11年『令女界』『女性改造』『婦人グラフ』が創刊され、そのなかでも『主婦之友』『婦人倶楽部』『婦女界』は発行部数数10万部という普及ぶりを見せた。これらの女性雑誌の内容は殆どが家庭本位のもので結婚、育児、家事、美容の実用記事が主流を成しており、『婦人之友』『婦人公論』などのように女性の教養・地位の向上、啓蒙を訴えるものは少なかった。

　一方、書籍についていえば、書籍の量産化の最も代表的例はやはり昭和初年に起こった「円本（廉価版全集）合戦」を避けて通ることはできないであろう。「円本合戦」は、大正15年10月、改造社が、全37巻、別巻1冊、菊判平均500頁、定価1円の「現代日本文学全集」を予約募集したのがその始まりであり、その後「世界文学全集」（新潮社）「明治大正文学全集」（春陽堂）、「現代大衆文学全集」（平凡社）、「近代劇全集」（第一書房）、「世界戯曲全集」（近代社）など、昭和7年までの間に約400種の円本が溢れ出した。その中でも新潮社の「世界文学全集」は58万部の予約を受けるなど驚異的部数を記録した。これらの円本の普及が印刷・用紙・製本などを含む日本の出版界の生産・販売体質を変えたことは

---

*14　清水英夫・小林一博『出版業界』（教育社新書、1979年）、54頁。

96

第1節　出版業の成立と編集者の誕生

言うまでもないであろう。

　円本に対抗する形で岩波書店が、1927（昭和2）年7月「岩波文庫」を発刊することになった。岩波書店は予約で読者を捕獲する円本の販売方式に反発し、「古今東西の典籍、自由選択の普及版」と銘打って、ドイツのレクラム文庫に習った小型本を星一つ20銭の廉価で売り出し、続いて講座、全書、新書を出して、知的ジャーナリズムの出版形態を確立した岩波書店の出版活動は、日本の知的なインテリ層の支持を受け、着実に岩波特有の文化を形成することになる。

　昭和初期はこのように書籍出版界においても円本、文庫本の発行が隆盛になることによって幅広い読者層を開拓し、企画、宣伝の面においても一工夫をこらして大量出版を意図する傾向がはっきりと表出されるようになった。

　しかしこれらの活発な出版活動は満州事変を経て、昭和10年代の強い軍部統制下、そして1937（昭和12）年の中国との戦争や45（昭和20）年の太平洋戦争の敗戦に至る緊迫な情勢をくぐるなか、一段と強くなる言論統制により、出版活動を含むすべての表現活動が厳しく制限されることになった。

第2項　近代的出版業と編集者

　以上、簡略に日本の近代的出版業の成立過程と明治－大正－昭和初期に至るまでの出版業の企業化の経過を概観した。ところで日本の明治時代から昭和初期までの出版史を眺める際、「出版業者の実態とその経済的発展過程を数量的に把握することの困難さ」[*15]は日本の出版業の歴史研究、さらに日本の出版業界を産業的観点から見る研究などにおいて少なからぬ制限をもたらすところである。「社史・業界史の類は多数公刊されていても、その中に発行点数、売れ行き部数、売上額、収支明細、社員数などの基礎資料を明示するものはほとんどなく」、「ましてほとんどが大福帳式の個人経営であった明治から大正期にかけての実態は不明」[*16]という実態は、出版の歴史を多様な角度で見ることに限界をもたらす原因でもあるように思われる。

　とりわけその出版業の変化や発展を導いた担い手である出版業者もしくは編集者に関する情報、出版社の内部状況に関する情報はほとんど見当たらない。

＊15　前掲書、68頁。
＊16　前掲書、68頁〜69頁。

97

■ 第3章　書籍出版編集者の誕生

近代の出版業のおいて各々の出版社の性格は創業者の個性によるところが多く、
日本の出版史に残るような影響力の大きかった出版社の創業者の伝記のような
記録は多少見ることができるが、出版社の社史などでも個々の会社の内部事情
などはあまり詳しい記録がなく、何よりも数量的な詳細な記録はほとんど期待
できない状況である。したがって、明治時代から昭和初期に至るまでの出版人
については非常に抽象的イメージでしかその性格と傾向を推定するしかないが、
日本の出版業の近代化と資本主義化の過程や当時の出版人の特徴を理解するの
に非常に役立つ情報として大宅壮一の次のような記録がある。

> 日本の出版界は、全体的にみて、完全に資本主義化するのが、他の企業
> に比して非常におくれている。発行される書物や雑誌の種類は頗る豊か
> であるが、発行部数が少なかった。例外的に何万といって出ることもあっ
> たが、原則として千単位で、しかもその間栄枯盛衰が甚だしく、近代的
> な大企業にまで発展する余裕や機会が比較的少なかった。従って著者と
> 出版元との間に、身分的な階級的な開きが少なく、両者は多くの場合同
> じプチ・ブル層に属し、資力、教養、趣味その他共通する点が多く、と
> きには両者が同じ文化的分野における同好の士であり、友人であること
> も珍しくなかった。事実文芸書の出版元は哲学者くずれであった。純然
> たる商人は極めて少なく、また純然たる商人でない方が、営業上にもか
> えって好都合だったのである。いいかえれば、出版業者も出版物の内容
> をなしている各種の文化に或る程度参与し、それに対して、商人として
> の眼と同じ批評家としての眼をもっているものが多く、また成功もした
> のである。
> 明治以来ずっとこういう状況をつづけてきた出版企業が、完全に資本主
> 義化し、出版元は生産機関を握った資本家で、著者はその資本家にそれ
> ぞれの技術を売って生活する熟練工の地位におかれるようになったのは
> ごく近年のことで、主として婦人雑誌や娯楽的大衆雑誌の台頭、円本全
> 集の流行以後のことである。ここで出版元と著者との間にはっきりした
> 階級的な開きができた[17]。

＊17　大宅壮一「講談社ジャーナリズムに挑戦する」『大宅壮一選集7マス・コミ』（筑摩書房、
　　　1959年）、197頁。

98

第1節　出版業の成立と編集者の誕生

　明治以来の出版界の特徴を「日本ジャーナリズムの産業革命と合理化」と称した大宅壮一は、日本の出版界の「産業革命」は、まず欧州大戦後の好景気と教育の普及の結果によって新しく生れた読者層、購買層＝婦人の登場と相俟って現れた「婦人雑誌の異常な発展」、そして日本の出版業を「一人前の資本主義として完全に発育」させた「円本の流行」の過程を経て完成されたと評し、その結果、ジャーナリズムにおける合理化の現象が著しく目立ってきていると指摘した。

　そして大宅壮一は「産業革命」の時期を経てきたマスコミ界を「雑誌は新聞に喰われ、単行本は雑誌に喰われているのが著しい傾向」[18]であると鳥瞰しつつ、「産業革命」の時期における出版ジャーナリズム（書籍出版）については、「雑誌ジャーナリズムについていったことが、たいていそのままあてはまるし、代表的な出版書肆はすべて雑誌を出しているから、特に単行本の出版のみについて説く必要はない」[19]と説明している。したがって、「産業革命」の時期を通過してきた出版業界の特徴を当時の雑誌を通して見てみると、「雑誌は、新聞と違い…資本主義的企業として完全に組織化されず、封建的イデオロギーを持った小規模の出版資本家によって経営され…その普及の範囲も、主としてインテリであり、執筆者である学者文人も、編集者も、大体同じ気質のインテリであり、経営者も大部分インテリ出身か、インテリ化した商人」[20]であったと評している。

　以上の大宅壮一の論評を辿（たど）りながら見てきたように、日本の出版業の特徴は全体として他の産業より小規模であり、その経営規模は中小・零細企業的である。そして、出版業の基礎となっている資本と人的な構成も非常に私的な性格が強く、とりわけ株式会社としての体制に整備される前の明治・大正期の個人経営の出版社の場合、創業者の性格によって生産物の内容、つまり書物のジャンルや性格が決められていたと予想される。

　また、明治・大正期の出版業者と著者の性格は、多くの場合「主としてインテリ」であり「同じプチ・ブル層に属し、資力、教養、趣味その他共通する点が多く」、両者の関係は「身分的な階級的な開きが少なく」「ときには同じ文化的分野における同好の士であり、友人」であったと見られる。

＊18　大宅壮一「現代ジャーナリズム鳥瞰図」前掲書、252頁。
＊19　前掲書、251頁。
＊20　前掲書、247頁。

第3章　書籍出版編集者の誕生

　つまり、当時の出版業者は著者と同じ階級で同じ文化を共有する同志であり
友として「出版物の内容をなしている各種の文化に或る程度参与し」つつ「商人
としての眼」と「批評家としての眼」をもって出版という事業活動を行う者であ
り、それはいいかえれば当時の出版人は著者との距離が非常に密接であり、そ
の仕事においては編集者・編集企画者としての仕事や経営者・販売営業者とし
ての仕事をとかく分離することもなく入り交じった形でやっていた、つまり出
版社内部の役割分化・職能分化はほとんど進んでいなかったと考えられる。

　1897（明治30)年に読売新聞記者であった増田義一が、学友の光岡威一郎
とともに発行していた『実業之日本』の発行権を譲り受け、1900（明治33)年、
実業之日本社を創業するに至ったが、創業当時の仕事ぶりを増田は次のように
回想している。

　　　『実業之日本』の経営に従事した最初の時は、都倉義一、栗原七蔵(白嶺)、
　　　空閑八十八の三氏と共に事務員が二名、小使い一名で、以上三氏の勤務
　　　努力は非常なものであった。予は原稿も書けば編輯も校正もする。売捌
　　　所との交渉、新聞広告のことから会計其他庶務は勿論、雑誌発送の袋書
　　　きの手伝いもするという有様で、実に寸暇なく、一身万務に当った。早
　　　朝から毎夜遅くまで連夜奮闘したのである[21]。

　当時の出版経営者の典型的な日常が伺える一文である。そして1917（大正
6）年に29歳で『主婦之友』を創刊し、主婦之友社を設立した石川武美も、創業
当時を次のように語っている。

　　　記者であり、販売員であり、広告係であり、外交員であり、同時にまた
　　　経営上の責任者であった。昼の間は取材探訪の記者となり、広告勧誘の
　　　外交員となって、足を棒のようにして歩きまわり、夜は夜で、夜半の一
　　　時、二時、たまには夜明け近くまで、手作りの原稿用紙に向かって記事
　　　を書き続け[22]…。

---

[21]　『実業之日本社百年史』（1997年）、22頁。
[22]　『主婦之友社の五十年』参照。

100

第1節　出版業の成立と編集者の誕生

　一人数役を担わざるを得なかったこのような初期の出版業の内部における仕事ぶり、役割や職能の未分化といった特徴は、当時の出版業や出版物の性格を規定しただけではなく、日本の出版界におけるひとつの伝統として今日においても出版社内部の職業活動や出版という職業に従事している者の職業意識などに強く影響を残しているように思われる。

第3項　近代出版業の"産業革命"

　日本の出版業界は1930年を前後にして本格的な資本主義企業としてもう一歩前進することになった。世界恐慌の吹き荒れる厳しい不況の最中、婦人雑誌や娯楽的大衆雑誌の台頭、そして円本全集の流行などによる激しい競争をくぐりぬけて空前の成長を遂げた日本の出版業界では、多くの出版社が誕生するようになり、出版社内部の仕事においても編集長とほんの1～2人の編集助手では飛躍的に伸びた雑誌部数や激しい競争をくぐり抜けられなくなってきたのである。ページ数を増やし、増えた分の編集、企画を凝らす多くの編集部員や広告の担当者、営業のための人員を増やす必要性に迫られるようになった。

　日本における中心的な出版各社の多くが、1920年代から30年代に組織を株式会社に変更して近代化し、社屋を大きく新しくし、社員数を短時日のうちに2倍から数倍あるいは10倍以上にまで増やすなどして、まさにこの時期にいわば「産業革命」ともいうべきものが遂行されたのである[23]。

　ここで1920年代から30年代にかけての日本における主要出版社の企業組織化を整理した岩崎勝海の調べに少々補充しながら、いくつかの出版社の「産業革命」の経緯を見てみることにしましょう。

　まず、中央公論社は1923（大正12）年4月、本郷3丁目の東海銀行の3階から、東京駅前の丸の内ビルディング776区に移転する。1926（大正15）年1月には資本金15万円で株式会社になる。そして嶋中雄作が社長に就任した28（昭和3）年、新採用の3名を加えて社員総数25名、出版部を開設した29（昭和4）年には新人社員10名で計34名、30（昭和5）年には50名になって、僅か2年の間に2倍になる激増ぶりを見せている。以後35（昭和10）年80名、39（昭

---

*23　岩崎勝海「現代編集者の誕生－出版と社会・1930年前後」『20c. 21c.マスコミ・ジャーナリズム論集』No.2（1994年）、108頁～109頁。

101

和14)年85名、44 (昭和19)年に治安維持法下の横浜事件に巻き込まれ、社の解散を余儀なくされた時の社員総数は79名であった[*24]。

東洋経済新報社は1895 (明治28)年、田町忠治により創業され、その年の11月旬刊『東洋経済新報』を創刊した。1907 (明治40)年に植松考昭・三浦銕太郎・松岡忠美・松下知陽の4人を社員とする合名会社東洋経済新報社を組織し、当時の資本金は3200円であった。そして1921 (大正10)年11月に合名会社東洋経済新報社を株式会社に改組し、三浦銕太郎が代表取締役専務に就任した(資本金5万円)。東洋経済新報社の社史に記録されている社員数の推移を1916年から1945年まで辿ってみると、**図3-1**のようである[*25]。1931(昭和6)年6月、牛込天神町の旧社屋から日本橋区本石町に鉄筋コンクリート建、地下1階地上5階、建坪400坪の本社屋を新築して移転することになる。

主婦之友社は1924 (大正13)年11月、資本金100万円で株式会社になった。駿河台の新社屋に引っ越したのは25 (大正14)年11月。社員数は関口町時代の40人から、2倍半の100人に増えた。そして38 (昭和13)年に出来上がった新館では「ぜいたくすぎるほどの社員食堂が設けられ」、「12時5分前になると300人を超える社員が食堂に入ってきて、静かに席につく」とある[*26]。

1897 (明治30)年に創業した実業之日本社は、創業当時の社員数は僅か3、

図3-1　東洋経済新報社の社員数の推移(1916年〜1945年)

[*24] 『中央公論社七十年史』及び『中央公論社八十年史』参照、前掲論文、105頁から再引用。
[*25] 『東洋経済新報社百年史』参照。
[*26] 『主婦之友社の五十年』参照、岩崎勝海、前掲論文、106頁から再引用。

第1節　出版業の成立と編集者の誕生

4名で始まった。1922（大正11）年3月地鎮祭を行い、翌年7月竣工予定で「総面積約千五十三坪、地下一階、地上五階建ての鉄筋コンクリート造り」の新社屋建築を始めるが、関東大震災の影響により1924（大正13）年9月に竣工された。1928（昭和3）年には「組織を近代的企業にふさわしく整備するため、増田は創業以来自己の個人経営に属した実業之日本社を昭和4年12月1日をもって株式会社（資本金60万円）に変更し、自ら取締役社長に就任」*27した。

文藝春秋社の場合は、1928（昭和3）年5月30日に株式会社への組織手続きを完了した。菊池寛は株式会社にした経緯を次のように述べている。

　　「六月から社を株式会社にすることにした。収支損益を明らかにするには、こうするより外に道がないのである。でなければいつまでも僕個人の経済と、ゴッチャになってしまうのである。それと同時に今までの僕個人の物であった社を従来の寄稿者、関係者、社、社員全体の物とするために、株式の幾分をこれらの人々に進呈することにした。……これで、僕も経営の煩を避けることが出来たし、本社の基礎を確立したわけである。今後は編集に力をそそいで、雑誌をいいものにしたいと思っている」*28。

資本金5万円。総株式2500株。菊池寛が取締役社長になり、鈴木氏亨、三島通陽、久米正雄、近藤經一が取締役となった。会社組織が株式会社として整備されてから1930（昭和5）年7月には『文藝春秋』の夏期向臨時増刊として『オール読物号』が発行され、10月には『モダン日本』を創刊、11月には2回目の『オール読物号』を発行するなど次々と新雑誌を発刊した。1931（昭和6）年、社員数は49名に達し、『文藝春秋』2月号の編集後記に菊池寛は「社員の数を調べてみたら、準社員を数えると、49名である。よくもこんなに人が増えたと思う。ほんとうに、社のためを計れば、社員を十人位にして「文藝春秋」だけ出して居れば、利益も一番多いのであるが、しかしこういう失業難、就職難の世の中では、結局人のために仕事をするようになるのも止むを得ないのである」*29と述べている。また雑誌『話』が創刊された1933（昭和8）年に文藝春

───────────────

*27　『実業之日本社百年史』、120頁。
*28　『文藝春秋三十五年史稿』、66頁。
*29　前掲書、71頁。

103

秋社初の社員公募試験が実施された。

　老舗の博文館は、創業以来久しく大橋一家の個人経営であったのを、18（大正7）年12月に、資本金200万円の株式会社に組織を改めた[30]。

　1886（明治19）年、坂本嘉治馬が創業し、学術書・教科書などを出版した冨山房は、合資会社のままであったが、社員数については「大正7、8年世界戦争の末期から大震災後4、5年大正昭和交代期にかけて冨山房の社員は各部を通じて6、70人から一躍140余人に増加し、さらに年々人員を累加している。編輯部だけでも実に4、50人の増員である。これを大正の初年、雑誌部の諸員までも加えて漸く18、9人にすぎない人数が、当時の新築社屋のひろい編輯室の隅々に行儀よく陣取っていた時代に比べると、まことに今昔の感にたえない」との記録がある[31]。

　講談社は、1910（明治43）年の『雄弁』を皮切りに、『講談倶楽部』『少年倶楽部』『面白倶楽部』『婦人倶楽部』『現代』『少女倶楽部』『キング』『幼年倶楽部』と続く講談社の9大雑誌が出揃ったのは、1925（大正14）年であり、日本の大衆文化をリードすることになる。相次ぐ雑誌の創刊、社員の増加で社屋も毎年毎年拡張を重ねていくことになる。1909（明治42）年創業当時本郷駒込の団子坂下に借地借家から始まった講談社だったが、1914（大正3）年には借家を買収、さらに隣接建物4棟も購入し第1次拡張をなしたが、その後も年々増築と新築の社屋拡張を続けることになる。そして1932（昭和7）年1月28日、音羽の新社屋の地鎮祭が行われ、2年半後には地上6階、地下1階、総延坪数3763坪の建物が完成する[32]。

　講談社が株式会社へと組織変更したのは1938（昭和13）年であり、その年は日本に「講談社文化」を築いた初代社長野間清治と、二代社長野間恒が相次いで死去した年でもある。その年の12月、野間清治が兼ねてから計画していた社の組織変更を断行し、株式会社に改めた。資本金1500万円であり、社長は野間清治の未亡人・野間左衛が就任することになる。

　1910年創業時は野間清治のほかに2名（井沢弘・安元実発）、さらに手伝い2名、そして出入りの学生数名で『雄弁』を編集しており、「社員らしき人、たっ

＊30　坪谷善四郎『大橋佐平翁伝』参照、岩崎勝海、前掲論文、106頁から再引用。
＊31　『冨山房五十年』参照、岩崎勝海、前掲論文、106頁から再引用。
＊32　『講談社が歩んだ五十年』『講談社の80年』参照。

た２名」で出発した講談社だが、1913（大正２）年３月には"少年"部員の採用が始まり、社業の発展とともに少年部員も増え、1923（大正12)年には60人を超すようになった。

　少年部員は正式な講談社の社員というより、野間清治の教育観が投影された一つの教育事業のようなものであり、仕事内容は掃除や使い走りから受付、郵便物の処理、投書の仕分け、雑誌・書籍の受け入れと発送、文書の整理、筆耕、帳簿の整理、取引見習いなど多岐にわたるものであった。"少年"と呼ばれたが、やがては社員への道も開いていたし、後に講談社の重役や幹部となる人も少なくなかったという。少年部員は大正から昭和に掛けて年に20 ～ 30人ずつ増え、野間清治の薫陶を受けた少年の数は延千数百人に達した。講談社が創立17年迎えた1925（大正14）年の講談社の社員数は204人であり、1931（昭和６）年の新人社員は155人という大人数を迎えており、全従業員数は少年をあわせて650人を越えた[*33]。**図3-2**は1930年代前後における講談社の新人社員数の推移である。

　1913（大正２）年、32歳の岩波茂雄が東京の神田南神保町16番地に創業した岩波書店は創業当時店員数４名であった。

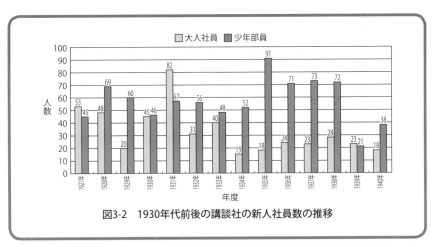

図3-2　1930年代前後の講談社の新人社員数の推移

＊33　『講談社の80年』、150頁。図3-2は主に『講談社が歩んだ五十年』に掲載されている新人社員の名前を直接数えて作成したものであり、それによると1931年の新人社員数は大人社員82名、少年部員57名で合計139名となるが、『講談社の80年』には155名と記録されている。

第3章　書籍出版編集者の誕生

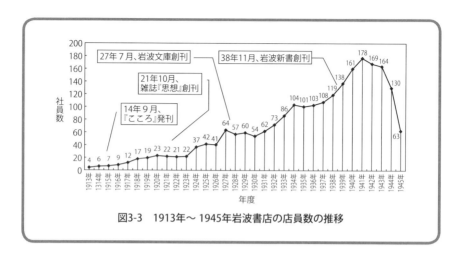

図3-3　1913年〜1945年岩波書店の店員数の推移

図3-3は、『岩波書店八十年』の社史を追って作成した創業後1945年までの店員数の推移である。

岩波書店が個人経営から近代的組織へと改変するのは、以上にあげた出版社に比べると時期的に遅いほうであり、戦後の1949（昭和24）年4月25日である。組織変更の経緯を社史はこう記録している。

> 岩波茂雄は創業以来個人経営をかえなかったが、戦時中および戦後発病以後、法人組織への変更を考慮していた。岩波の歿後、この問題は懸案となっていたが、当時の社会的混乱を考慮し、社会情勢と経済の一応の安定を待つこととし、経営の形態は変更しなかった。その後、戦後経済も安定し、業務も復興し、将来への見通しも可能となったので、かねての懸案をとりあげ、岩波茂雄歿後3年にあたるこの日、組織を株式会社に改めた。資本金5000万円。
> 会長：堤常　取締役社長：岩波雄二郎　専務取締役：小林勇　常務取締役：長田幹雄　取締役：吉野源三郎　監査役：安部能成　営業・出版は長田、編集は吉野がそれぞれ担当[34]。

---

[34] 『岩波書店八十年』267頁、岩崎勝海、前掲論文、108頁から再引用。

第1節　出版業の成立と編集者の誕生

　社屋については、「創業以来神田南神保町16番地およびその隣接地にて小売部・編集部等の業務をつづけていたが、しだいに手ぜまになった」ので、1929（昭和４）年、「一ツ橋にある旧商科大学の建物を求めて編集部のみ」移転した。建物は鉄筋コンクリート２階建、総坪数249.4坪。この頃の従業員数は60人であった。1930年前後の岩波書店の出版経営と経営状態については、1926（大正15)年末の記述として次のような記述が残っている。

　　このころ店員は41人、編集の仕事は岩波自身を中心にごく少数の店員で運ばれ、しかも１年に100冊近い新刊書を出し、ほかに雑誌数種類を発行していたのである。出版書は概ねいわゆる堅い本であって、大部数の売れ行きを期待出来ないものであったが、それにもかかわらず岩波書店が堅実に成長していったのは、当時の出版事業が一般に現在と趣を異にしていたからである。岩波書店の実例についていえば、大部分の出版物は初版1000部あるいは1500部のものであったが、中に哲学叢書や倉田百三・西田幾多郎・鳩山秀夫氏等の著作の如くたえず増刷されるものがあって、それが高率の利益を齎した。また漱石全集が岩波書店の経営に寄与したことも大きかった。なお従業員が少数で総じて経費がすくなくてすんだこと、また宣伝が非常に小規模であり、税率も低く、負担が軽かったこと—このような今日とは異なるいくつかの条件のために"出版業は利益を追求する仕事ではない"という理想主義の態度を持して、しかも経営を成長させて行くことができたのである[35]。

　最後に法律専門の老舗有斐閣の例を見てみよう。1877（明治10)年に古書店から始まり、明治20年代後半にかけて法律専門の代表的出版社として基盤を築いた有斐閣も岩波書店の同様株式会社への組織改変は遅れていた。
　有斐閣は戦後の経済的危機に遭遇し、1950（昭和25)年に「個人に対する税金攻勢をかわし、経営の近代化を図る第一歩として、個人企業から会社組織に改め、８月１日から株式会社有斐閣として発足することになった」[36]と、その経緯が記されている。取締役社長となったのは東大法学部を卒業し、1929

---

*35　『岩波書店八十年』、267頁。
*36　『有斐閣百年史』、445頁。

（昭和４）年に有斐閣に入社した江草四郎である。資本金は1000万円、社員数は51名、そのうち本社22名（男子18名、女子４名）、本郷支店の編集部に23名（男子15名、女子８名）、京都支店に６名（男子２名、女子４名）という具合であった＊37。

第４項　出版業の成長と編集者の誕生

　以上、1930年前後を中心に日本における代表的出版社の「産業革命」の経路を辿ってみたが、ここではそのような出版業の成長と出版社の企業としての変化を支えてきた人的要素の変化について見てみることにしよう。

　大宅壮一は、日本において出版業の近代化をもたらした明治・大正期に出版業を主導してきた人たちについて、「執筆者である学者文人も、編集者も、大体同じ気質のインテリであり、経営者も大部分インテリ出身か、インテリ化した商人」であったと評しているが、「世界恐慌の吹き荒れる厳しい不況の最中、婦人雑誌、娯楽的大衆雑誌、そして円本全集などによる激しい競争を伴いつつ空前の成長」を遂げた日本の出版業とその創業者（出版経営者であると同時には編集者であり、著者の思想的同士であり、友であったという）を支えてきた人たち、とりわけ編集者はどのような人たちであったであろうか。岩崎勝海は20世紀前半までの編集者の実状を次のように語っている。

　　編集の仕事は、政治家になる前の政治青年の書生的な、あるいは作家になる前の文学青年の腰掛け的な仕事ぐらいにしか考えられていませんし、店主（社長）とその周辺の僅かな人間が編集企画にたずさわり、その他の者はせいぜい使い走り的な存在でした。また、製作・出版の職場でも書籍の製作に関する仕事は、職人的な労働で未熟練の者は、熟練者の仕事を見よう見まねで「盗みとる」か、あるいはしばしば"活字尺"などで頭を小突かれながら、その要領を会得するといった状態でした。そして通常は、編集や校正の職場には中等以上の教育を受けてきた大人を、製作・出版、営業などの職場は、編集や校正の職場には年若い少年たちお雇い

＊37　前掲書、445頁。

入れて、寄宿舎に住み込みで働かせながら仕事を覚えさせていたようです*38。

　20世紀前半まではこのように編集者という仕事は「作家になるまでの腰掛的文学青年の仕事」、あるいは「政治屋になる前の玄関書生的政治青年の仕事」であり、一つの独立した職業として認められていなかったし、出版社の内部における店主(社長)と店員(社員)との関係は前近代的なものであったと思われる。

　講談社の場合、教育者出身であった野間清治夫妻がその教育観を広げる一方、講談社の社業推進の一翼として実施された少年部制度は、直接出版社の経営者と編集者との関係とはつながらないとしても、当時の出版社社長と社員との関係が推測できる典型的な例である。

　少年部の歴史が始まったのは1913（大正2）年3月のことで、これ以後毎年1～2人の少年の採用が続くことになる。「実際の仕事の中から生きた学問を学びとり、人間も育てる」という野間清治の教育観により、少年たちは厳しく教育された。『少年倶楽部』に掲載された講談社の「少年少女部募集」要綱（**資料3-1**)*39には、少年部制度の趣旨がよく表れている。

　講談社の"少年"たちは当時「天下の少年の模範である」と賞賛されるほどであり、少年の実習は「掃除、使、雑誌書籍の受入発送、郵便物の受渡し、投書の区分、

資料3-1　「少年少女募集」要綱

　本社の社運は近年著しく発展しつつありますので、社員の数も俄かに殖え、随って少年少女も増やさなければならなくなりました。それで此の度は、広く一般から少年少女を募集する事に致しました。
　本社は一旦採用した者に対しては相当の方法を以って之を指導教育して、行く行くは本社の社員としては勿論、立派に実業界に独立して活動するに足るべき人物に仕上げ度いと思って居ります。此の際大いに志を立てて、将来本社社員として、又は実業家として大活躍を試みたいと希望する少年少女は左の規定熟読の上応募せられよ。

　　　規定：一、尋常小学卒以上の学力を有する者
　　　　　　一、身体強健、正直勤勉の自信ある者
　　　　　　一、十四歳以上十八歳迄の者
　　　　　　一、必ず親権者の承諾を得たる者(以下略)

＊38　岩崎勝海「日本における編集者の仕事の変化と出版教育」『出版教育研究所所報』
　　　No.7、（日本エディタースクール出版教育研究所編集・発行、1995年）、7頁。
＊39　『講談社が歩んだ五十年』、10頁。

第3章　書籍出版編集者の誕生

原稿の判読、帳簿の整理、取引の実習、雑誌の批評、文書の整理、受付、筆耕、編集局、営業部の手伝い」というように社業の各部門を担当しており、彼らの活躍は講談社の「全社員の活動を助成」するものであった。そして少年部の仕事はあくまでも社員になる前段階の仕事として位置付けられていた。"少年"達は野間清治を"旦那様"と呼び、野間清治と起居をともにしており、彼らにとって野間清治との関係は「主と従である」と同時に「絶大なる愛と、信と、敬の気持ち」を抱えた「師と弟」であり、「父と子」であった*40。

　講談社の発展に一翼を果たす少年部であるが、その関係が信頼や尊敬に感情に支えられ、彼らの不眠不休の仕事が次のステップ（正式社員あるいは実業家）へとつながる合理的システムであったように見えるが、野間清治との関係は主従師弟関係であり、前近代的な企業内の人的関係を見られるところでもある。

　しかし、20世紀前半の前近代的雇用関係は出版業の「産業革命」が起こる1930年前後の時期に、新しい人材を大量に必要とするようになった各出版社の事情により、もはや一昔前までの前近代的な業務システムに変化がもたらされることになる。

　1900（明治33）年に創業された実業之日本社の社史には創業当時の世相と編集者の性格や特性、そして大正の終わりころから昭和の初頭にかけての編集者の仕事の性格の変化を表した次のように貴重な記録が残されている。

　　明治30年前後、日本の社会は絶対君主制をその骨格として次第に確立されてきていた。官吏、大会社の勤め人、軍人、教師らは尊敬され、確実な生活を営んだが、その生活に入るものは、日本の社会の封建道徳に身を屈しなければならなかった。その社会に入れるような、官立大学や軍関係の学校の出身者という第一資格を持っていないもの、またはその社会に反感を抱くもの、または落伍者的性格を持っている知識階級の青年たちは、そういうものを嫌い、最も自由であって、かつ自己の意見を発表する機会のある新聞社や、博文館、春陽堂などの出版社に席をおいたのである*41。…（省略）明治30年の創業以来、三十数年にわたって実業之日本社の発展に貢献してきた社員たちの多くは、主に東京専門学

---

*40　前掲書、5頁〜22頁。
*41　伊藤整『近代日本の作家の生活』、『実業之日本社百年史』124頁〜125頁から再引用。

校卒業の「落伍者的性格を持っている知識階級の青年」たちであった。そしてこれらの社員たちは、編集者であると同時に、「岳淵」「白露」「芳水」「楚水」「小葉」「素水」といった雅号を持つ作家でもあった。彼らは、『実業之日本』『婦人世界』『日本少年』『少女の友』に毎号記事、読み物、小説を発表した。…しかし、大正の終わりころから昭和の初頭にかけての都市への人口集中、ジャーナリズムの急成長をうけて多くの読者が生まれ、これらの大衆の欲求を満足させるために専門の作家が続々と誕生していた。編集者と作家の二足のわらじで雑誌をつくる時代は終焉を迎えようとしていたのである*42。(傍点は本論筆者)

　女性雑誌や大衆雑誌の急成長、円本合戦によって促された日本出版業の「産業革命」はもはや一昔前のような作家と編集者の甘い共存の時代に終止符を打ち、お互いに成長した読者の目と読書欲に答えるために独自の道を歩む専門的職業人として自立しなければならなくなったのである。

　さらに1930年頃から中央公論社や改造社、文藝春秋社などの雑誌社あたりから、それまで必要に応じて縁故者を雇い入れるという方式から、公募による新人採用方式を取り入れるようになり、出版の仕事を目指す新しいタイプの人材が出版社に入るようになる。

　文藝春秋社は1933(昭和8)年に、初めて入社試験をして社員を採用した。「それまでは、縁故や情実によって採用していたのだが、その弊害が目につくようになったので、有能な人材を公募によって得ようとした」とある*43。

　そしてその第一回入社試験に合格し採用された6人の中に、菊池寛から引継ぎ、戦後、文藝春秋新社を導くようになる池島信平がいる。

　ちなみに入社試験の第一次の問題は、菊池寛が考え出した100の問題であり、「菊池寛の性格・趣味が反映」されている。その問題内容は「過去に属する設問が約半数あり、歴史や古典芸能に関心がないと分からない」ような問題だったという。この試験問題傾向は、以後戦後に至るまで続いたが、そこに表れているのは、「編集者に博識を要求している」ということである*44。

＊42　『実業之日本社百年史』、125頁。
＊43　金子勝昭『歴史としての文藝春秋』(日本エディタースクール出版部、1991年)、123頁。
＊44　前掲書、123頁〜125頁。

第3章　書籍出版編集者の誕生

　この文藝春秋の第一回入社試験には当初３名募集の予定だったが、入社試験
に応募したのはおおよそ700名だったという。その経緯を『文藝春秋』７月号
の「話の屑籠」に次のように書かれている。

　　　本社の入社試験は、わずかに広告した丈で、応募者が、七百名あった。もっ
　　と広告したら千五百名はあっただろう。最後の口頭試問まで残った人は、
　　二十五六名だったが、どの人も有為な青年らしく見えた。仕事がしたく
　　て、イライラしている人を、そのままにして置くなんて、一つの社会悪
　　だと思った。採用する予定は三人であったが、最後に残った六人は、全
　　部入れることにした*45。

　当時、新聞記者や雑誌記者に対する社会的評価はそれほど高いものではな
かったと言われている。「天皇を頂点とするヒエラルキーの中で、最下層階級
とほぼ同列」に考えられ、「とくにエリート官僚からみたとき、ジャーナリスト
など、ロクでもない者と侮蔑の眼で見られ」る存在だった*46。
　しかし、そのような職業の募集に700名の応募者が集まったということにつ
いては注目に値するところがある。このような現象については当時の社会的背
景を理解する必要がある。第１次世界大戦を契機とした日本資本主義の一段の
発展によって、勤労者階層・都市サラリーマン層が急増し、それに伴って高等
教育や中等教育への男女の進学率が高まって、いわゆるインテリゲンチャ層が
形成されてきたのである。
　このような社会状況のなかでとりわけ新聞や雑誌、記者、編集者などの職業
を志望する人々が増加した現象について戸坂潤は、決して単に一般的不況と一
般的失業のせいではない、別の訳があると説明している。

　　　今や、文筆業者はもはや高踏的な存在ではなくて、出版資本のための労
　　働力売り渡し人としか過ぎないことを、切実に感ぜずにはいられなくな
　　る。……文筆労働は今や、資本主義の線に沿うて云えばより高級な、従っ
　　て又より資本家的な、文筆技術にまで、即ち編集労働にまで転化される

*45　『文藝春秋三十五年史稿』、77頁〜78頁。
*46　塩澤実信『雑誌記者池島信平』（文藝春秋、1993年）、43頁。

112

のである。嘗ての文筆業者は、単なる文筆労働者であることが経済的に従って又精神的に不利であるのを自覚して、文筆労働貴族として、編集に従事するのを望む。之によって彼等は或いは出版業者の事実上の顧問乃至店員として、或いは自分自身出版業者として、又出版企画の売込み人として、出版資本の内部に潜り込むのである。―文筆を支配するものは編集である[47]。

また、岩崎勝海は次のように論じ、"現代編集者"の誕生を記述している。

まさに1930年前後に、出版社・新聞社の多くが近代的な会社組織に切り替え、ジャーナリズム業発展のために新しい人材を大量に必要とするようになり、また、一方で新たに大量に発生してきた若いインテリゲンチャ青年たちが、自分がインテリゲントであることに充分な誇りを感じ、文筆の仕事を志して、出版・新聞などジャーナリズムの編集に従事するのを望むようになった[48]。

ただ、1920年代から30年代にかけての"現代出版者"の誕生という考え方に関してはいくつか注意しなければならない点がある。第一に、岩崎も指摘しているように1920年代から30年代にかけての日本社会は、「天皇制ファシズムによってマルクス主義も自由主義もデモクラシーも、またキリスト教その他思想や宗教も、そしてまた学問も、ことごとく「国家」の名において弾圧され、言論出版の自由も集会結社の自由も全くなく、ついには言論の事業そのものが成り立たなくなり、真面目に編集の仕事に従事していただけで獄死する者すら生じた凄まじい時代」であり、「それ故に"現代編集者"が真に現代の編集者になるためには、…日本国憲法によって社会的保障を獲得する戦後の時代まで待たなければならなかった」[49]（傍点は筆者）。

つまり、岩崎のいう当時の"現代編集者"は自由な言論・表現の活動が極度に制限された特殊な時代や社会で生まれたと言える。

---

[47] 水島治男『改造社の時代』、岩崎勝海、前掲論文、110頁から再引用。
[48] 前掲論文、112頁。
[49] 前掲論文、113頁。

■ 第3章　書籍出版編集者の誕生

したがって1930年前後における現代出版編集者の誕生というのは、「誕生」という言葉どおりあくまでも編集者の仕事を一つの独立した職業として認識したそのスタート時点であるというふうに制限的に理解する必要がある。というのは、日本の編集者が制度的・思想的に自由な言論、出版活動が保障され、真の現代編集者として本格的に活動を展開するのはつまり戦後になってからであると理解して妥当であろう。

第二に、岩崎によると1920年代から1930年代にかけて誕生した"現代編集者"とは、別の仕事との掛け持ち的な仕事やより重きを置いている他の職へ就く前の踏み台的な仕事としての編集者ではなく、編集者としての仕事を独立的に見なし始めた職業群が出現したことを意味しているが、これは先にも述べたようにあくまでも現代編集者誕生の黎明として見る必要があると思われる。

一般的に意識や構造の変化とはゆっくりと進むものであり、出版社内部には依然として「落伍者的性格を持った知識階級」や「作家になるまでの腰掛的文学青年」、「政治屋になる前の玄関書生的政治青年」がいて、職場システムにおいても前近代的な徒弟制度が強く影響を与えていたと予想される。

出版社の従業員の人的要素や社内システム、社内風潮というのは、その出版社の出版物の性格や出版社の代表の性格、傾向によるところも大きく、その代表的な例として文藝春秋社の場合、作家を志向していたかどうかは別にしてもその編集者の多くは文学青年であったし、1933（昭和8）年入社した、池島信平が目のあたりにした社の風景は、「六月一日に私は初出社した。仲間は六人で、みな東大文学部出身だった。通知状には出社時間が書いてなかったが、普通は九時頃だと思って、九時に出たのだが、社内は閑散をきわめていた。十時ごろになると、ポツポツと社員が集まってきて、私たちの方をチラと見て、何だかテレくさそうな顔をして、机に向かってタバコばかりふかしていた」[50]とある。

文藝春秋社は作家であった菊池寛という人物やその人の影響を強く受けている社風ということもあり、「文士や芸術家のサロンのような雰囲気が強く」、「社員そのものも、菊池の知人や友人、文士の卵か落ちこぼれが多かった」[51]という回想が残っている。

＊50　『文藝春秋社三十五年史稿』、78頁。
＊51　塩澤実信、前掲書、35頁。

114

第1節　出版業の成立と編集者の誕生

　出版社内の前近代的風潮については、1928（昭和3）年に岩波書店の店員
70名余が待遇改善を要求して起こした岩波争議に触れた次の記録がある。

　　店内の空気は全く封建的で、近代ヂャーナリズムの尖端を行く中央公論
　　社などとは違ふ。主人岩波茂雄氏は店頭小僧から『先生』と呼ばれてゐる。
　　資本主義的な組織、株式会社とは異なって。こゝはギルド以前の組織形
　　態だから、昔ならば月謝を納めて本屋修業をさせて貰ひにこっから店員
　　にさせていただく、といったやうなわけだらうが、今では進歩して、月
　　謝はいらぬ、その代わり主人のために身を賭して働らけ、時々小遣銭は
　　つかはさうといった工合だ。……考へてみれば妙なことで、昨日まで
　　『先生』といって仕へてゐた店員が、急に店主に反抗するのだから、これ
　　を岩波だけの問題でなしに、又出版屋としての一産業の問題ではなしに、
　　日本の全産業の矛盾を端的に表現してゐる。……どこの出版屋も同じこ
　　とだが、従業員は全く"犠牲労働"を強制されてゐる。インテリゲンチャ
　　には、智的自主性を與へることによって、小店員には、封建的徒弟意識
　　を與へることによって。―なるほど英雄主義を持ってゐる小ブル的、イ
　　ンテリゲンチャにとっては、コツコツと自分の智慧で作り上げる雑誌の
　　記事や、編輯形式等は、直接自分の趣味に一致するのだから、時間外労
　　働をやってゐてさして苦痛を感じない。この争議が小店員から起こった
　　というのも、極度に搾られてゐる小店員の自覚の現れとして、捨て難い
　　ものを我々に感じさせる*52。

　編集者としての自覚を持って出版社に入った"現代編集者"職業群＝若いイン
テリゲンチャ青年たちが、前近代的な風潮が残っている出版社に入り、実際に
自らの仕事をどう考え、どうこなしてきたのかを知ることは、いまのところ想
像や推測に頼るしかない。また彼ら新しい編集者世代が戦中の時はさて置いて
も、戦後自分らの職業を著者や作家から独立した仕事として、むしろ著者や作
家を創造的に組織する主体として、そして日本の出版文化を創る仕事として認

＊52　甘露寺八郎「出版書肆鳥瞰論（三）」『総合ヂャーナリズム講座』第8巻（内外社）、太田
　　良作・橋本進・森下昭平・出版労働30年史刊行委員会著『出版労働者が歩いてきた道』
　　（高文研、1988年）、25頁〜26頁。

115

識し、編集者としての専門性を獲得してきたのか、そして社の創業者・経営者との関係においてはたして彼らが前近代的な主従師弟関係を克服できたのかについては疑問が残る。

　第三に、岩崎によると、1920年代から30年代にかけて日本の主要出版社が近代化を目指し、企業組織を改め、組織規模を大きくし、そのなかで"現代編集者"と呼べる編集者が誕生したとしているが、ここで取り上げているいくつかの代表的出版社—中央公論社、東洋経済新報社、主婦之友社、実業之日本社、文藝春秋社、冨山房、講談社、岩波書店などを見てみると、冨山房と岩波書店以外の出版社はすべて雑誌出版を先導した出版社であり、一概に出版活動、編集者といっても当時1920年代から30年代にかけての日本の出版界は書籍出版よりは雑誌出版のほうが主な出版活動であったこともあり、ここで岩崎勝海がいう"現代編集者"とは主に雑誌編集者のことを想定すべきであると考えられる。

　日本の出版業界で書籍出版が盛んになり、書籍編集者が自らの仕事を独立した仕事として、作家や筆者に対しても対等な立場で、むしろ本だけではなく作家や筆者をプロデュースする創造的・独立的編集者としての自覚を持つようになるのは戦後まで待たなければならない。

第2節　戦後の編集者が歩んだ道

第2節

戦後の編集者が歩んだ道

第1項　戦後の出版と編集者という職業の成立

　戦時統制から解き放された出版界は、再建期を迎え繁栄する。敗戦直後の日本は深刻な食料不足による飢餓状況に追い込まれていたが、出版物を読むことは国民の唯一の娯楽であった。戦時中抑圧された表現の自由、そして制限されていた思想・情報・娯楽・文化の吸収欲求等が一斉に開放され、用紙不足という問題は相変わらず出版業者たちを悩ませたが、凄まじい購買力に力づけられた出版界はヤミ用紙を使い本や雑誌を出版し、前代未聞の活況をみせた。

　日本出版協同株式会社刊『昭和22・23年版日本出版年鑑』を参照しながら、当時の出版界をスケッチして見ると、「敗戦直後突如として出版の自由が与えられたということ、戦争中は極端に限られた方向のものしか発行を許されなかったということ、戦火によって多くの書籍が燃失してしまったということ、これらの一連の事実がこの年間の書籍出版の傾向を特徴づけ」、①精神の糧を求める読者による「翻訳出版の華々しい復活」、②出版の自由を反映し本格化した「左翼出版物」の流行、③「通俗読物類の復刊」という出版現象をもたらした。

　当時の出版界では「戦時中の娯楽読物に対する飢え、それにインフレ景気が手伝って、本にさえすれば売れるという不思議な現象が起こっ」ていた。岩波発行の哲学書の場合は「毎回発売前夜から長い行列を造らせた事実と共に前代未聞の現象と言うべく新しい思想の糧を求める旺盛な読書欲は用紙事情の窮迫にも拘わらず出版業界の輝かしい前途を暗示して」いた。この時期に「戦時中企

117

業整備等によって統合転廃業」されていた出版業者が「出版の自由が確立されると共に急激に増加し戦前の約三倍を算するに到った」と描かれている。敗戦直後のこの何年間は出版する者としては最高に幸せな時期だったように思われる。

　青木春雄は敗戦直後の日本出版業界を「無秩序下の過剰生産時代」そして「本格的復興のための出版機能の再建期」であったと表しているが、当時の出版活況を先導したのは、戦時中に休廃業を余儀なくされていた旧出版社の業務再開による活動もさることながら、新規の参入者によるところが大きいと言える。新規創業者には、軍需産業をはじめ他産業から転じた中小企業家や、出版社と出版関連企業の従業員から独立創業した者、また復員軍人や作家などの転業者など様々な経歴を持つ人たちまでが含まれ、1948（昭和23）年末には出版社数が4500社を上回ったという。とりわけこれらの戦後派出版社は敗戦後の厳しい用紙不足の悪状況のなかで出版界の生産機能の再建に地ならしの役割を果たすが、ただその中には出版経営未経験者も多く含まれており、その多くが敗戦直後の無秩序な出版活動が生んだ過剰生産の重荷に堪えず、1949（昭和24）年から51（昭和26）年にかけて姿を消してしまう運命をたどった。その数は2700とも3000社とも言われている[*53]。

　当時の出版界における出版業者の乱立とその急減ぶりには、配給会社日配が経済力過度集中排除法を適用されて解散させられて業界内の取引関係が混乱したこと、そしてあまりにも多くの出版物が一度にあふれ出して読者が食傷気味になったことなども影響していたと言える[*54]。

　敗戦後このような激変を経ていた日本の出版界において本格的な意味における安定した復興が始まったのは1950年ごろからである。

　1950年代は産業的成長もさることながら、1957年3月「日本書籍出版協会」の設立は出版業界、とりわけ書籍出版の安定と成熟を意味するものであると理解できるし、また53年4月「出版労組懇談会」として出発し、75年7月に「出版労連」としての機構を確立した経緯をみると、編集者を含む出版労働従事者一人ひとりが自らの職業や職業環境を見直し改善していく過程で、出版という仕事の価値を再認識しつつ仕事の主体として自立、成長していた、職業の確立の過程が伺える。

[*53]　青木春雄『現代の出版業』（日本エディタースクール、1975年）、45頁〜47頁。
[*54]　小林一博『本とは何か』（講談社、1979年）、204頁〜205頁。

第2節　戦後の編集者が歩んだ道

　この時期、教育や研究領域においても出版ジャーナリズムの総合的研究を目指した「現代ジャーナリズム研究所」が1963（昭和38）年に発足した。この「現代ジャーナリズム研究所」の活動はのちに編集職能の確立と専門的出版編集人材の養成を目標とする教育機関「日本エディタースクール」の創立（1964（昭和39）年4月）、そして書籍・雑誌出版およびそれに関連する事項の調査・研究を目的とする「日本出版学会」の設立（1969（昭和44）年3月）に引き継がれた。

　戦後1950年以後から1960年代に至るまでの時期は書籍編集者の仕事が確立され、書籍編集者を取り巻く周辺構造が固まってきた時期として、現代的書籍編集者の職業の成立と確立において非常に重要な時期であったと考えられる。

　ここでまず1950年以後の日本出版業界における産業的成長の過程をみると、まず当時を特徴付ける現象の一つとしてブームの創出が相次いでいたことを挙げることができよう。戦後日本の出版界の再建と発展過程で生まれたブーム現象のなかから、ここでは本の形態別にそのブーム現象をみることにしよう。

　まず、1951（昭和26）年からは文庫本ブームが始まる。角川文庫、三笠文庫、青木文庫、春陽文庫、アテネ文庫(弘文堂)、朝日文庫、創元文庫、小山文庫、市民文庫(河出書房)、現代教養文庫(社会思想社)などが次々と発刊され、一時は90種の文庫が出版されたが、その数年後には十数種にまで落ちた。文庫本に続き、52（昭和27）年からは全集ブームに移り、新潮社、角川をはじめ講談社、河出書房、筑摩、創元社などが次々に全集出版に乗り出した。そして1954（昭和29）年からは新書版の出版が盛んになり、新書版ブーム時代を創出する。中央公論社で出版された『女性に関する十二章』（伊藤整著）は30万部近い売り上げを記録し伊藤整ブーム*55と新書判ブームをリードした。

　戦前から雑誌を軸に発展してきた日本の出版業界は、戦後、以上のような文庫、全集、新書ブームを創出し、書籍分野における連続性を持つ企画ものの出版、書籍の多種大量出版体制を整え出版経営の安定と発展を図ったが、一つの企画が終わればブーム的現象は過ぎ去って行き、個別出版社にとってブームに乗るというのは決して出版経営の安定性を持続的に保証するものにはならなかった。ブームが過ぎ去った後に残るのはいつの間にか増えた従業員たちだけ

＊55　伊藤整著『女性に関する十二章』(中央公論社、1954年)以来、伊藤整の著作物はほとんどベストセラーとなり、年間統計で70万部以上売れたという記録が残っている。出版年鑑によると、1954年には伊藤整著『女性に関する十二章』が1位、『文学入門』が7位となっている。

119

であり、出版社では実体に割り合わない大きい規模を維持するために絶えず新しい物を生産するしかない状況に陥ることになる。

　1956（昭和31）年に出版社系では初めて創刊された新潮社の『週刊新潮』が新聞社系の占領していた週刊誌市場で成功を収めることによって、出版社系の週刊誌の創刊がブームとなる。その結果、週単位で大量部数を出版する体制を出版社内に築くことで、週刊誌を持つ出版社は経営の安定性を確保することとなるが、この時期の出版社系週刊誌ブームから出版界のマスプロ・マスセールの時代が実現され、マスプロ・マスセールの市場構造が定着されることになる。

　引き続き1961（昭和36）年に平凡社で『世界大百科事典』が刊行され、その後、小学館『世界原色百科事典』、学研『現代新百科事典』『現代ホーム百科事典』、旺文社『スタディ百科事典』、三省堂『学習百科事典』などが次々と刊行され、未曾有の百科事典ブームを巻き起こした。1960年代からの出版産業の爆発的生産・販売成長はオイルショックと物資不足が重なった1974年前後まで着実に売り上げ部数を伸ばし、1971（昭和46）年には総売上げが5000億円となり、その4年後の1975（昭和50）年には1億円産業へと成長を遂げた。この時期、日本の高度経済成長を背景にして、出版界に定着したマスプロ・マスセールの市場構造は当然ながら出版市場やその周辺産業の膨大な量的膨張をもたらし、結果的に、その流れにうまく乗り込んだ出版企業と、それについて行けない出版企業との企業格差と寡占化現象をもたらすことになる。

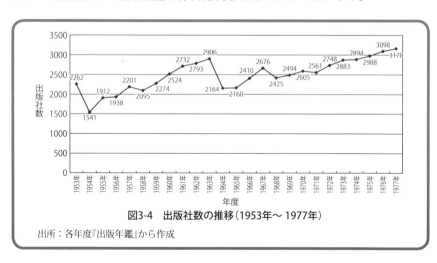

図3-4　出版社数の推移（1953年〜1977年）
出所：各年度『出版年鑑』から作成

皮肉なことはこのような1970年半ばまでの高度成長をピークに日本の出版界は百科、全集など大型企画の一巡りが終わった時点から、新書・文庫を除く一般書籍の売れ行きが落ち込み、雑誌においても発行・実売部数ともに横ばいに近い状況となり、また出版業界は業界の外側つまり大きく変化したメディア環境、読者の多様化などに対応し切れないまま低迷の時期が始まるのである。

それでは、ここでいくつかの統計的データをもとに敗戦後日本の出版社の成長ぶりを見てみることにしよう。まず、敗戦後1946年から日本の出版業界が高度成長を遂げる1960年代、1970年中盤までの日本における出版社数の推移を見てみると、1945年には約300社しかなかった出版社が1955年になるとほぼ2000社近くまで増加しており、また20年が過ぎた1975年ごろになると約3000社近くまで増えていることがわかる（**図3-4**参照）。

1960年代に一時的な凹（くぼ）みは見せているものの、戦後の30年間、出版産業の高度成長期において出版社の数的規模の増加ぶりは目を見張らせるものがある。

次に、戦後日本の出版界で活躍した出版社を中心にその従業員の数の推移を取り出してみたのが、**表3-1**である。岩波書店と有斐閣は各々の社史に従業員数が詳細に記録されていたので、1946年から76年までの20年間の従業員数の推移をたどってみた。そしてその他の出版社、角川書店、河出書房新社、講談社、光文社、小学館、新潮社、筑摩書房の場合は出版ニュース社発行『出版年鑑』に日本の各出版社の従業員数が記録された1958年度年鑑からその数の変化をたどって見た。

戦後各出版社の従業員数は、マスプロ・マスセールの最先端を行き全集出版

表3-1　主要出版社の社員規模の変遷（1946年～1976年）

	1946	1948	1950	1952	1954	1956	1958	1960	1962	1964	1966	1968	1970	1972	1974	1976
岩波書店	74	106	176	228	244	232	245	236	251	276	286	306	311	358	369	372
有斐閣	25	38	47	64	76	89	99	93	105	119	126	140	154	172	167	184
角川書店							112	168	163	170	213	192	196	167	210	185
河出書房							35	47	70	116	150	190	190	140	130	60
講談社							580	657	688	712	768	818	1000	1006	1026	1062
光文社							120	139	190	147	184	184	190	158	160	180
小学館								417	480	606	565	565	650	667	560	610
新潮社							180	250	220	250	286	310	350	386	418	416
筑摩書房							62	93	107	130	140	147	171	178	190	196

出所：岩波書店、有斐閣社員数の推移は各社史（前掲書）から作成。
　　　その他の出版社の社員数は各年度の出版年鑑から作成。

などで甚だしい活動を展開するものの1957年と1968年に２回も倒産した河出書房以外は安定して上昇傾向を見せていることがわかる。

　とりわけ書籍出版だけではなく、雑誌出版に旺盛な活動を展開した講談社や小学館の従業員数の増加ぶりは実に目覚しいものがあり、講談社の場合、社史『講談社の80年』の記録によると、1937（昭和12）年の暮れに507名、少年社員まで含めると900名以上いた従業員数が、1945（昭和20）年２月現在での在籍社員数は297名に激減したものの、戦後1958（昭和33）年にはまた580名へと大出版社ぶりを取り戻し、高度成長期を通り抜けた1976（昭和51）年には1000人を越える従業員規模を持つようになっていた。

　また1956（昭和31）年に出版社系では初めて週刊誌市場を開拓し、新聞社中心であった週刊誌ジャーナリズムの隊列に割り込んだ新潮社の場合、出版年鑑に記録されている1958年の従業員数は180名で、全体的な日本の出版社の従業員数規模からするとかなり大規模であるが、高度成長期を通過した1976年の従業員数は416名となっており、人的規模が２倍以上増加している。

　雑誌出版より主に書籍出版に専念していた出版社は講談社や小学館、新潮社のような膨大な従業員を抱えてはいないものの、着実に成長した出版社はその従業員数も着々と伸びていたと見られる。

　1877（明治10）年創業した法律専門の老舗出版社有斐閣は敗戦直後の従業員数は25名であったが、1960（昭和35）年には４倍近く増加し93名の従業員を抱えており、76年にはまた倍増している様子が以上の図表からうかがえる。

　昭和を代表する出版社である岩波書店の場合、敗戦直後には74名しかいなかった従業員数が、その10年後である1956（昭和31）年には232名へと３倍以上増加しており、56年から76年までの20年に掛けてまた1.6倍も増加し、372名の従業員を抱えている大企業へと成長していた。

　1945（昭和20）年に創立され、従来の出版社と異なる企画出版の新しい境地を開き一世の風靡した光文社の場合、1958年にはすでに100人を越える従業員を持っており、出版業界の高度成長期を貫いた76年には1.5倍増加した180名の従業員を抱える堅実な企業として成長していた。

　また、日本の出版社が持つ特徴の一つとしてその規模において中小レベルの出版社が多いことを挙げることができる。出版ニュース社発行の『出版年鑑』で従業員規模別出版社数のデータを載せ始めた1960年の従業員数別出版社数と

1975年の従業員数別出版社数とを見てみると、従業員数10人以下の出版社が各々28.4％、34.9％であり、50人以下まで数えると各々45.9％、58.4％、5割弱、6割弱の出版社が従業員数50人以下規模の出版社であることがわかる。このように全出版社のなかで中小規模あるいは零細規模の出版社が占める割合が半分を超える日本の出版業界は、1960年代から1970年代にかける高度成長期を経てマスプロ・マスセール体制が定着するなか、出版企業間における企業格差と寡占化現象が目立つようになったということは前述したとおりである。

表3-2は1950年代初から1970年代中盤までの出版社別新刊書籍出版点数を出版点数の最も多い出版社1位から10位までを整理したものである。

この表から見ると、1950年代から1960年代まで出版点数上位1位から10位までの出版点数の合計が各年度の書籍発行点数合計のなかで占める割合が、

表3-2　　出版社別新刊書籍発行点数（1位〜10位）

	1951年		1954年		1959年		1964年	
	出版社数 15,536	点数	出版社数 1,541	点数 19,837	出版社数 2,274	点数 24,152	出版社数 2,164	点数 22,754
1	岩波書店	1,112	岩波書店	1,894	岩波書店	2,588	岩波書店	2,177
2	新潮社	438	新潮社	882	角川書店	1,026	新潮社	1,144
3	河出書房	391	角川書店	832	新潮社	757	角川書店	880
4	創元社	368	河出書房	520	講談社	488	講談社	798
5	角川書店	248	講談社	375	偕成社	424	偕成社	715
6	講談社	246	偕成社	346	旺文社	290	旺文社	400
7	弘文堂	232	共立出版	200	筑摩書房	253	筑摩書房	241
8	三笠書房	216	ポプラ社	283	東京創元社	227	ポプラ社	239
9	研究社出版	194	弘文堂	205	光文社	222	河出書房新社	239
10	白水社	152	東京創元社・創元社(大阪)	222	評論社	219	光文社	226

	1968年		1972年		1974年		1977年	
	出版社数 2,425	点数 25,421	出版社数 2,748	点数 26,332	出版社数 2,894	点数 28,037	出版社数 3,170	点数 25,148
1	岩波書店	2,648	講談社	949	講談社	854	講談社	1,354
2	角川書店	1,075	集英社	338	中央公論社	384	集英社	603
3	講談社	1,027	筑摩書房	297	集英社	366	小学館	413
4	新潮社	541	明治図書出版	287	新潮社	365	国書刊行会	365
5	旺文社	526	新潮社	282	筑摩書房	305	角川書店	317
6	偕成社	504	角川書店	267	角川書店	303	岩波書店	314
7	集英社	371	中央公論社	251	岩波書店	255	中央公論社	292
8	ポプラ社	315	実業之日本社	238	明治図書出版	231	筑摩書房	285
9	河出書房新社	315	岩波書店	222	小学館	215	早川書房	270
10	筑摩書房	297	毎日新聞社	202	河出書房新社	202	新潮社	255

出所：各年度の『出版年鑑』から作成

23％（1951年度）、29％（1954年度）、27％（1959年度）、31％（1964年度）、30％（1968年度)であり、2000社を超える出版社のなかで僅かに0.5%にも満たない10社の出版社が全体書籍出版点数の四分の一を上回っている、ということから出版の寡占化現象の一端を確認することができる。

第2項　書籍出版の成長と書籍出版編集者像

　第3章第1節第4項の「出版業の成長と編集者の誕生」で岩崎勝海の論を借り、1920年代から1930年代に掛けて、日本の出版社は増加する出版事業と従業員数により社屋を広げるだけではなく、その組織を株式制などの近代的企業組織に改変し、社員採用制度においても従来の縁故採用から公募による採用を進める社が増えたこと、そのような変化のなかで編集者としての仕事を独立した職業としての認識する編集者が誕生したと述べた。

　ただ、岩崎のいう1930年代前後は言論・表現の活動が極度に制限を受けていた時代であり、また組織形態は現代風に変わっていても社内の実情は前近代的風土が色濃く残っていたと見られる。とりわけ企業としての出版業が成り立って以来敗戦に至るまでの日本の出版界はどちらかといえば雑誌出版を中心軸としていたと見られ、岩崎のいう現代編集者の誕生とは正確には雑誌出版編集者における職業認識の出発時点と考えるのが妥当であると思われる。このような事情が戦後、出版再生期および出版の高度成長期を通過する過程のなかでどのように変わり、とりわけ書籍出版編集者にはどのような変化があり、どのような自画像を確立させ、どのように活動したのか。

　戦後、深刻な用紙不足状況も手伝い雑誌出版は非常に厳しい競争を強いられることになる。そのなか、戦前の出版制約から解放された書籍出版のほうは厳しい用紙不足状況のなかでも活況を迎えることになる。講談社の場合、もっぱら雑誌を中心とした出版活動を展開してきたが、戦後になって再版した『親鸞』『三国志』などが好調に売れ、『創作代表選集』『新鋭文学選集』『新註国文学叢書』などのシリーズものが結実をみせたところで、やっと書籍出版を事業として戦略的に取り組むようになった。戦前から日本を代表する出版社である大出版社である講談社の書籍出版の状況は、当時の日本出版業界における書籍出版の状況を覗かせる代表的な例でもあるように思われる。

124

第2節　戦後の編集者が歩んだ道

　ここで講談社の社史に記されている講談社の書籍出版事業への目覚めとその取り組みを探して見ると、1950（昭和25）年7月に復活した雑誌新年号の大会議で、講談社で初めて行われた書籍出版の年次計画に関して社長「野間省一談」という記録がある。

　　大体、年次計画というものは、雑誌のほうでは、新年号会議で立つわけです。つまり新年号を一つの境として、来年はどうするか、編集の根本方針をどこにおくか、あらゆる角度から検討して、年間の目標をたてます。そして新年号から、その年間はその計画ですすんでいくわけです。ところが、出版のほうには、まだそれがなかった。来年度はこういう方針ですすめてゆくという計画性がなく、ただ行き当たりばったりでしか仕事がなされない。これを計画的に流して行くためには、年間の計画をしっかり立てて、年間平均して仕事を進行するという風にしていかなければ、ほんとうの大企業の仕事にはならないのではないか。
　　そこで、何月には何をという風に、年間にわたる仕事の計画を綿密に立てることにした。平均して収入の入る体制を整えなければ健全経営とはいえないと考え、出版における年次計画を立てることになったのである[56]。

　この時期になってやっと書籍出版における年次計画が重視されて、その確立が急がれたが、「書籍出版が近代企業となる」には「言うは易く行うにはまことにむずかし」く、さらに「これを収入にまで結びつけて、経営の安定がはかられたのは、数年後の（昭和）30年度以降」であると付言されている[57]。
　以上の講談社の記録によると、講談社の場合1955（昭和30）年以降になって書籍出版が出版社の経営の一部分として安定してきたとされているが、1950年代に続く文庫ブーム、全集ブーム、新書ブームなどの企画出版は講談社一社だけではなく日本出版界のおける書籍出版の基盤を構築し、当然書籍出版編集分野の確立に寄与したと思われる。確かに戦前まで書籍出版業がなかったわけではないが、戦後このようにして書籍出版が出版業界における確固たる位置を固め、書籍出版編集においても計画性と企画力が要求されるようになり、

＊56　『講談社が歩んだ五十年』736頁～738頁。
＊57　前掲書、738頁。

125

第3章　書籍出版編集者の誕生

そのようななか当然ながら書籍出版編集の方法論的確立そして書籍出版を中心とするエディターシップの論議も生まれてくるようになったと考えられる。

　戦後の編集者、とりわけ書籍出版における編集者がその仕事の基盤を確立し、理論的・論理的なものではないにしてもそれぞれの編集者が仕事を通じて経験的に書籍出版、編集についてそれなりの心得を獲得していたのではないかと推測される。戦後の書籍出版のあり方や編集者像をみるにあたって光文社の神吉晴夫と彼の創作出版論そして編集者＝出版プロデューサーであるという彼の出版理念や実践は、日本の出版業界に書籍出版編集、そして書籍出版編集者に関する論議を巻き起こし、書籍出版編集者像の確立に一役を果たした点で非常に注目に値する。

　神吉晴夫（1901年〜1977年）は東大仏文科を中退し、1927（昭和2）年講談社に入社し21年間講談社で勤めたが、1945（昭和20）年光文社の創立の際、同社の常務取締役、出版部長として加わることになった。1945（昭和20）年10月1日の敗戦直後生れた光文社は講談社が関係する日本報道社の定款を変更し、名前を変えて再スタートを切った出版社である。

　講談社の資本で起こした出版社であるだけに、経営においても出版物においても当初は講談社の影響が強く、1946（昭和21）年11月には『少年』、48（昭和23）年には『面白倶楽部』、49（昭和24）年には『少女』と、講談社の各誌に対抗する形で雑誌を創刊し成功させたが、51（昭和26）年波多野勤子著の『少年期』を成功させることを機に次々とベストセラーを世に出して行った。当時の神吉は光文社の出版路線を次のように述べている。

　以下の文章は『出版ニュース』1951年8月上旬号に掲載されている「雑誌経営者岩堀喜之助」と「書籍企画者神吉晴夫」が行った対談のなかで神吉が語った内容である。

　　　私が今までやったのは、「講談社」にいた時のお名残をそっくりそのままもらっておいて、「光文社」としての個性がないのですよ。そして私が考えたのに野間清治先生（故人で講談社創立者）を思い出した。敗戦によって野間先生の時代の"忠孝"だとか"仁義"だとか"孝行"だとかいったことが、どこがほんとうだかわからなくなってしまったのですよ。すっかりご破算になってしまって、しからば新しいものをどうしたらいいかとい

126

う新しい倫理を求めだしたのです。ところがどうなるかわからない。これを私は一つ読者と一しょに悩みながらつくって行かなくてはいけないのではないか、単なる娯楽を単行本で与える、それはいかぬ。これは雑誌にまかしておけばいいじゃないか、単行本はやはり光を求めている。何か生活の支柱になるものを求める人と一しょに発見して行かなくてはならぬじゃないかということで私は考えを変えてしまった。雑誌は雑誌、単行本は単行本ということでやり出して、新しい学術書というか倫理書を私は探求し出した。それでつかんだのが『少年期』であり、またそれによって一つの踏み台を発見したわけです。だから私のやるものは、まあ野間さんとはやや相繋がりながら違った一つの新しい大衆的倫理観（傍点は筆者）－何か少しでも光と勇気を誘い出すもの、ヴァイブレーションを与えるものをやって行こうという気持ちになったのです＊58。

　長く引用したが、神吉の言葉からとりわけ３つの点に注目したい。

　第一は、神吉は光文社が講談社から分岐されたという背景は持つものの、その歩むべき道として戦前文化を代表する講談社の継承ではなく、新たな戦後文化の創出を試みていたことである。このような意識はただ単に講談社に限られたものではなく、戦前の有力出版社に対する戦後出版社としての挑戦であったと思われる。戦前有力出版社が形成してきた出版文化をそのまま踏襲するのではなく、戦後派としての独自な道を開拓する、という意識がそこにある。

　第二は、戦後派の新しい道の開拓において「読者と一しょに悩みながらつくって行かなくてはいけない」という言葉に含まれた“戦後の大衆の発見”に基づく“大衆の目線”による“新しい大衆的倫理観”の確立という意識に注目しなければならない。神吉は、まず戦後という時代は「歴史の主人公として、庶民大衆が登場してきた時代」であると認識しており、また戦前の講談社がやってきたような「忠孝一体の思想」体系は戦後の時代において新しい大衆的倫理観に代置されるべく、今はその正体のつかめない新しい思想体系を読者とともに確立していこうと考えたのである。

　そして戦前派の出版社のような「少数の、ひと握りのための学問、近代日本

＊58　「ベスト・セラーは追っかけず」『出版ニュース』（出版ニュース社、1951年8月上旬号）、加藤一夫編『カッパの本―「創作出版」の発生とその進展』（光文社、1968年）26頁〜27頁。

における、頭でっかちなドイツ的観念論的学問」ではなく、「古い伝統のある出版社ではできない新しい学問を新しい著者で」開拓していくのが、そのやるべき仕事であるという決意を見せているのである[59]。

ここで彼の言う「少数の、ひと握りのための学問、近代日本における、頭でっかちなドイツ的観念論的学問」とは差し当たり戦前の岩波書店を中心にしていたアカデミズム出版に真正面に立ち向かった主張である。岩波書店は戦前の日本の出版界はもとより戦後においても、前掲した**表3-2**からも見られるように60年代まで新刊書籍発行点数1位の席を維持した書籍出版の老舗である。

その岩波書店の場合、創業者岩波茂雄は一高・帝大出身のエリートであり、学生時代にキリスト教の神という「絶対者」の概念が理解できず泣き暮らしたというエピソードがあるほどの哲学青年であった。そういった哲学志向性を持つエリートが創業した岩波書店という出版社には、安部能成、阿部次郎、和辻哲郎など、哲学を追究、探求する人々が自然に集まってきた。

そのような人的基盤から成り立っていた岩波書店は、昭和の戦争に負けるまでいわゆる日本のインテリのたった一つの支柱の役割を果たしたと評価されており、司馬遼太郎は戦前のインテリ、とりわけドイツ哲学の卸問屋は東京大学と京都大学であり、岩波書店はその代理店であったと表現した[60]。

神吉晴夫にとってそのような岩波書店の出版は権威主義的学問であり、一握りのインテリのための頭でっかちな観念論的学問であり、戦後歴史の主人公となる一般の大衆には難し過ぎる、閉鎖された学問であった。神吉にとってそのような戦前の学問に対抗する新しい時代の、新しい大衆のための、新しい学問は、南博に代表される「米国のプラグマチズムの学問」[61]であり、彼が目指す知識の大衆化、出版の大衆化は創作出版―代表的なものとして、『カッパ・ブックス』という書下ろしシリーズを通して現実に実践されたのである。

『カッパ・ブックス』が創刊される以前、1953年2月、栗田書店主催の書店経営研究会で行われた講演会で神吉は、次のように述べている。

---

*59　神吉晴夫『カッパ兵法』（華書房、1966年）、131頁～132頁、前掲書、334頁から再引用
*60　毎日新聞社編『岩波書店と文藝春秋』（毎日新聞社、1996年）、9頁～10頁。
*61　植田康夫「"大宅マスコミ塾"入門記＜聴講レポート＞」（『週刊読書人』、1967年）、加藤一夫編、前掲書、335頁。

第2節　戦後の編集者が歩んだ道

われわれ戦後派のように、歴史のない、有名な著者とも大作家ともあまりつながりのないものの唯一の大きなあなは、『創作一本で行く』ということしかない。その創作も、著者の名声にたよらず、企画者自身が知られざる著者の価値を発見し、構成して、これを演出して行くしかないではないかというのであります。これは非常にひまのかかることです。たとえば何々全集といえば、すでに誰かの手によって出版されているものを、金か顔の力によって集めて来て出せるわけです。

もちろん、これもひとつのりっぱな出版の演出ではありましょう。しかし、ものを新しく作るということは何よりもむずかしいのですが、長い眼で見るなら、われわれ戦後派の本当に生きる道は、この『無から有を生む』という一筋にしか最後の勝利があたえられていないと考えているのでございます」[62]

これは神吉の「創作出版宣言」とも言える講演であり、それを実践してきた。翌年の1954年10月に神吉の創作出版の結集体となる『カッパ・ブックス』が創刊される。

神吉の「創作出版」は、戦前から著名な作家や著者とのつながりを持って出版文化を主導してきた有力出版社に対する単なる対抗意識ではなく、戦後書籍出版が本格化される過程で戦後派出版の新しいイメージと書籍出版の位相を定立させ、その書籍出版の方法論を確立させようとした試みであったということでより積極的な意味合いを持つように思われる。神吉晴夫の言葉のなかで「雑誌は雑誌、単行本は単行本で」という表現があるが、この表現から戦前の出版文化はどちらかといえば雑誌主流であり、なかなか独自的な出版文化と方法論を築くことのできなかった書籍出版が、雑誌出版とは異なる独自の方法論を持たなければならないという意識を確認することができる。

神吉晴夫の創作出版はこのような認識に加えてより具体的には従来の書籍出版の非計画性を批判し、書籍出版に計画性を持ち込み、未来予測（販売予測）を徹底するマーケティング概念、出版企画の概念を書籍出版に適用した点、そういった出版企画において最も大事な観点として読者の観点を取り入れた点など、

＊62　前掲書、324頁。

129

戦後の書籍出版の地位（position）の確立やイメージ形成に大きく寄与したと言えるであろう。

　そしてそのような創作出版の担い手として編集者の役割や位置付けをはっきりしているところにまた注目しなければならない。つまり、神吉の名前の前に書かれてある「出版企画者」という呼称からもうかがえるように、神吉は書籍出版における編集者の地位をより主体的かつ能動的なものに確立したのである。神吉は自分自身のような編集者を称する際、「出版企画者」あるいは「出版プロデューサー」という言葉をよく使ったが、これらの呼称には従来の書籍編集者に対する批判および反省がこもっていると考えられる。

　神吉は創作出版を語るなかで従来の書籍出版のやり方を概ね３つのタイプに分けているが、その一は、「新聞や雑誌の連載ものを本にまとめて出す」やり方、二番目は「いっぺんどこかで単行本にしたものを寄せ集めて文庫とか全集の形で、二度つとめをさせる」やり方、そして三番目は「出版社の意向など全然考えないで、執筆者が自分勝手に書いて、出版社へ持ってくる」持ち込みのやり方である。

　これらのやり方も書籍出版における一つの方法にはなり得るが、それらのやり方には編集者の企画性や計画性、主体性や自主性といったものが足りない。神吉はそれらのやり方に対抗して創作出版という代案を提示している。そしてその創作出版というのは、編集者があくまでも出版のプロデューサーとして「自分でアイディアを作って、そのテーマを充分に生かしてくれそうな執筆者を探し出して、書き下ろしてもらう」編集者、編集企画者でなければならないと考え、続けて、彼は次のように述べている。

　　　編集企画者というものは、元来、新聞社とか雑誌社だけのもので、出版
　　社にはなかった。出版社の編集者はどっかで出来上がったものを探し出
　　してきて、「先生、あれをください」というような、自主性のない文化商
　　人だったんですよ。ところが、戦後になって、いま申したような創作出
　　版というものが意識的に行われるようになってきた。そのグループのひ
　　とりが神吉晴夫なんです[63]。

＊63　「問答有用：対談　徳川夢声×神吉晴夫」『週刊朝日』（1956年10月９日）前掲書、81頁。

第2節　戦後の編集者が歩んだ道

　新聞や雑誌の分野ではすでに戦前に確立されていた編集者という役柄が書籍出版においては全く形作られてこなかった。それに戦前の書籍出版編集者や戦後における編集者の多くは、大学教授や作家などの著者、いわゆる「先生」に原稿をもらい、それを本の形に仕上げて、その「先生」の名声で本を売るという、山口昌男の表現を借りると「コンヴェンショナルな編集者」「メッセンジャーボーイ」「便利屋」的な編集者が大部分であった。神吉はそのようなやり方が定着していた書籍出版の現場に「自分で考えたものを出版する」編集者となることを理想化し、編集者に主体性を入れ込んだのである。このような神吉の試みは戦後の書籍出版編集者の職業の確立と地位の向上に一役を果たしたものであると言えるであろう。

　戦後の出版界を活気付けた光文社のベストセラーの背後には神吉のこのような創作出版と呼ばれる試みがあり、彼の創作出版論とその実践となった多くの出版物は、時には資本主義社会の代表する商業主義の徹底的追求として批判されることもあり、彼が作り出したベストセラーとその後の戦後のベストセラー志向主義は「読者の知性や感情を深く耕すものではなく、知的な性向をもたない庶民が自分で考え自分流のやり方で賢くなることを妨げ、画一的に知ったかぶりをつくりだすだけ、といった批判」もあったが、「光文社の「カッパの本」が、読者の欲望を原点に据えなおして著者中心の権威主義を否定し、書物から物神崇拝性をはぎとって、書物に商品としての自覚を持たせた意義」[64]は大きいと言え、とりわけ戦後の新しい時代に生まれた書籍出版という文化や書籍編集

─────────────────────────

*64　田所太郎「戦後出版の概観」『講座現代ジャーナリズムⅣ　出版』（時事通信社、1973年）、63頁。"物神崇拝生"とは本来マルクスの言葉として、「資本主義（商品生産）社会における生産物の商品としての性質（価値・交換性など）が、本来生産者の社会関係の表現であることが隠されて、生産物そのものの対象的性質であると思い込まれること」（『広辞苑』岩波書店）を意味しており、人々は商品の価値性格が商品そのもの、もしくは商品に内在するものであると確信しているが、実際の商品の価値は商品生産の社会関係から生れるものであり、究極的には人間の社会的労働から生ずるということを強調した言葉である。ここで田所のいう"物神崇拝生をはぎとる"とは、書物という商品生産の背景に隠されていた人間の社会的関係、人間の社会的労働を前面に出したと理解することができる。つまり神吉晴夫の主張し実践した創作出版の数々が、書物というのが独立して絶対的な価値を持っているものではなく、書物という商品の生産に係わる諸関係や編集者の労働、役割を一般に知らしめたということを意味するのではないかと思われる。

者という仕事の確立、地位の再構築に大きいインパクトを与えたと思われる。

　一方、このように戦後出版の高度成長期に書籍出版とその編集者が一つの独立した分野と職業として自立していったものの、編集者が職業として成立していく過程は、戦後の資本主義的企業としての出版社という組織に雇われ、編入されていく過程でもある。戦後の高度成長期に定着されたマスプロ・マスセールの体制のなかで量産されたのは書籍や雑誌ばかりではなく、前掲表3-1の主要出版社の社員規模の変遷推移（1946年〜1976年）からみられるように編集者自身でもある。資本主義社会における出版企業は企業としての経済性と公衆に必要とされる情報、知識を提供するなどという社会的・文化的価値を同時に満足させていかなければならないが、その二つの目標がバランスを維持することはそれほど簡単なことではない。

　しかも高度成長の過程で築かれたマスプロ・マスセールの体制は企業間の競争を高め、編集者に経済性と文化性のバランスを考えさせない桎梏を生み出し、また企業運営の合理化志向は編集者の仕事を断片化、部分化させることによって結果的に労働疎外とも言えるべき環境を醸し出しがちである。

　橋本進は戦後、日本の出版業界におけるマスプロ・マスセールを支えたのは、書籍部門では、新書、文庫、全集、百科事典の形態で繰り広げられたブームであり、雑誌部門では、特に週刊雑誌であったとし、それらの大量生産の進展は「一面では、国民の読書量の増大」を意味するが、一方では「独占資本主義体制の下では、大量生産の方向は支配層や巨大マスコミによって平均化された「国民の関心」をとらえようとして内容の画一化、低俗化（現実追随）の傾向を伴いがち」であり、そうした「大量生産への衝動と競争、出版各資本の合理化の進展」が結果的に編集者にもたらしたのは「週刊誌でも、百科事典でも、作業の細分化と編集者の部分労働者化」[65]であると厳しく批判した。

　引き続き橋本は1950年代から1960年代までの高度成長期を通過した編集者の現在を次のように表している。

　　　六〇年代前半の全集ブームの時期には、石ケンや家具製造とまったく同じ姿勢で本を作らされている状況だ、ということで「編集者＝石ケン労

＊65　橋本進「出版の構造・生産過程と労働者」高木教典ほか編『講座現代日本のマス・コミュニケーション』（青木書店、1973年）第4巻、127頁。

働者」や「家具製造労働者」論があらわれた。社会文化の発展という共同の目標で、「著述家を団結させ」「著述家を愛護し、辛抱づよく著述家を援助し」「執筆活動を組織」して、書き手と共同の作業を進めようという編集者は、ますます存在しにくくなる状況である。いってみれば、編集者はたんなる原稿依頼人、割付技術者となり、書き手との関係は、たんなる"取引関係"となり、編集活動における認識の発展過程などは問わない−という事態が進行しているのである。こうした事態にたいし、先にのべたように、その大半が企業労働者である日本の編集者のなかに、編集会議の充実や、人事の民主化、労働組合の強化の闘いをとおして、企画の決定過程の民主化をはかる努力の方向が生れてくる。しかしまた、いわゆるサラリーマン編集者に終始する方向にも根づよいものがある。編集者のなかにも育てられる「企業意識」は"おれの仕事"意識ともからんで、自己がその生産にたずさわる出版物の客観的な評価をしにくくさせる。他社あるいは他職場の出版物の批判はするが、自社あるいは自己のかかわる出版物に対する批判には拒絶反応を起こす、という傾向もみられる。恒常的な出版批判研究活動が困難な原因の一つである。また、経営者の設定する枠のなかにみずからの発想を限り、枠からはずれる企画は考えもつかない現象もある−その枠のなかでは、まことに自由なのであるが…*66。

　以上のように橋本の痛烈な批判は、資本主義体制に編入されていく出版企業のなかで編集者が一出版労働者として仕事の持つ文化的・社会的価値を失いつつ、企業の論理によって動かされ、「石ケン労働者」「家具製造労働者」化され、本来その編集の仕事が持つべき創造性が失われている、そして企業組織の枠を越えその仕事の持つ普遍的価値やその職業活動を通して実現すべき社会的役割など思いもつかない状態であるという、編集者意識、エディターシップの質的低下を指摘していると思われる。つまり本論文の論議からするとプロフェッショナルの職業意識が現代の多くのプロフェッションがそうであるように企業に従事する「雇われプロフェッション」という状況のなかで、その意識が企業という枠に制限されてしまうという問題を言い表していると思われる。

---

*66　前掲書、128頁〜129頁。

第3章　書籍出版編集者の誕生

　橋本進の批判を裏付ける実際の例として、1967（昭和42）年７月に「出版労協」（のち「出版労連」と改称）で、講師２名、友誼13団体16名、出版労協26単組３分会77名と総計97名が参加して開催された『第３回出版研究集会』では、「企画は社長と一部の先生の間で決められ、オレたちはただそれを本にするだけ」「売れるか、売れないかが仕事の価値を決める」「編集者としての情熱がだんだんなくなる」「マスプロ・マスセールの中で、良い本を売りたくても、何が良い本か読むひまもない」「オレは返品ジャーナリストだ」などといった編集者の職業活動の状況が報告され、論議されたのが報告されている＊67。

　橋本は日本の編集者が直面している以上のような状況を打破するためには、「企業のなかの自己のセクションに閉じこもったり、あるいは企業を通してしかものごとをとらえないような、いわば“タコ壺のなかのタコ”になり終わることではなく、何らかのかたちで、進歩を求める“社会的連帯”のなかに、みずからの身をおくこと」が必要であるとし、さらに「社会進歩に結びつく仕事を実現していける“職業的力量”や、そのための保証を確保（不安定な地位の克服、企画決定過程の民主化、部分労働者化への抵抗等）していくこと」が必要であるとし、そのために「民主的職能団体」「マスコミ関係の労働組合」を通してこれらの要求や活動を推進していくべきであると結論付けている＊68。

　ここで橋本の提案した「民主的職能団体」「マスコミ関係の労働組合」としての取り組みは、1953（昭和28）年４月に講談社、岩波書店、主婦之友社、三省堂、東洋経済、中央公論、小学館の７つの出版社の労働組合によって結成された７社懇談会、すなわち「出版労懇」（のちに「出版労協」、「出版労連」へ組織・名称改変）の活動を想定していたと思われる。確かに「出版労連」の活動は資本主義企業化の過程で出版業従事者同士の親睦的団結や経済的権益の保証、出版文化の質向上を目指しており、出版文化を担う主体として出版従事者のあり方を絶えず追究する活動を展開し、日本の出版従事者の職業的成長に大きく寄与したには違いない。しかし、後述することになるが、編集者を労働者として規定することに、編集者のエディターシップの形成と職業活動の質の向上、文化的・社会的価値の実現において、編集者のなかでどれだけのコンセンサスを得ることができるかという問題に応えていかなければならないと思われる。

＊67　『出版労協』No.278（1967年８月１日付）、１面〜３面。
＊68　前掲書、132頁〜133頁。

第3節 高度成長期の編集者

第1項 国勢調査からみる編集者という職業

　1970年代に入り、日本経済の高度成長とともに急速に成長した出版業は産業化のテンポを速めた。そのなかで全体的に見ると書籍分野より雑誌分野の成長が著しく、**図3-5**に見られるように1970年代半ばから1980年代にかけて雑誌の売上が書籍を上回るようになり、日本の出版業界は雑誌優位の構造へと変化していった。広告媒体としての価値を開拓した雑誌の細分化・多様化が進むなか1980年代の半ばに入ると"雑高書低"という言葉が出版業界の流行語とな

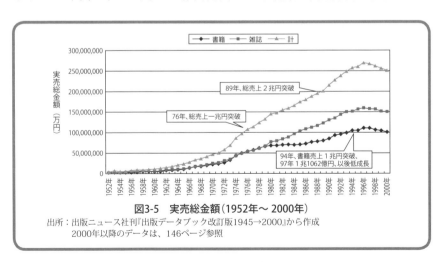

図3-5　実売総金額（1952年〜2000年）
出所：出版ニュース社刊『出版データブック改訂版1945→2000』から作成
　　　2000年以降のデータは、146ページ参照

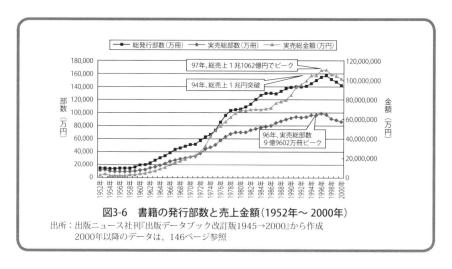

図3-6　書籍の発行部数と売上金額（1952年〜2000年）
出所：出版ニュース社刊『出版データブック改訂版1945→2000』から作成
2000年以降のデータは、146ページ参照

るほどになり、書籍の不振をなんとか雑誌で埋め合わせようとする雑誌依存傾向が高まっていった。

　書籍分野においては、図3-6の書籍の発行部数と売上金額（1952年〜2000年）でみられるように戦後一途に成長しているが、実売総金額からすると1994年に1兆円を超え1997年1兆1062億円でピークに達してから低下傾向を見せている。そして実売総部数においても1996年9億9602万冊をピークにその後からは減少している。

　図から見られるように、1970年代の10年間は実売総金額や実売総部数が急成長を遂げていたが、1980年代に入るとあまり伸びず、1990年代半ばから低迷していることが分かる。このように1990年代半ばから書籍市場が落ち込み傾向にあることの原因については日本経済の景気後退、1980年代末から90年代前半まで猛烈に増えた新規書店からの返品、急速に台頭してきた新古書店との競合、パソコンや携帯電話の普及に伴う出版物購入金額の減少、不況を背景にした図書館利用者の急増などが挙げられている[69]。

　1990年代以後長引く出版不況のなか、書籍出版分野の不況打破策は新刊点数を増やして売上金額を計上し、その返品が来る前にまた新刊を出版するという自転車操業的な手段を取るようになった[70]。

[69]　中町英樹「出版社」出版教育研究所編『出版界はどうなるのか』（日本エディタースクール出版部、2002年）、31頁〜32頁。

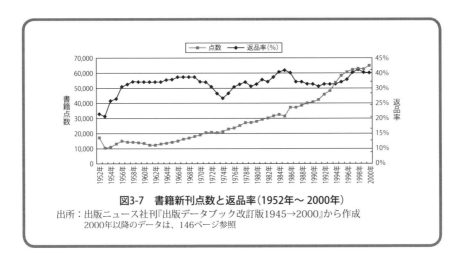

図3-7　書籍新刊点数と返品率（1952年～2000年）
出所：出版ニュース社刊『出版データブック改訂版1945→2000』から作成
2000年以降のデータは、146ページ参照

　図3-7は、書籍の新刊点数とその返品率をグラフにしたものである。
　まず新刊点数の推移をみると、戦後1万点台だった点数が1971年になって2万158点と2万点を超えたが、その10年後の1981年には3万34点、そしてまたおよそ10年後である1990年には4万576点と増加し、1970年から1990年にかけて20年の間には10年にかけて1万点近く増加していた。しかし、その後の推移をみると、4年後の1994年にはすでに5万3890点となっており、また2年後の1996年には6万462点であり僅か2年足らずで6万点台に突入していた。ちなみに2001年の新刊点数は7万1073点となっており、書籍部門の新刊点数の伸びは加速する傾向を見せている。このような新刊点数の増加が新刊書籍の書店における展示期間を縮め返品率を高めていると言われている。ただし**図3-8**から見る限り、新刊点数の増加と返品率の増加が必ずしも正比例しているわけではないと言える。長く売れる書籍が少なくなり、自転車操業的な出版で今日の混乱を乗り越えようとする出版社に対しては、読者分析をし、そのニーズに応える企画を立案して流通機構を改善する前に出版の持つ文化的価値から許されている再販制度や委託販売に安住しマーケット・メカニズムが機能していないという手厳しい批判もなされている[*71]。
　出版産業の成長が厳しい局面に入った2002年3月現在、日本にある出版社

---

*70　前掲書、32頁。
*71　前掲書、32頁。

総数は4424社であり、創業年別出版社数をみると78.2%が戦後出発した出版社である（創業年不明の539社を除く）。つまり日本の出版業を担い日本の出版産業を性格付けている出版社の8割近い出版社が戦後の出版社である。

　日本の出版社は全出版社のなかで中小規模あるいは零細規模の出版社が占める割合が圧倒的に多く、出版企業間における企業格差と寡占化現象が目立っている。『情報メディア白書2003年版』の分析によると、2001年の全出版社4424社のなかで上位5社の売上が全体の4分の1弱を占め、同じく上位50社が過半数を占めているという。そして2001年出版関連各社の申告所得の上位10位をみると、通信教育教材を扱っているベネッセコーポレーションがトップ、次いでリクルート、集英社、新日本法規出版、小学館、日経BP社、中央出版、新萌社、講談社と順となっているが、このなかでもとりわけベネッセコーポレーション、リクルート、日経BP社などの出版社は本や書籍を中心とする従来型の純粋な出版社ではなく、事業の一環として出版物を取り扱う大手企業である[72]。それでは、このような変化し続ける出版業に従事している編集者の変化を見てみることにしよう。

　日本では1920（大正9）年に初めて実施され、以来5年（簡易調査）と10年（大規模調査）ごとに行われる国勢調査（census）の調査項目に「職業分類」[73]の事項が含まれている。国勢調査は日本で最も規模の大きい調査であり、ここで使われた職業分類の基準は日本において最も普遍的に考えられている概念、通念の反映であるという認識から、国勢調査の職業分類上日本の編集者がどのように分類されているのかを年代を辿って探ってみた。

＊72　電通総研編『情報メディア白書2003』（ダイヤモンド社、2003年）、25頁。

＊73　日本の国勢調査における職業分類は1906年の日本帝国死因統計用職業分類に始まったが、1920年第1回国勢調査から職業分類が使用された。しかし当時は職業と産業との概念の区別が明確ではなかったため、当時の職業分類は実は産業分類に近いものであった。1923年には産業と職業を区別する必要性が国際的に認められ、1930年の国勢調査でははじめて職業分類と産業分類が区別され、その後1940年、1947年と国勢調査のつど職業分類が作成されてきた。これらの職業分類についてはこのように時代とともに精製されてきているが、1949年に国際標準職業分類（ISCO）が決定され、1950年の国勢調査にいたって、初めて純粋は職業分類と言えるものが作成された。戦後、国際的な比較可能性を考慮に入れ、1960年に「日本標準職業分類（JSCO）」が設定されるに至る。以後の国勢調査においても職業分類は改訂されているが、これらの改訂は産業・職業構造が絶えず変化する限り、余儀ないことであろう。『新社会学辞典』（有斐閣、1993年、453頁、755頁）、安田三郎・原純輔著『社会調査ハンドブック〔第3版〕』（有斐閣、1982年、95頁）参照。

第3節　高度成長期の編集者

　1920年に行われた第一回国勢調査の職業分類には大分類10項、中分類38項、小分類252項に職業の種類を分類しているが、大分類「七 公務、自由業」の中分類「三五 記者、著述者」、小分類「二三〇 新聞、雑誌、通信記者／二三一 著述者」となっており、「編集者」という職業は具体的に明記されていない。

　ようやく国勢調査の職業分類に「編集者」という名称が登場したのは1970（昭和45）年のことである。1970年の国勢調査の職業分類を大分類と中分類まで整理したのをみると、12項の大分類の「A 専門職・技術的職業従事者」のなかに、中分類として「(8)文芸者、記者、編集者」が含まれており、「記者」に並んで「編集者」が「専門職・技術的職業従事者」に分類されている（**表3-3**）。

　国勢調査の職業分類の基準となっている「日本標準職業分類」で職業を分類編成する際の原則は「①必要とされる知識や技能の程度、したがって、学歴、修得に要する訓練・経験の程度、資格、才能など、②生産または提供される物またはサービスの種類、③従事する環境または原材料・道具・設備の種類、④事業所またはその他の組織の中で果たす機能、⑤個々の職業に従事する人数の大きさ」[74]となっており、以上の5点を基準として分類体系が作られている。

表3-3　1970年（昭和45年）国勢調査の職業分類

大分類（12項）	中分類（52項）
A 専門的・技術的職業従事者	(1)科学研究者(2) 技術者 (3)医療保険技術者 (4)法務従事者 (5)公認会計士(6)教員(7)宗教者(8)文芸者、記者、編集者(9)美術家、デザイナー、写真師(10)音楽家、舞台芸術家、職業スポーツ家(11)その他の専門職業従事者
B 管理的職業従事者	(12)管理的職業従事者(13)会社・団体の役員(14)その他の管理的職業従事者
C 事務従事者	(15)一般事務従事者(16)外勤事務従事者(17)その他の事務従事者
D 販売従事者	(18)商品販売従事者 (19)販売類似職業従事者
E・F 農林・漁業作業者	(20)農林業作業者 (21)漁業作業者
G 採鉱・採石作業者	(22)採鉱・採石作業者
H 運輸・通信従事者	(23)鉄道・自動車運転従事者(24)船舶・航空機運送運転従事者(25)その他の運輸従事者 (26)通信従事者
I 技能工、生産工程作業者および単純労働者	(27)金属材料製造従事者 (28)金属加工作業者 (29)一般機械組立・修理作業者(30)電気機械器具組立・修理作業者(31)輸送機械組立・修理作業者 (32)精密機械器具組立・修理作業者 (33)製糸・紡織作業者 (34)織物製品製造作業者 (35)木・竹・草・つる製品製造作業者 (36)パルプ・紙・紙製品製造作業者 (37)印刷・製本作業者 (38)ゴム・プラスチック製品製造作業者 (39) かわ・かわ製品製造作業者 (40)窯業・土石製品製造作業者 (41)飲食料品製造作業者 (42)化学製品製造作業者 (43)建設作業者 (44)定置機関・建設機械運転作業者 (45)電気作業者(46)その他の技能工、生産工程作業者 (47)他に分類されない単純労働者
J 保安職業従事者	(48)保安サービス職業従事者
K サービス職業従事者	(49)家事サービス職業従事者 (50)個人サービス職業従事者(51)その他のサービス職業従事者
L 分類不能の職業	(52)分類不能の職業

*74　安田三郎・原純輔著、前掲書、95頁。

139

このような基準に基づき分類編成される大分類の項目の一つである「専門的・技術的職業従事者」とは「通例、大学・研究機関などにおける特殊の科学的・その他専門的訓練、またはこれと同等の背景を提供する実際的経験、あるいは芸術上の創造的才能を必要とする専門的・技術的な仕事に従事するもの」[75]をいう。

　日本で最も大規模・広範囲かつ基礎的調査であるこの国勢調査の職業分類の基準から見た場合、編集者が自立した専門的職業として「専門的教育・訓練」もしくはそれに相当する「実際的経験」あるいは「創造的才能」を必要とする「専門的職業」の一つとして公認されるようになるのは1970年以後ということになる。

第2項　青年出版労働者の職業意識

　このように編集者という職業が出版産業の高度成長に伴い専門的職業のひとつとして認められるようになったが、編集者は社会の認識をどのように受け止めており、実際彼らの職業活動は専門的職業として成り立っているのであろうか。

　『出版労連』では、出版業に従事している者の現状を調べるためのいくつかの調査を実施しているが、そのなかで若い出版労働者を対象とする調査に注目してみたい。この調査は出版業に従事している若年層を対象に彼らの意識調査を試みたもので、その主な内容は職業に対する意識と労働組合活動や社会に対する意識に関するものである。初めての調査は1971（昭和46）年に「青年意識調査アンケート」として実施された（以下「1971年調査」と称する）。

　当時の調査項目や調査の手続きに関する記録、そしてその結果に関する解釈についてあまり詳しく残されていないが、『出版労連』の機関紙に記載されている調査結果をみながら、注目に値する調査項目の結果をみることにしたい[76]。

　1971年調査の調査対象は「28歳以下の出版労働者」となっており、65単組2友誼組合1916名からの回答を得た。

　1971年の調査と同様、『出版労連』では1997年にもまた青年出版労働者を対象とする意識調査を実施した。初歩的で単純な設計で実施されたとみえる1971年の調査に比べて、1997年に行われた調査は賃金・仕事に関する意識と労働組合に対する意識の二つの内容をシステマティックに調査し、1995年に

---

*75　前掲書、95頁～97頁。
*76　『出版労協』第403号（1971年3月9日付）、2面。

実施された総理府の『国民生活白書』の「勤労意識に関する調査結果」と比較しつつ、専門分野の学者にコメント意を聞くなど、結果分析において細心の注意を払っている＊77（以下「1997年調査」と称する）。

　1997年に実施された調査の調査対象は、「35歳未満の出版労連組合員および友誼組合の組合員」となっており、回答総数は39単組・分会・班の435名であった（男性237名、女性182名／編集企画担当者258名、営業流通担当94名、総務経理担当27名、製作担当13名）。

　この1997年の調査と1971年の調査は当時の若い年齢層の出版労働者を対象としており、また編集者に限定されていない点、そして労連加盟組合あるいは友誼組合の組合員を対象にしているだけに書籍だけではなく雑誌出版社も含まれている点などから、これらのデータがすべての出版編集者の意識を代弁しているとは言い難いが、少なくとも1970年代と1990年代後半の出版労働者の職業意識を垣間見ることができる資料として価値あるものであると思われる。それでは、二つの調査の調査結果から職業意識に関するいくつかの項目を見てみよう。

　まず、1971年調査で「出版という仕事についてどう思うか」という問いがあったが、結果、合わせて80.9％が興味を持っていると応えており、出版という仕事について肯定的な認識をしている青年出版労働者の割合がかなり高いことが分かる（**表3-4**）。つまり1971年当時の青年出版労働者は出版という仕事にかなり積極的に取り組んでいたと推測することができる。

　職業に対するイメージを聞く1971年調査と同じ表現はしていないが、1997年調査には対象者が就職時に出版の仕事を第一希望としていたのかどうかを聞く質問項目がある。その結果を表したのが、次ページの**表3-5**である。

　この結果からとりわけ編集を担当している人は51.0％が出版の仕事を第一

表3-4　あなたは出版という仕事についてどう思うか（1971年調査から）	
大変興味がある	25.4％
興味があるが出版物の内容にもよる	55.5％
あまり興味がない	8.1％
何とも言えない	10.1％
無回答	6.8％

＊77　『1997年版青年白書　若い出版労働者は何を考えているのか』（出版労連、1997年）参照。

第3章　書籍出版編集者の誕生

表3-5　就職時に、あなたは出版社が第一希望の業種でしたか（1997年調査から）

	全体（435名）	編集（258名）	製作（13名）	営業（94名）	総務（27名）
出版社を第一に希望した	43.2%	51.0%	46.6%	31.5%	12.5%
マスコミに就職したかった	12.0%	14.2%	20.0%	12.0%	6.3%
マスコミ以外の業種を希望した	6.2%	5.5%	5.7%	8.7%	0%
特にこだわっていなかった	37.2%	28.9%	26.7%	45.7%	81.2%

＊　無回答／その他6名（1.4%）の詳細は省略。
　　編集と製作は一体化しており岩波書店のように編集と製作部門が明確に分かれている会社は少ない。

希望として考えていたと回答している辺りは、編集者が彼らの仕事に対し強い
こだわりを持っているとことを示唆していると思われる。

　また全体的にみると、「編集」や「製作」を担当している人のほうが「総務」や「営
業」を担当している人より強く自分の仕事にこだわっており、それは「編集」や
「製作」の仕事が「営業」や「総務」より専門性を志向する程度が高いのではないか
と推測される。

　このような推測を裏付けているデータとして1997年調査には「次のコースの
中で、あなたが、最も望ましいと思うものを一つあげて下さい」という項目が
ある。まずこの項目の回答結果を見ると、**表3-6**に表したように、「一つの企業
に長く勤め」あるいは「いくつかの企業を経験して」仕事の専門家になりたいと
いう人の回等が合わせて50.0%であり、とりわけ女性の場合は仕事の専門家を
志向する割合が男性の44.8%より高く58.9%もある。一方、行く々管理的仕
事に就きたいと思う割合は非常に少なく「一つの企業に長く勤め」あるいは「い
くつかの企業を経験して」を合わせて3.6%に過ぎない。

　ここでもう一つ1997年調査結果を引用してみよう。「あなたは自分の昇進に

表3-6　次のコースの中で、最も望ましいと思うものを一つ挙げてください（1997年調査から）

	全体（435名）	男性（236名）	女性（180名）
一つの企業に長く勤め、段々管理的な地位になっていくコース	3.4%	4.7%	1.7%
一つの企業に長く勤め、ある仕事の専門家になるコース＊	24.1%	22.6%	26.1%
いくつかの企業を経験して、段々管理的な地位になっていくコース	3.2%	4.3%	2.2%
いくつかの企業を経験して、仕事の専門家になるコース＊	26.4%	22.2%	32.8%
若い頃には雇われて働き、後に独立して仕事をする、或は家業・事業を引継ぐコース	15.4%	20.1%	10.0%
若い頃から独立して仕事をする、或は家業・事業を引継ぐコース	1.1%	1.3%	1.1%
その他	5.3%	3.4%	8.3%
分からない	19.8%	21.4%	17.8%

＊　各項目の割合は性別不明19名を除いて計算した男女の割合である。

142

第3節　高度成長期の編集者

表3-7　あなたは自分の昇進についてどのように考えていますか（1997年調査から）	全体(435名)	男性(236名)	女性(180名)
知識や技術・技能を生かして能力を発揮できれば、特に昇進にはこだわらない。	48.7	44.9	54.4
人並みの努力で昇進できればよい。	7.6	8.9	5.0
特に昇進したいと思わない。	27.4	29.7	25.5
一人一倍の努力をして昇進したい。	2.1	3.0	10.6
努力しても昇進は期待できない	4.4	4.7	4.4
その他	4.1	4.2	4.4
分からない	5.1	4.7	5.6

＊　各項目の割合は性別不明19名を除いて計算した男女の割合である。

ついてどのように考えていますか」という問いに関する回答結果がそれである。
表3-7にこの問いの結果を整理したが、結果を見ると、「知識や技術・技能を生
かして能力を発揮できれば、特に昇進にはこだわらない」という回答が断然多
いことが目に入る。この結果からするとむしろ昇進を望まない回答者のほうが
多いことが分かる。つまり彼らは職業人としての知識や技術・技能を重視する
能力主義的な考え方が強いことが伺える。そして職業社会における組織とプロ
フェッショナルの関係からすると、専門家が組織に雇われる組織専門家の傾向
が強い現代社会で、専門性の獲得が必ずしも社内における昇進とは一致しない
という構造を表しているように思われる。

　最後に1971年調査で青年出版労働者に対して「どんなときに生きがいを感じ
るか」を聞いた質問の結果をみよう（**表3-8**）。

　回答は複数選択が可能な設計となっており、その結果が男女別に整理して
あった。この1971年調査の結果をみると、当時の青年出版労働者たち（現在の
50代）は「趣味」や「家族」との時間を重要に思っており、「仕事」で生きがいを感
じる割合は男女ともそれほど高くはなかった。

表3-8　どんなときに生きがいを感じるか（1971年調査から）	全体	男性	女性
仕事をしているとき	21.5%	25.0%	17.9%
自分の趣味をやっているとき	88.7%	88.4%	89.0%
家族、友人といるとき	54.3%	50.7%	57.9%
組合活動をしているとき	13.6%	17.2%	10.0%
感じたことはない	27.3%	34.0%	20.5%
その他	30.1%	30.8%	29.3%
分からない	12.1%	10.9%	13.2%

第3章　書籍出版編集者の誕生

表3-9　普段の生活の中で生きがいや張り合いといえるものを持っていますか(1997年調査から)			
	全体(435名)	男性(236名)	女性(180名)
仕事に打ち込んでいるとき	9.0%	6.5%	13.8%
家族団らんのとき	7.6%	8.7%	6.3%
ゆっくりと休養しているとき	15.6%	15.6%	16.1%
趣味やスポーツに熱中しているとき	36.6%	41.1%	33.3%
友人や知人と会合、雑談しているとき	12.0%	12.1%	13.2%
勉強や教養等に身を入れているとき	7.4%	6.5%	8.6%
その他	7.4%	6.9%	8.6%
充実感を感じたことがない	1.4%	2.6%	0%
＊　各項目の割合は性別不明19名を除いて計算した男女の割合である。			

　この調査項目はその後1997年調査においても問われた。「あなたは普段の生活の中で、生きがいや張り合いと言えるようなものを持っていますか。持っているとすれば、それは仕事ですか。それとも仕事以外のことですか」という問いがあり、その選択肢は1971年の選択より少々増えていた。

　結果(表3-9)を見ると1971年と同様青年出版労働者たちは「趣味やスポーツに熱中しているとき」に最も充実感を感じており、「仕事に打ち込んでいるとき」は全体で9.0%しかいなかった。上述した調査結果からすると若い出版労働者は彼らの職業において専門性の向上を重要に思っているが、仕事と私生活ははっきりと分けており、生きがいを感じるところは仕事より趣味生活や家族・友人などの人間関係から求めていると言える。

　前述したように国勢調査の職業分類を参照すると、編集者は1970年以後自立した専門的職業として「専門的教育・訓練」もしくはそれに相当する「実際的経験」あるいは「創造的才能」を必要とする「専門的職業」のひとつとして公認されるようになったと言える。実際出版労連で1971年と1997年に実施した調査結果は、たとえこの調査が若い青年出版労働者を対象にした調査にせよ、現在の出版編集者の意識をある程度代弁していると考えた際、以上のいくつかの調査結果は注目すべきデーターを提供していると思われる。

　つまり若い青年出版労働者は出版の仕事のこだわりを持ってこの職業を選んだ人がかなりあり、その人たちは出版社内で昇進するなど組織内における地位向上を望むより業界で一人前の仕事の専門家として成長していくことを望む傾向が強かった。とりわけ1997年の調査は回答者のなかで編集者の占める割合が高く、編集・企画の担当者の専門性志向傾向は他の分野よりも高かった。つ

144

まり、編集者の意識のなかでも自らの職業の専門性を認め、専門性の向上を課題としている編集者が多いと言える。しかし生活意識、生き方に関する認識をみると仕事より趣味や人間関係を非常に重視している傾向を持っていた。専門的職業に就く人だけに限る問題ではないが一般的通念として、生き方において仕事を最優先していた職業観とは確実に異なる職業観が1970年代以後の出版労働者のなかで見られるということは確かであろう。

　一方、現実的な状況として現代のようにコンピューター化、デジタル化が進む急速な技術的革新の下、そして日々激しくなる競争や不況などで効率性を最優先する風潮が広がるなかで生産活動が自分の生産物から疎外される労働の疎外現象が書籍編集者の間でも起こっていることも事実である。問題はこのような出版労働者の職業観の変化、環境の変化のなかで、彼らの持つ専門性志向を生かし、彼らの望む知識や技術・技能の獲得、能力の向上というニーズと彼らの職業活動が持つ社会的価値意識の形成や向上などといったものをどのように発展・定着させていくのかということであろう。そのような意味においても、後に述べる出版関連団体の活動と役割や教育システムの問題は、編集者の専門性志向を有効に発展させるのに非常に重要な構造的環境である。

植田康夫氏の「編集の根幹―編集者の役割」

上智大学名誉教授の植田康夫氏（週刊読書人社長）は、「編集者論の発展」に触れて、次のように述べている。

日本では、出版における編集者の存在を「黒衣」（くろこ）という言葉で表現することがある。「黒衣」とは、『大辞林』という辞書によれば、「操り芝居の人形遣いや歌舞伎の後見が着る黒い衣服と頭巾（ずきん）。また、それを着る人」のことである。

つまり、人形芝居で人形を操る人が黒い衣服を着ており、歌舞伎芝居において舞台の上で役者が衣装を着替えるのを手伝う後見と呼ばれる人も黒い衣服を着ているために、「黒衣」と呼ばれたのである。

「黒衣」は、人形を動かしたり、役者を手助けし、自分はけっして主役となることはない。そんな「黒衣」のような役割を果たす人間が編集者であると考えられ、「黒衣」と呼ばれたのである。なぜなら、編集者は、著者に原稿を依頼して書いてもらい、その原稿を本にして刊行したり、雑誌に掲載したりするが、編集者は歌舞伎の黒衣と同じように、著者という役者を陰で助け、主人公となることはないからだ。

そのため、編集者の仕事は眼に見えにくく、その仕事がどのようなものであるかが論じられることはあまりなかった。しかし、1960年代になって、編集者たちが自分たちの仕事を理論化するという動きが見られるようになった。その一つは、1964年に現代ジャーナリズム研究所によって『現代ジャーナリズム』という雑誌が創刊され、その誌上で編集者論が展開されたことである。この雑誌の発行母体となった現代ジャーナリズム研究所は、民間のジャーナリズム研究所として63年に設立されたが、この研究所は、のちに編集者の養成学校である日本エディタースクールとなる。

出所：『新装版　現代の出版』（出版メディアパル、12ページ。2008年）より引用

補足資料　2000年～2014年度の出版産業状況

	新刊点数 [点]	書籍実売金額 [億円]	書籍返品率 [%]	雑誌実売金額 [億円]	雑誌返品率 [%]	総実売金額 [億円]	対前年比 [%]
2000	65,065	10,152	39.2	14,972	29.1	25,124	-1.7
2001	71,073	10,031	39.2	14,412	30.3	24,444	-2.7
2002	74,259	11,230	37.9	14,246	30.0	24,369	-0.3
2003	75,530	9,664	38.9	13,515	32.7	23,179	-4.9
2004	77,031	10,236	37.3	13,245	32.6	23,481	+1.3
2005	80,580	9,879	39.5	13,041	33.9	22,920	-2.4
2006	80,618	10,094	38.5	12,533	34.5	22,627	-1.3
2007	80,595	9,746	40.3	12,236	35.3	21,983	-2.8
2008	79,917	9,541	40.9	11,731	36.3	21,272	-3.2
2009	80,776	9,137	41.1	11,271	36.1	20,409	-4.1
2010	78,354	8,830	39.6	10,919	35.4	19,750	-3.2
2011	78,902	8,801	38.1	10,217	36.0	19,018	-3.7
2012	82,204	8,614	38.2	9,717	37.5	18,332	-3.6
2013	82,589	8,430	37.7	9,280	38.7	17,711	-3.4
2014	80,954	8,088	38.1	8,802	39.9	16,891	-4.6

出所：出版ニュース社『各年度出版年鑑』から作成。『出版ニュース』2015年6月下旬号。

第4章

出版関連団体が果たした役割

本章の内容

　一般的にある職業がプロフェッションとしての確立していく過程にお
いて、資格の設定や倫理綱領の確立、プロフェッショナル・アソシエーショ
ンの設立、技術と知識の教育、訓練システムの確立等々は、専門的職業
化をはかる重要な尺度として論じられてきた。

　とりわけプロフェッションの地位向上、職業メンバーの自律性の確保、
プロフェッションのための教育と訓練の提供、職業メンバーのプロフェッ
ションとしてのアイデンティティ確立という機能を持つプロフェッショ
ナル・アソシエーションの確立は、ある職業の専門的職業化を検証する
際に重要な要件である。

　日本の出版業界において厳密に編集者のプロフェッショナル・アソシ
エーションにあたる組織は存在しないが、その機能の一定部分を果たし
ている組織は存在している。

　第4章では日本に出版業が成立してからどのような出版関連団体が存
在し、どのような役割を果たしてきたかを歴史的に捉えた上で、とりわ
け日本書籍出版協会と日本出版労働組合連合会を中心にその成立と活動
をみることにする。

第4章　出版関連団体が果たした役割

第1節

プロフェッショナル・アソシエーションと出版関連諸団体

第1項　プロフェッショナル・アソシエーションの性格と機能

Wilenskyは一定の職業がプロフェッションとして確立されるに至る典型的なプロセスを5つの発展ステップで提示したが、そのなかでもとりわけ地方的あるいは全国的規模の「プロフェッショナル・アソシエーション(professional associations)の設立」は、実際にプロフェッションとして承認を受けているほとんどの職業に共通に見られ、専門的職業化の達成において非常に重要な役割を果たしていると考えられる。

専門的職業化の過程において、一定の職業がプロフェッションとしての社会的承認を得るためには、その従事者である各個人がなんらかの共同目的の促進を意図してプロフェッショナル・アソシエーションを結集し、それによって初めて自らの職業をプロフェッションであると主張することができる。そしてプロフェッショナルはプロフェッショナル・アソシエーションの活動を介してその職業活動領域における独占的・技術的能力について社会的承認を得、その職業活動のサービス観念に関する公衆の信頼を得なければならない。

したがって、プロフェッションとして確立された諸職業の発展経過のうちに、プロフェッショナル・アソシエーションの形成とその機能の重要性を認識しなければならない。とりわけ本論文の対象である書籍出版編集者の専門的職業化過程を把握する上でも、その職業におけるプロフェッショナル・アソシエーションの結成とその発展経過を軸としながらそれに関連する諸事項を検討すること

は非常に有意義な考察になりうると思われる。

　プロフェッショナル・アソシエーションの目的および機能は、職業の発展やそれが置かれている環境の変化とともに多様化するものと考えられるが、一般的なプロフェッショナル・アソシエーションの基本的特徴を石村善助は次のように整理している[*1]。

　　　第一、単なる同業組合的、親睦会的なものではなく、プロフェッション性の獲得のための－プロフェッションとしての社会的承認を獲得するための－政治的団体であること。
　　　第二、プロフェッションとしての技能の教育、訓練、維持、向上のための基本的な責任を負う団体であること。
　　　第三、メンバー（個々のプロフェッション人）の行動を規制し、ときにはその非行に対して懲戒を加える、いわゆる自己規制の団体であること。

　18世紀半ばごろイギリスで職業アソシエーションが結成された直接的な動機は、同じ職業に携わっている人々が、彼らが抱えている共通の問題を話し合い、社交的かつ親睦的関わりを持ちたいという願望から始まったと言われている。しかしこのような関わりはその後、単なる懇親を図るだけではなく、職業活動のうえで直面する共通の問題について討議・研究を促進するまでその活動が深まっていき、そのような活動はアソシエーションの重要な目的として定着するようになった。

　また伝統的プロフェッションにおいてプロフェッショナル・アソシエーションへの加入は特定の職業活動の遂行に必要な一定の能力を保持しているという証明を得た人のみに限定されており、それはつまりその人がプロフェッショナルであるという資格証明へ繋がることであった。そのようなタイトルを得ることでプロフェッショナルは一般の人々とは区別される知識と能力を持つことが証明でき、職業活動を行うことができた。したがってプロフェッショナル・アソシエーションにとってプロフェッショナルたる者への資格付与は重要権限であると同時に重要な機能の一つでもある。

[*1]　石村善助『現代のプロフェッション』（至誠堂、1969年）、35頁。

しかし、プロフェッショナル・アソシエーションのこのような権限と機能が実際に社会的承認を得て有効に作動するためには、当然ながらプロフェッションの職業活動を担うプロフェッショナル個々人の能力の水準を高め、それを証明できる方法を改善しなければならない。

そこでプロフェッショナル・アソシエーションの重要な役割・機能として教育訓練機能が浮かび上がることとなり、また先に述べたアソシエーションの研究機能との繋がりが見えてくる。ただし、ここで教育訓練の目的はただ職業メンバーに資格を付与するための－職業入門のための－ものではなく、職業に就いてからも継続されることによって、プロフェッショナル個々人の専門的能力と技能を練磨、向上させるためのものであるべきだと理解しなければならない。またプロフェッションに施される教育の目標はただ専門的・技術的知識と能力を身に付けることだけではなく、当該職業のサブカルチャー、すなわちその職業特有の行動様式や価値基準を習得させるよう努めなければならない。こういった機能を果たすことによって、プロフェッションとしての職業活動とそれに対する社会的期待や信頼に答え、プロフェッションとしての社会的承認を確実なものにしていくことができる。

次に、先に述べたように伝統的プロフェッショナル・アソシエーションの主要機能の一つに資格証明を挙げることができるが、アソシエーションによる資格証明といった場合、ある個人がプロフェッショナルとして職業活動をこなすことができる十分な知識と能力を持っているということをどのように証明できるのかが問題になってくる。初期のアソシエーションでは能力の証明とは経験と業績を示すことを意味したと言われているが、そのような資格証明は客観性に欠けており、アソシエーションの恣意的判断や排他性が問題になる[2]。

そこで個々のプロフェッショナルの資格証明の客観的判断のために、アソシエーションは一定の訓練コースと試験制度を発展させてきた。アソシエーションは訓練コースや試験制度をクリアした人に職業活動を行うことができる資格証明を与え、その代わりにその職業の従事者たる者に対して高い水準の職業活動を実践することを要求することができる。こういったシステムの定着とアソシエーションと職業従事者の相互協調によって、クライアントに高い質のサー

---

[2]　前掲書、61頁。

ビスを提供しているという公衆の信頼を得ることができるようになる。しかし、このようなアソシエーションによる資格証明制度は、アソシエーションとその職業の従事者がうまく調和されない場合、独占的権限をアソシエーションに与えることによって、むしろその職業活動が制限される恐れを内包している。

アソシエーションとは本来その職業メンバーたちの主体的・自発的要求によって結成されるものであり、その活動はアソシエーション・メンバーの協議によって行われることを前提としているが、そのような前提が崩れた場合、アソシエーションの実態がプロフェッショナルのメンバーにとって形式的・強制的機構として運営されるケースも十分あり得る。

とりわけジャーナリストや編集者の場合、自由な表現活動を通して公衆の知る権利に応えることをその職業の第一の任務としており、こういった性格のパブリック・サービスの役割を果たすべきジャーナリストや編集者に資格証明制度を適用することは、彼らの表現活動を制限しかねないという指摘がしばしば提起されており、不適切な制度として排除されるのが通常である。

プロフェッショナル・アソシエーションの第3の機能は、プロフェッショナルの集団的自己規制の機能である。プロフェッショナルは自発的に結成したアソシエーションを通してその職業活動の質の向上と公衆の承認を得るために、職業活動にふさわしくない者、つまり無資格者と職業行為において非行や逸脱を行った者を排除し、クライアントを保護し、彼らのサービス観念を強めるルール作りを行う。このような職業規範はフォーマルな倫理綱領の作成や懲戒制度として具体化され、定着する。

そして最後にもう一つ挙げておきたいプロフェッショナル・アソシエーションの機能は「物質的利益の保護と公共的活動」[*3]である。Carr-Saunders & Wilsonが指摘したこの機能について、長尾周也は次のように説明している。

　　「物質的利益の保護」とは「報酬それ自体を追求する営利的関心を意味するものではな」く、「ステイタスと報酬との結びつきが緊密」な近代社会において、「当該職業およびその従事者のステイタスの向上と、プロフェッション、プロフェッショナルとしての社会的承認を確保するこ

[*3] A. M.Carr-Saunders and P. A.Wilson, *The Professions*, Clarendon Press Oxford, p.303.

と」を根本的関心および課題としているプロフェッショナル・アソシエーションがその目標を成就するための「手段として」考えるべきである。そして「公共的活動」とは、「特別な知識的経験の保有者である」プロフェッショナルが、公共団体や民間団体あるいは公共政策上の問題等々で彼らの専門領域に関する知識と経験の提供が要求された場合、自分の高度の知識とかかる問題に対する見解を「アソシエーションを通じて」積極的に行う「援助とアドバイス活動」のことである*4。

　このような活動を通してその職業と職業活動の従事者が公衆の信頼を高められるということは容易に想像される。
　以上のようにプロフェッショナル・アソシエーションの性格と機能を研究機能、再教育や社会化機能を含む教育訓練機能、資格証明機能、自己規制機能、物理的利益保護機能や公共的活動機能などに整理してみたが、これからは本格的に日本の書籍出版編集者と関連する日本出版界の諸団体を対象にこれらのアソシエーションの本来の性格と機能を照らし合わせながら、日本出版界の諸団体の結成過程と目標、主要活動を検討することで、日本の出版編集者の専門的職業化過程を把握する一つの手掛りにしたいと思う。

第2項　江戸、明治、大正期の出版関連団体

　前述したプロフェッショナル・アソシエーションの性格と機能を基準に日本出版界の関連団体・協会を眺望した場合、そのような性格や機能が充実している組織はまず存在しないと言えるであろう。しかし、現代日本には多くの出版関連諸団体が設立されており、各団体、協会はそれぞれがプロフェッショナル・アソシエーションの機能を部分的に担っていると言える。ここで現在の日本の出版界に設けられている各団体とその主要活動を検討するまえに、現在のような団体状況を作り上げた出版関係団体の時代的変遷をみることで、日本の出版界におけるプロフェッショナル・アソシエーションの問題を考察することにしたい。まず、江戸時代から昭和30年代まで出版業界に存在した出版関連団体の変遷を見ることにしよう。

*4　長尾周也『プロフェッショナルと組織』（大阪府立大学経済学部、1989年）、21頁〜22頁。

第1節　プロフェッショナル・アソシエーションと出版関連諸団体　■

　日本において出版業が商工行為として成立したのは江戸時代の寛永期である
ということは前述したとおりであるが、この時期書物を販売する書肆が発生し、
このような出版業の成立は自ずと同業団体の成立を促すことになる。

　江戸時代に出版業が成立して以来、日本において初めて出来た出版団体は大
阪、京都、江戸の三都の「書林組合」または「本屋仲間」である。公認の「本屋仲
間」が最初に結成されたのは京であり、1694（元禄7）年のことといわれている。
続いて江戸で、「書物屋仲間」が1721（享保6）年に公認された。京や大阪では
「本屋仲間」といったものを、江戸では「書物屋仲間」、または「書物問屋仲間」と
称していた[*5]。

　江戸時代の本屋が仲間という一種の同業組合を作り上げたのは、直接には、
仲間うちで重版や類版のような違犯行為を監視しようという意図が働いていた
が、併せて仲間の特権を仲間外と区別して確保しようという積極的な目的を
持っていたという。一旦「本屋仲間」に加入を認められると、未加入者との取引
は一切禁じられたが、この規定は一見仲間の自由を拘束するように見えるが、
実際はこの規定を定めることによって「本屋仲間」の独占営業を保証し、未加入
者の商売を圧迫したのである[*6]。

　「本屋仲間」は極めて排他的な組合組織であり、自分達の既成営業権を守るた
めに結社的性格を強化する一方、徳川幕府の「出版取締り制度」と結んで、仲
間内に"行事"という役を設けて事前に草稿を検閲する「吟味制度」を町奉行に代
わって自ら実施する自主規制の機関となった。

　江戸時代には、地本という言葉があったが、地本とはもっぱら草双紙その他
の戯作類、つまり上方の草紙屋が取り扱う種類の本で、江戸で作られたもので
ある。主に堅い内容の本を取り扱った「本屋仲間」と異なり、地本を出版する地
本問屋は、寛政のころ「本屋仲間」と対抗して「地本草紙仲間」を作った[*7]。

　江戸時代にあった出版関係の組合組織は上述した「本屋仲間」や「地本問屋仲
間」のほかにも暦を扱う「暦問屋仲間」、錦絵を出版した「錦絵本問屋仲間」、板
木の彫刻に携わった「板木屋仲間」などが存在していた[*8]。

＊5　諏訪春雄、前掲書、63頁。
＊6　前掲書、66頁〜68頁。
＊7　諏訪春雄、前掲書、74頁〜79頁。
＊8　前掲書、79頁。

153

■ 第4章　出版関連団体が果たした役割

　明治時代になると1872（明治5）年4月に「東京書林組合」が組織され、それ
まであった「地本問屋仲間」のなかにもこれに加入するものが多かった。そして
1881（明治14）年政府は産業の助長に意を用い、同業組合の創立を奨励し、「4
分の3以上の同業者が団結すれば、残部は府から加入を勧誘する」ということ
で、東京府は組合の設立を促すことになるが、この機運に乗り、1887（明治
20）年11月には書籍業者の団結を図る「東京書籍出版営業者組合」が創立された
が、（組合員は131名、頭取は原亮三郎（金港堂））のち1902（明治35）年に名称
を「東京書籍商組合」に改称することになる*9。

　「東京書籍商組合」は出版、取次、小売の三者によって構成されていたが、時
代とともにその業態が鮮明になり、利害が相反するような事態が生じてきた。
当時の事情を『東京出版協会二十五年史』には「例えばある事柄について出版側
の主張と販売側の主張が相容れずして多数決で事を処理するような場合には
出版側は少数であるために、不利な立場におかれるようなことのあったのは
事実である。それに出版業者には、出版業だけの特殊の研究事項がある」*10
と説明している。そこで出版専業者の組織の必要性が提起されるようになり、
1914（大正3）年10月に「東京図書出版協会」が創立された。

　「東京図書出版協会」の目的は「図書出版業者協同一致シ斯業ノ改良発達ヲ図
ル」ということであった*11。当初の会員は48名、監事7名を選出、会長に大
橋新太郎が選ばれた。規約に図書の定価販売を定め、出版法制に対する意見具
申、販売および取引制度の改善、『図書分類目録』の発行、新聞による連合広告
の創始その他の活動が挙げられる。1918（大正7）年3月、名称を「東京出版
協会」に改めた*12。

　大正期は出版物の販売制度その他が改革されると共に、雑誌が飛躍的に発展
した時代である。また、出版の業態である出版、取次、小売の分業化が一段と
進み、それに応じて業界団体が次々と組織された。上述した「東京出版協会」以
外に雑誌分野と関連しては1914（大正3）年3月に設立された「東京雑誌組合」

---

*9　石川静夫、前掲書、204頁〜206頁。
*10　『東京出版協会二十五年史』（東京出版協会、1939年）、矢作勝美『有斐閣百年史』（有
　　斐閣、1980年）、208頁から再引用。
*11　前掲書、208頁。
*12　前掲書、208頁〜209頁。

第1節　プロフェッショナル・アソシエーションと出版関連諸団体

がある。これは雑誌発行者および雑誌卸売業者(取次)によって組織されたもの
で、主たる目的は雑誌の乱売防止にあった*13。

　当時雑誌の定価は単に定価という文字に止まり、至る所で乱売が行われてい
た。この弊害を除かなければ業界の発展はないとし、大取次の東京堂、東海堂、
北陸館、文林堂、至誠堂、良明堂等の7店、そして版元では実業之日本社、博
文館、東京社、時事新報社、中央公論社、婦人之友社、大日本印刷、同文館等
の11社、総計18社が創立委員となって「東京雑誌組合」を創立した。「東京雑誌
組合」は創立の翌年、雑誌一覧表を一万部作り、全国の販売店に配布する活動
を展開した。1922（大正11）年「東京雑誌協会」に改称する。その後、印刷業
者との料金値下げ交渉、大震災には発行所と元取次の仲に立ち、支払いその他
の交渉条件を円満に解決するなど活発に活動し、24（大正13）年、活動地域を
拡大し名称も「日本雑誌協会」と改め、昭和時代まで持続的に活躍するが、40（昭
和15）年、用紙統制等のため、8月15日解散してしまう。

　定価販売は雑誌や書籍出版共々出版界における長年の懸案であり、雑誌の定
価販売を実施するためにはまた小売店の協力が必要であった。「東京雑誌組合」
と並び取次業者と小売業者によって「東京雑誌販売業組合」が1914（大正3）年
に設立されており、組合規約として雑誌の定価販売を定めており、これに違反
した場合は違約金、取引停止などの制裁を受けることとなっていた。書籍にお
いても、「東京図書出版協会」の規約に定価販売がうたわれていたが、「東京書
籍商組合」は、新たに図書販売規定を設け、1919（大正8）年12月よりすべて
定価をもって販売することを決めた*14。

　このように大正期に出版の各分野に業界団体が組織され、業界共通の問題を
各々の団体を通して団結し解決していくことになったが、大正期の定価販売の
実施や返品自由制に見る取次制度の確立はその後の出版物の普及に一役を果た
すこととなった点で注目に値する。

　以上に述べてきた出版関係団体以外のその他の明治、大正期の出版関連団体
については、**表4-1**にまとめた。

---

*13　前掲書、209頁。
*14　前掲書、209頁～210頁。

155

■ 第4章　出版関連団体が果たした役割

表4-1　明治・大正期の出版関連団体

団体名称	創立年月および概要
大阪書籍雑誌商組合 (大阪書籍商組合)	1897 (明治30)年、同業組合法の制定により従来の仲間組合を解散し、新たに書籍商のみの加入を募り、書籍卸売業者の新加入を勧誘して、純書林同業者50余名を以て、組合を組織し、「大阪書籍商組合」と称した。1920 (大正9)年、「大阪書籍商組合」と「大阪雑誌販売業組合」が合併して「大阪書籍雑誌商組合」を結成。
京都書籍商組合 (第一書籍商社)	1869 (明治2)年、政府は各職、商業につき、一職、一商毎に団結させることを決し、全国に商社が生れた。京都の「第一書籍商社」はそのひとつ。当時の組合員163名。1890 (明治23)年「京都書籍商組合」として発足、のちの「京都書籍雑誌商組合」
東京雑誌売捌 営業者組合	1892 (明治25)年創立、明治22年から23年頃より雑誌が増加し、小売店、絵草紙屋の店頭に陳列されるようになり、年とともに種類も増加し、売行も増加。しかし当時は割引販売の制限もなく、乱売の弊害が少なくなかったので、営業の有志が集まり「東京雑誌売捌営業者組合」を結成し、明治27年定価を協定し、これを堅守するよう監視員を設け、規約により違約者に違約金を徴収した。1898 (明治31)年解散
全国医書組合 (医書組合)	1893 (明治26)年4月に創立。東京で医書を発行していた英蘭堂、南江堂、金原商店、半田屋、叶鳳堂、朝香屋等が発起となって「医書組合」を結成。のち1934 (昭和9)年、地域を全国に拡張し「全国医書組合」と改称。1940 (昭和15)年新体制に順応し解散。
中等教科書協会	1903 (明治36)年創立。中等学校用教科書の発行者の組織。目的は中等教科書の改善と普及供給の方法を講じ、発達を図ること。1940年用紙の供給上経済統制のため解散。
元取次協会	協会という団体が組織されているわけではなく、便宜上の名称。日清戦後雑誌が台頭し、発行部数も増加したので小売店においても本格的に販路を拡張するようになり、その配給は図書の取次店の主なる店がそれを取り扱った。年々取次店の進展を統制すべき1910 (明治43)年東京堂、北隆館、東海堂、至誠堂、上田屋、良明堂、文林堂の7社間に取り次に関する協定を結ぶ。
大阪雑誌販売業組合	1914 (大正3)年創立。明治30年、大阪書籍商仲間の組織変更までは雑誌販売業者も含まれていたが、大阪書籍商組合の組織に際し、その他の業者は除外されたので、雑誌販売業者は統制力を失い、同業者間の競争が激化し、割引販売による乱売が盛んとなった。1914年、東京で同じ目的を持つ団体「東京雑誌販売業組合」が組織されることになったので、大阪でもこれに倣って1914年4月に雑誌商だけの組合を設立。
大阪図書出版業組合 (大阪出版組合)	1916 (大正5)年大阪書籍商組合と結合して出版業の中で出版業者が結合して創立。出版業のみではなく、小売業者や取次店も加入していた。最初の名称は「大阪図書出版協会」、のち「大阪図書出版業組合」に改称。
全国兵書組合	1918 (大正7)年5月創立。兵書の翻刻または販売を業とする者の組織。
全国書籍商聯合会	1919 (大正8)年創立。大正8年頃書籍業界は小売業者が競争の結果、割引販売が盛んだったため、東京書籍商組合は率先して定価販売を奨励し、全国各地もこれに倣った。聯合会は定価販売を全国的に励行することと、規約第9条によって非組合員との取引禁止を励行する役目を果たした。各組合は聯合会の規約に従って違反者を処分し、聯合会はその正否を調査し、取引停止または除名処分で規約の励行を計ることを主目的にした。
東京書籍卸業組合 (仲買商組合)	1920 (大正9)年1月、「仲買商組合」として創立。1929 (昭和4)年に「東京書籍卸業組合」として改称。東京都内の書籍仲立業者で組織され、組合員間の無謀な競争を避け、営業上の弊害を矯正する目的で創立された。
東京古書籍商組合	1920 (大正9)年1月創立。古書籍業者の組織
全集発行者協会	1928 (昭和3)年11月創立。全集発行業者の組織。大阪、京都等2府12県の取次業者の組織「昭和会」より原価値引きの交渉を受け、発行所が各共通の立場から共同一致の対策を講ずる必要があり19社で組織された。幹事に新潮社、講談社、改造社
東京図書卸売組合	1920 (大正9)年3月創立。発行者に対し割引歩引交渉、卸売歩合の申合せ、計算締切日を決定、運賃荷造費の申合せ等を目的に設立したが、活発な活動できず終。
中央雑誌会	1920 (大正9)年3月創立。大取次を除く雑誌発行業有志の団体。営業の改善につき意見を日本雑誌協会に提案するなどの活動。
懇和会	江戸時代に「地本錦絵業組合」と称し、寛政15年創立されたというが確かでない。1874(明治7)年に「東京地本彫画営業者組合」、1924 (大正13)年に「懇和会」と改める
東京製本同業組合	1900 (明治33)年6月創立。組合員80余名
東京紙商同業組合	岡田米吉等東京15区洋紙商組合を設立。組合員20名。のち「東京紙商同業組合」と改称。
工業書協会	1937 (昭和12)年4月設立。参加出版社は22社
中等教科書販売会	1938 (昭和13)年創立。東京書籍商組合にして中等教科書を販売する者の組織。
日本出版協会 (統制団体の同名協会とは関係なし)	1937 (昭和12)年6月創立。昭和の前期、大阪の出版社は日記、学習書、中教などの協会によって東京の出版社と結ばれて各自独特の統制を取り出したので、単なる市会を基礎とする一地方の業者の集まり化するおそれが生じた。大阪出版組合では東京出版協会と連携し、東京、大阪の集合体を作った。しかし、名称ほどの実績はなく、後に三者連合大市会を開催したが消滅する。

＊福田良太郎著『北隆館五十年を語る』(北隆館、1940年)、石川静夫編『出版販売小史』を参照し作成した。

第1節　プロフェッショナル・アソシエーションと出版関連諸団体

第3項　戦時中の出版関連団体

　1938（昭和13）年8月、戦争の情勢が厳しくなっていくなか、商工省は新聞雑誌用紙について消費統制を開始し、出版物の量的統制を始める。新聞雑誌の創刊や特配量の例外的許可等多少質的考慮を要する新規割当もあったが、当時の統制は基本的に量的統制であった。それが1939年8月、非公式的に設置された「新聞雑誌用紙協議会」を、そしてその後1940年5月に設置された「新聞雑誌用紙統制委員会」が新聞雑誌、書籍に関する用紙割当権を掌握することになり、戦争による言論統制は強化の一途をたどることになった。やがて12月19日には情報局の指導により社団法人「日本出版文化協会」[15]が設立され、1943（昭和18）年3月には「日本出版会」[16]が設立されることになるが、これらの団体は出版統制の中核団体として戦争政策を出版文化面で強行し、以前の量的統制から質的統制へと強化されていた。

　「日本出版文化協会」および「日本出版会」は、終戦までに推進された出版界の再編成体制である「出版新体制」に即応するために設立された出版界の一元的統制団体であり、出版統制の強権を握っていた団体である。主に用紙統制（用紙割当制度）や企業整備の施策などの活動を担当したが、具体的には書籍・雑誌の企画の事前審査を行い、国策に反した企画は改変または出版（発行）中止を勧奨し、査定による出版用紙の配給割当を実施した。企画を審査し用紙割当量を決定する査定会議には情報局、内務省、警視庁、文部省などの係官が出席した。1942年には出版用紙を全面的統制に移行させるとともに、すべての企画・発行を承認制にした。また「日本出版配給株式会社」を指導監督下に置き、販売面も併せて統轄した。1941年内務省、警視庁によるこれまでの雑誌統合改廃をさらに進展させ、たとえば婦人雑誌54誌は16誌に、教育雑誌154誌は29誌に、文芸同人雑誌97誌は8誌に整理統合を断行した。

　また、ナチスのジャーナリスト法（原文、1933年）をまねた「日本出版界企画編輯者規定」（1944年4月）によって、編集者は資格審査を受けることになり、登録されない編集者は仕事に就けなかった。当時適用された編集者の資格制は出版活動の担い手である編集者の自主的活動を保証し、質の向上を目指すため

---

*15　1941年第1回承認時の会員数は3017名、会長・鷹司信輔。
*16　会員1777名、理事長・久富達夫（情報局次長）。

に実施されたものではなく、戦時の自由な表現活動を制限・統制するためのものであったことは言うまでもない。

この「日本出版文化協会」と「日本出版会」の主導による企業整備の結果、日本には1944年7月までに3664社あった出版社が206社に、2017誌の雑誌が966誌にそれぞれ整理統合されるに至った。このような日本の出版界を嶋中雄作は「当時日本には出版文化協会－日本出版会－という一出版元が存在しただけで個々の出版会社はその出店に過ぎなかった」*17と表現している。

また戦時中、出版新体制の下、1941（昭和16）年12月に発足した編集者の団体があった。1940年に結成された「日本編輯者会」と、「東京編輯者協会」とが合流し、「日本編輯者協会」という名称で新たに創立したものである（幹事長・斉藤龍太郎）。まず、「日本編輯者会」は総合雑誌社を始め日本の有力雑誌社・編集者が中心となって組織され、会員は200名を数え、一方「東京編輯者協会」は親睦団体としての性格を持つものであったが、この合流によって編集者組織が一元化されることになった。戦時中に結成されたという時代的背景もあり、その主要な組織目的が「国防国家と日本文化の建設に積極的に協力することを意図し、会員相互の向上と協力を図ること」であり、「日本出版文化協会」と密接な関係をとりつつ、当時の軍部を主導勢力とする出版文化統制の強行に寄与した*18。この「日本編輯者協会」はまさしく日本初の編集者のアソシエーションたるものであったが、その目的や志向がプロフェッションとしての職業の向上や発展、自由な出版活動の展開に結びつかず、むしろ出版統制の道を歩んだことは非常に残念なことである。

終戦に伴い、戦時の統制団体「日本出版文化協会－日本出版会」は1945（昭和20）年9月30日に解散命令を受け、10月10日に解散式を行い、会の事務は「日本出版協会」が継承することになった。

第4項　戦後の主な出版関連団体

1945（昭和20）年8月15日終戦を迎えたとき、日本の出版界は完全に荒れ果てていたと言える。第二次大戦中の企業整備により敗戦時残っていた出版社

---

*17　嶋中雄作「日本出版協会論」『中央公論』1948年9月号、27頁。
*18　『出版事典』、前掲書、344頁～345頁。

第1節　プロフェッショナル・アソシエーションと出版関連諸団体　■

は約300社に過ぎず、思想、出版への弾圧、用紙不足などに苦しみながら再生の道を模索していた。

9月にGHQによる「言論及び新聞の自由に関する覚書」が出され、事前検閲を行うなど制限はあったが、10月にはそれまでの様々な規制、出版事業令やその施行規則は廃止され、戦時中の統制団体であった「日本出版会」は当然解散され、用紙配給権も政府の手に移され、10月10日に新しい自治的団体である社団法人「日本出版協会」[19]が設立された。

「日本出版協会」は「出版事業の健全な発達とその文化的使命の達成、会員相互の親睦を図ること」を目的に全出版界を包容する一元的団体として設立され、戦後の出版用紙割当の原案作成を担当した。

『日本書籍出版協会三十年史』は、当時の日本出版界を次のように描いている。

> 「まだ焼け跡が広がり、食糧もなく、生きるだけでも精一杯の混乱の時代だったが、今までのように企画、内容、部数まで制約されていたころに比べると、ヤミ用紙の苦労も自由に本が作ることができるという明るさにはかえがたかった」[20]。日本の出版界はこのようにして自由を取り戻していたのである。

しかし、戦後回復の時期に日本の出版界を混乱の渦巻きに陥れたのが、「戦争責任追及の問題」であった。1946（昭和21）年、出版界の戦争責任追及の問題が起こるや「民主主義出版同士会」を中心とする左翼系出版社中心の新興出版社の一部[21]が中心となり、“出版界粛正事件”が起きた。

出版界の戦争責任追及に関する論議は新聞などで大きく紹介され、1946年1月14日の新聞報道には“粛正基準”が発表された。その内容をみると、次のようになっている。

---

[19] 初年度会員社は1078社、次年度3370社。会長・鈴木文史朗（1890～1951）：リーダーズ・ダイジェスト日本支社長。東京外語英語科卒。朝日新聞社に入社、ヨーロッパ特派員、社会部、出版局長、常務取締役を歴任し戦後退社、45年日本出版協会の設立に際し初代会長に選任されたがただちに辞退。46年『リーダーズ・ダイジェスト』日本版の編集長に迎えられた。

[20] 『日本書籍出版協会三十年史』（日本書籍出版協会、1987年）、5頁～6頁。

[21] ナウカ社、人民社、彰考書院、伊藤書店、民主評論社、新日本文学会、世界評論社等。

159

一．　直接軍または官庁より、用紙の特配を受けたもの。

一．　軍国主義的・超国家主義的思想を鼓吹し、その宣伝普及に努めたもの。

一．　自由主義的立場を攻撃、または抑圧せんとしたもの。

一．　軍国主義的・国家主義的団体に迎合、あるいは、連絡のもとに出版し、
　　　あるいは庇護を受けたもの[*22]。

　このような粛正基準にあたる出版社として日本の大手出版社、講談社、主婦
之友社、旺文社、第一公論社、山海堂、家の光協会、日本社の7社が名指しさ
れた。この7社の既成有力社に対し、除名ならびに用紙の凍結が提議されるこ
とで、出版界内部の対立構図が生れることになる。

　1946年1月24日、日本出版協会臨時総会はこの出版界の内部分裂と対立の
場となり、その後、出版界粛正委員会が設けられ、さらに11社を追加して文
藝春秋社、新潮社、大日本青年団、日本週報社、養徳社、博文館、雄鶏社、工
業新聞社、秀文閣、日本報道社、誠文堂新光社も粛清対象として指弾を受け、
加盟3000社を数えた日本出版協会内部で亀裂は次第に大きくなった。

　戦争責任を追及された出版社のグループ20社が「日本出版協会」を脱退し、
1946（昭和21）年4月15日、新しい出版団体「日本自由出版協会」[*23]を結成
する。この「日本自由出版協会」には旺文社、主婦之友社、講談社、家の光協
会、博文館、共立出版、福村書店、目黒書店、雄山閣など21社が加盟しており、
当面の活動は「日本出版協会」と商工省によって行われている用紙割当機能を抜
本的に正し、「日本自由出版協会」にも平等の権利を認めさせることだった。

　「日本出版協会」のこのような内部分裂もあり、またその統制的やり方や用紙
問題に不満を持つ出版社がほかにも出始めた。嶋中雄作は1948年9月号の雑
誌『中央公論』に「日本出版協会論」[*24]を載せ、当時の「日本出版協会」のあり方
について鋭く批判している。嶋中は、新聞界では戦時中の統制団体だった「日
本新聞会」が終戦後に解散され新たな全国各新聞社の自治機関として社団法人
「日本新聞聯盟」を結成したのに対し、出版界では「日本出版会」の解散後、登場
した「日本出版協会」が依然として「出版用紙割当権を掌握し、出版用紙の一手

＊22　荘司徳太郎『私家版・日配史』（出版ニュース社、1995年）、178頁。

＊23　1946（昭和21）年4月〜1949（昭和24）年4月まで存続。会長・大橋進一

＊24　嶋中雄作、前掲記事、25頁〜30頁。

買収、一手販売機関」として温存しつつ、「日本の民主化に一番重大な役割を演じなければならない筈の出版界」とその「出版業界の水準を高度に引き上げることを最大の目的とすべき「日本出版協会」」が「いまだに戦時統制時代の夢を追い、その権力から離れまいとして汲々して」おり、協会がやったことと言えば「所為戦犯問題で同業七社を叩き出し、自由出版協会を作らせて」しまったことだと痛烈に批判した。

出版界の内部分裂はさらに進んだ。1947（昭和22）年4月、中央公論社、婦人画報社、改造社、八雲書房、鎌倉文庫の5社が中心となり朝日、毎日、読売、産経の各新聞社出版局も含めた懇談組織「日本出版連盟」[*25]が誕生する。のち1949（昭和24）年4月27日、「日本新聞連盟」と先に生まれた「日本自由出版協会」とが手を取り合って新団体、社団法人「全国出版協会」[*26]を結成した。「日本自由出版協会」の発展的解消の形をとったもので、この全国出版協会の発足には新潮社、文藝春秋社、角川書店、小学館なども日本出版協会を退会して参加、これ以後、「全国出版協会」への加盟が飛躍的に増えることになる。

そして「全国出版協会」系の出版社が「東京出版販売株式会社（東販）」を盛り立てたのに対し、「日本出版協会」系の出版社などは「日本出版販売株式会社（日販）」に寄り添い、出版配給体制を取り巻く新しい競い合いがまた対立を深めることになる。そしてついに1951（昭和26）年に用紙割当制度も廃止され、「日本出版協会」の一元的役割は実質的に終了することになった。このようにして戦後の出版界は、出版とその未来の課題をじっくり論議する形でなく、追放、分裂、対立、抗争の形で混沌な時代を過ごす事になったと言えるであろう。

1952（昭和27）年8月8日には、出版業界の7つの団体、すなわち全国出版協会、日本出版協会、自然科学書協会、辞典協会、学習参考書協会、梓会、教科書懇話会（のちの教科書協会）が地方税法、地方税施行令に改正にあたり出版事業税免除の促進を図ることをきっかけに「出版団体連合会」[*27]を結成した。

---

*25　実行委員長・田村年雄
*26　1950年の会員社は60社。会長・佐佐木茂索。1957（昭和32）年の日本書籍出版協会の結成までの出版界の混乱と多元化の時代に、出版団体連合会の成員として、主として有力出版社を代表し、日配閉鎖後の新取次会社の設立、用紙・税務対策その他出版業の当面する諸問題の解決に当たった。1969（昭和44）年4月、新たに業界唯一の調査研究機関であった出版科学研究所の事業を継承し出版物の動態及び関連する事態の調査研究を行ないつつ今日に至っている。
*27　会長・尾張真之介

のち、工学書協会、医書出版協会、自習書協会、高等教科書協会が参加し、出版業界に共通する販売、運賃、輸送、出版倫理の諸問題の処理にあたり、また読書週間の参加などの活動を展開した。

「出版団体連合会」は業界の当面の様々な問題を個々の出版団体が個別に当たるのではなく、業界全体をまとめた強力な組織として対応する必要性の認識から結成されたと言える。

「出版団体連合会」の規約前文には「われわれ出版事業団体は、出版界全体に共通の問題を解決し、各種施策の推進を期し、全業界の発展に寄与するため、本連合会を結成する」と記している。1954年6月1日から、連合会内に雑誌部会と書籍部会を設置して運営処理の円滑をはかったが、この2つの部会がのちの「日本雑誌協会」と「日本書籍出版協会」の成立母体である。

以上、戦時中に設立された出版統制団体「日本出版文化協会」および「日本出版会」を先頭にし、日本の出版界に結成されている団体を歴史的流れに沿い概観してみた。以上言及した団体以外に戦後結成されたその他の出版関連団体を挙げてみると、1948（昭和23）年の12月には「工学書協会」（幹事長・須長文夫）と「教科書懇話会」（会長・永井茂弥）が設立され、1949（昭和24）年12月には「日本著作権協議会」（会長・末弘厳太郎）が結成されている。そして1950（昭和25）年2月に「全国学校図書館協議会」（会長・福岡高）、8月にはのちの「日本出版取次協会」になる「出版取次懇話会」が結成された。とりわけ1953（昭和28）年となると、出版界に数多くの団体が結成される。まず2月に「教科書懇話会」が発展的に解散され、「教科書協会」（会長・永井茂弥）が設立された。そして、3月には児童図書出版社20社が集まり「日本児童図書出版協会」（幹事長・岩崎徹太）が、また翌月には「出版労働組合懇談会」が結成され、さらに9月には出版界の親睦機関として「日本出版クラブ」が発足し、10月には「アジア文化交流出版会」が設立された。「アジア文化交流出版会」はのち1956（昭和31）年に「出版文化国際交流会」へと発展的に解消される。

この1956年には「出版取次懇話会」も「日本出版取次協会」と名称を改め、組織整備を行うことになるが、何よりもこの年には年明けの1月に設立された「日本雑誌協会」が出版界の大きなニュースとなった。そして1957（昭和32）年には戦後バラバラになっている出版業界を統合する統一団体の必要性が提起され、とりわけ書籍をメインとする団体の設立が要望されるなか、「日本書籍出版協

第1節　プロフェッショナル・アソシエーションと出版関連諸団体

会」が結成されるに至った。このようにして戦後の十何年間の間、出版界には
それぞれの分野の利益増進や共同の理解を代弁する各団体・協会が次々と結成
されてきた。

　現在、日本の出版界で結成されている主な出版関係諸団体をまとめたのが、
次ページの**表4-2**である。これだけ多様な団体・協会組織が結成されているのは、
出版という分野の生産するコンテンツの多様さと分野の専門化、出版活動の分
担構造を反映するかのようにみえる。出版界におけるそれぞれの分野は各自の
組織・団体を結成することによって、それぞれの分野の立場と利害を社会や政
策に反映させるとともに各分野の活動の社会的・経済的地位の確立および向上
を目指してきたのである。ただし、前述したようにこれらの団体・協会のなか
には本論文で対象にしているプロフェッションとしての書籍出版編集者のプロ
フェッショナル・アソシエーションにふさわしいところは見あたらない。

　何よりも各団体・協会は編集を職としている個々の職業人の自主的共同体と
してのプロフェッショナル・アソシエーションではなく、会員の性格上ほとん
どが出版社や組合、団体が加入する形が多い。当然それらの団体・協会が代弁
しているのは職業人としての出版編集者個人ではなく、所属出版社や所属団体
であり、業界の利益である。ただし、これらの団体・協会には当然その所属社
や団体に働く編集者が含まれており、活動の上で部分的に編集者のプロフェッ
ショナル・アソシエーションの機能として期待されるものを行っているところ
がある。

　とりわけ、書籍出版編集者と関連しては「日本書籍出版協会」と「日本出版労
働組合連合会」の活動は書籍出版編集者のプロフェッショナル・アソシエーショ
ンとしての機能を部分的に担保していると考えられる。「日本書籍出版協会」も
「日本出版労働組合連合会」もそれぞれ広くは出版文化の向上と質的向上のため
に活動しているわけだが具体的な活動のなかで、出版人が当面している各々の
問題に対処しつつ、出版を職業としている者の教育と訓練を担保し、彼らの活
動における自主的な自己規制やその職業行為におけるルール作りなどに関与し
つつ彼らのサブ・カルチュアを形成している。したがって、これら二つの組織
は、全面的とはいえないが、部分的に編集者の職業活動の質的向上とプロフェッ
ションとしての社会的承認を獲得することに寄与していると評価できる。

163

第４章　出版関連団体が果たした役割

表4-2(1)　現在の主な出版関連団体（2015年）

団体名称（創立年月）	活動概要
日本書籍出版協会 (1957年3月)	日本書籍出版協会（略称『書協』）は、出版事業の健全な発達、文化の向上と社会の進展に寄与することを目的とする団体。現在、書籍出版業者423社で構成している出版社団体。業界の諸問題に対処するため、理事会の下に12の常設委員会と出版部門別に7つの部会が設置。★機関紙『書協』
日本雑誌協会 (1956年1月)	雑誌出版事業を通じて文化の向上、普及を期するため、さらに出版倫理の向上を図り、出版の自由と責任を果たすことを目的として結成。雑誌を発行している出版社91社で構成。雑誌に関する諸事項を中心に研究、処理を行っており、問題別の各種委員会と、雑誌の性格による各種の部会が設置されている。★機関紙『雑誌協会報』
日本出版取次協会 (1953年2月)	出版社→取次→書店という出版流通の中間にあって、出版物を全国の書店に配本し、集金などを行う取次会社の団体。出版社・書店の団体と密接な連絡をとり、流通の円滑化を図っている。加盟29社
日本書店商業組合連合会(1946年12月)	書店の団体。各都道府県書店組合の連合組織で、全国の書店約1万5000店のうち4374店が加盟している。未加盟の多くは小書店。出版流通に関する諸問題を中心に活動　★機関紙『全国書店新聞』
出版倫理協議会 (1963年12月)	青少年の非行化に関連して起こった低俗出版物の追放問題に対処するため、布川角左衛門（初代会長）が中心となり、日本雑誌協会・日本書籍出版協会・日本出版取次協会・日本書店商業組合連合会の4団体を構成メンバーとして結成。青少年の保護育成の世論に応えるとともに、出版倫理の向上、および出版の自由と責任を守る活動を続けている。自主規制機関
日本出版インフラセンター（JPO） (2002年4月12日)	出版流通の改善を図り読者の顧客満足度を高め、出版情報および出版業界システムの基盤整備により業務の共同化・標準化等を進め、業界内の効率化を図る。出版および出版関連産業の発展に寄与する多様なテーマの研究作業を進め、その早期実現を図る。
日本出版者協議会 (1979年1月)	旧名「出版流通対策協議会」1978年公取委「出版再販制見直し」表明に反対した出版社によって結成されたが、2012年10月「日本出版者協議会」と改称された。現在の会員は98社。再販制度の擁護、差別取引の撤廃等を柱に活動展開。★情報誌『新刊選』
教科書協会 (1953年2月)	教科書出版の重要使命に応えるため、教科書を発行する出版社（会員39社、準会員1社）で構成。小・中・高校の検定教科書に関する諸問題を中心に活動を行っている。★機関紙『会報』
日本出版クラブ (1953年9月)	出版文化の昂揚と業界の総親和を目的に誕生した団体。出版人の親睦・福利厚生と各種研究事業を中心に活動している。出版社など339社（個人2名）の維持員により構成されている★機関紙『出版クラブだより』
日本出版労働組合連盟(1958年3月)	出版産業唯一の産業別労働組合。版元・取次・書店を中心に出版関連労働者を組織。2012年現在160組合6000名が加盟。出版労働者と労働組合の諸権利拡大と社会的地位の向上、思想・言論・出版の自由の確保、出版産業及びその関連事業労働者の団結等を目指し活動展開。★機関紙『出版労連』★機関紙『教科書レポート』
出版健康保険組合 (1947年8月)	出版業界を対象とした健康保険組合。現在の加入事業所数は1371、組合員は被保険者数8万3545名。被保険者の健康保険を管掌するほか、家族を含めた健康管理・健康増進の諸事業を実施。本部、診療所のほか各地に保養施設等がある。★機関紙『すこやか』
出版厚生年金基金 (1986年10月1日)	出版厚生年金基金は、全国の出版業に携わる会社の事業主と従業員とで組織され、国の厚生年金の一部（老齢厚生年金の報酬比例部分）を代行し、その上に基金独自の給付を上乗せし、将来、ゆたかで安定した老後と加入員の福祉の向上を図ることを目的として事業を実施している。★機関紙『アシスト』
出版文化国際交流会 (1953年10月)	出版物を通じて日本文化の海外普及促進、日本文化の紹介、および図書普及を図るための活動を展開。出版関連業界の69社によって構成されている。海外出版視察団の派遣、海外図書展の開催等の活動。★機関紙『出版文化国際交流』
出版文化産業振興財団(JPIC) (1991年3月)	出版文化産業に係わる生涯学習の推進、調査、研究、人材育成等々。読書アドバイザー養成講座。全国地域読書環境整備事業として読書モデル施設の設置等の活動。賛助会員は約360社★機関紙『JPIC NEWS LETTER』
読書推進運動協議会 (1959年11月)	出版及び図書館関係の7団体と各団体に属する出版社有志等特別会員114社、一般会員201社を中心に構成。読書の普及を推進するため秋の「読書週間」、春の「こどもの読書週間」を主催するほか、読書グループ育成等の活動。全国41都道府県に地方読進協がある。★機関紙『読書推進運動』
日本出版学会 (1969年3月)	書籍・雑誌の出版およびそれに関する事項の調査・研究を促進することを目的として設立。正会員（個人）380名と、賛助会員（出版社など）40社から成り、出版関連事項の調査・研究を専門的に行っている。★機関紙『出版研究』『出版学会会報』
日本編集制作会社協会(1983年)	出版物及び各種情報媒体の企画・編集・制作を業務とするものが直面する諸問題の解決と将来の展望を開拓するために次の諸活動を行う。情報産業界の健全な発展に寄与することを目的とする編集プロダクション唯一の業界団体。編集制作プロダクションフェアや編集セミナーを毎年開催。現在の正会員社70社、賛助会員社6社

*　次ページに続く

164

第1節　プロフェッショナル・アソシエーションと出版関連諸団体

表4-2(2)　現在の主要出版関係諸団体（2015年現在）

団体名称（創立年月）	活動概要
ユネスコ・アジア文化センター（ACCU）（1971年）	ユネスコの協力を得て、アジア・太平洋地域の文化の保存、図書開発、識字教育の推進、文化交流の促進等を目的として諸事業を行う。アジア・太平洋地域の出版人を対象に「アジア・太平洋地域出版技術研修コース」を毎年実施。★機関紙『ユネスコ・アジア文化ニュース』『Asian/Pacific Book Development』
日本雑誌広告協会（1946年）	日本の主要雑誌社と広告会社で構成され、雑誌広告の質的向上を図るとともに、社会生活情報としての機能を高め、日本の経済、社会、文化の発展に寄与することを目的に設立。現在の会員は雑誌社は89社、広告会社は108社。
出版梓会（1948年7月）	学術・専門書籍および雑誌の出版事業に関する調査研究を推進し、その文化的使命の達成を図り、よって国民文化の向上と社会の進展に寄与することを目的とし、出版文化に関する調査研究、各種研修会・厚生事業などを行なう。会員社112社。★機関紙『出版ダイジェスト』
人文会（1968年12月）	優れた人文科学書の普及、販売を積極的に推進することを目的に、人文書発行出版社が結成。会員に協力によって必要な事業並びに研究を行う。★機関紙『人文会ニュース』
大学出版部協会（1963年6月）	大学出版部の健全な発達とその使命の達成を図り、学術文化の向上と社会の進歩を寄与することを目的に設立。現在32大学出版部、全国64大学を網羅する一大学術出版団体★機関紙『大学出版』
歴史書懇話会（1968年6月）	歴史書を刊行する出版社7社で結成。優れた歴史書の普及と販売を推進する活動を展開。★出版情報誌『歴史書通信』
自然科学書協会（1946年）	科学技術立国を目指す政策的見地から戦争直後組織された業界でも歴史ある理工農医を中心とした専門書出版社の団体(会員56社)
工学書協会（1948年12月）	激動の今日、技術大国たる我が国を支えるため、一冊でも多くの良質な専門書を紹介し、販売会社・書店の協力を得て読者の手元に迅速にお届けするすること目的としている。機関紙『工学書協会だより』
キリスト教出版販売協会(1951年)	日本におけるキリスト教宣教のために出版・取次・販売に関する事業体をもって組織し、会員は相互の協力・研修・懇親・福祉および関係団体との連絡などにあたることを目的にしている。★機関紙『本のひろば』
日本児童図書出版協会(1953年3月)	現在の会員社数47社。児童図書出版社の有志によって組織し、児童図書出版文化の向上と優良児童図書の普及を目指し、日本文化の創造に寄与することを目的に活動。★刊行物『児童図書総目録』『こどもの本』
全国学校図書館協議会(1950年2月)	学校図書館及び青少年の読書の振興を図るとともに、各都道府県学校図書館研究団体の活動の推進及び相互の連絡連帯を図り、もって、日本の学校教育の発展に寄与することを目的に結成。★機関紙『学校図書館』『学校図書館速報版』
日本印刷産業連合会(1985年6月)	印刷産業10団体が結集し、英知と協調のもとに印刷産業の一層の高度化と総合的発展を図り、もって日本産業の発展及び国民生活文化の向上に寄与することを目的としている。★機関紙『JFPI Report』『プリントピア・レポート』
日本電子出版協会(1986年9月)	電子出版及び電子出版物、並びに各種情報媒体の企画・編集・制作を目的とするものが直面する諸問題の解決と将来の展望を開拓するために活動し、出版界及び情報産業界の健全な発展に寄与することを目的とする。現在の会員社数150社。
日本電子出版者協会(2010年2月)	電子出版事業に関する制作、流通、サービス等の調査研究、電子出版事業に関する情報の収集及び提供、電子出版事業に関する法環境の整備及び提言、電子出版事業に関する内外関係機関等との交流及び協力などを目的としている。会員社29社
出版デジタル機構(2012年4月)	会社法人として設立されたが、電子書籍市場の確立に向けて、ビジネスインフラの整備を推進を目的としている。
日本図書館協会(1892年3月)	全国の公共図書館、大学図書館、学校図書館、専門図書館、公民館図書部、その他の読書施設及びこれらに関係あるものの連絡、提携のもとに、図書館事業の進歩発展に寄与することを目的とする。★機関紙『図書館雑誌』『現代の図書館』
日本文藝家協会(1945年1月)	文化に寄与し文芸家の職能を確立することを目的としている。★機関紙『文藝家協会ニュース』
日本ペンクラブ(1935年11月)	国際ペンの日本センターとして国際ペン憲章の趣旨に基づき、言論、表現、出版の自由を擁護し、文化の国際的交流を増進し、世界平和に寄与することを目的とする。★機関紙『PEN』

* 『出版年鑑』（出版ニュース社、2002年）、『2002年度新入社員研修会統計・資料集』（日本書籍出版協会、2002年）、各協会・団体のインターネット・ホームページを参考に作成が、会員数については、2015年11月現在のデータに更新した。また、2002年以降にできた主な出版団体については、補足した。

165

第4章 出版関連団体が果たした役割

第2節

日本書籍出版協会の性格と役割

第1項 日本書籍出版協会の発足経緯

戦争責任とその処理に端を発する出版界内部の対立、抗争の歳月のすえ、1957（昭和32）年3月29日に181社の出版社が参加し書籍出版業界の中心団体である「日本書籍出版協会」が誕生した（初代会長・下中弥三郎）。

1956年の晩秋、書籍をメインとする協会作りの必要性が提起され、団体単位ではなく出版を業とする個人、社の会員組織となる出版業界の新団体（仮称：日本書籍出版協会）の設立を目指す代表者会議が開かれた。設立委員会総会の劈頭、実行委員長を担い、のち日本書籍出版協会の初代会長となった下中弥三郎[28]は、総会あいさつで書籍を中心とする新しい団体の設立趣旨を次のように述べている。

出版社は中小企業である。しかし、その仕事は国の文化の発展を担うも

---

[28] 下中弥三郎(1878～1991)平凡社創業者。独学で教育検定試験に合格、小学校、師範学校で教鞭をとる。1914年『や、此は便利だ』という小型本を著し成蹊社から出版したが同社が倒産したため通信販売を行い、14年平凡社を創業。23年株式会社として本格的出版活動をはじめ、円本ブームにのって『現代大衆文学全集』全60巻、『世界美術全集』全36巻を刊行、大ヒットし、34年にかけての『大百科事典』全28巻によってその名を高めた。戦後は世界連邦建設同盟、世界平和アピール7人委員会など国際的にも活躍、日本書籍出版協会初代会長、日本出版クラブ初代会長歴任（『出版人物事典』出版ニュース社、1996年から引用。
以降、人物引用は『出版人物事典』から参照したので以下は同事典の表記を省略する。

のであり、その責務は実に大きい。中小企業が大企業に立ち向かうためには業者一丸となることが大切である。新団体を設立することの必要はここにある。書協の誕生はその意味で大きな意義がある*29。

　そして、1957年1月23日、12団体の代表による第一回設立準備委員会が開催された。そこで江草四郎*30、金原一郎*31、布川角左衛門*32、小林美一*33、岩崎徹太*34の5人が世話人として委嘱され、新団体の名称、性格、目的、事業、組織などの基本的な考え方を作成した。

---

*29　『下中弥三郎事典』（平凡社、1965年）、308頁。

*30　江草四郎（1900～1992）有斐閣社長。東大法学部卒。台湾総督府、内務省勤務を経て、1929年養父江草重田忠を助け、有斐閣に入社、33年店主に就任。戦後法律書専門から社会科学全般に出版領域を広げ、47年『六法全書』を復刊、また『ジュリスト』の創刊、『法律学全集』全60巻など、法学界・法曹界に貢献する出版を次々に企画。50年株式会社に改組、社長に就任。日本出版文化協会理事、出版梓会幹事長、日本出版協会会長、日本書籍出版協会副会長、日本出版クラブ監事等、戦前、戦後を通じて出版業界の要職を歴任、87年財団法人社会科学国際交流江草基金を設立、学術振興に寄与。（前掲書『出版人物事典』から引用）

*31　金原一郎（1894～1986）医学書院創業者。金原出版の創業者金原寅作の次男。東大文学部卒業後、金原商店に入社、1943年社長に就任。44年、企業統合により日本医書出版株式会社、日本医学雑誌株式会社の筆頭常務から社長に就任。戦後、統合各社は分離独立、50年日本医学雑誌株式会社は、医学書院と改称。医学書出版、国際出版、洋書業務など幅広く医書関係で活躍。日本書籍出版協会副会長、日本出版クラブ評議員。（前掲書から引用）

*32　布川角左衛門（1901～1996）法政大文学部卒、1928年岩波書店に入社、『哲学小辞典』『岩波全書』『岩波文庫』などの編集にあたり、48年編集部長となる。波多野精一、野上豊一郎、西田幾太郎、三木清など多くの碩学に接し、その著作を出版。56年定年退職。61年出版倫理協議会議長。68年『日本出版百年史年表』を完成、菊池寛賞受賞。69年栗田出版販売株式会社社長、74年日本出版学会会長。（前掲書から引用）

*33　小林美一（1907～1975）相模書房創業者。東京府立四中卒業後、写真、出版の仕事にたずさわり1936年相模書房を創業。当初は有名人の随筆集などを出版していたが、建築学者岸田日出刀の随筆集『薑』を出版したこと、また創立者の一人巌谷不二雄が建築学専攻ということもあって、次第に建築に関する図書を刊行することになり、以来、建築専門書の相模書房として知られるようになった。57年日本書籍出版協会創立の折、設立準備委員となり62年副会長に就任。（前掲書から引用）

*34　岩崎徹太（1905～1980）岩崎書店創業者。早大経済学部卒。新聞記者などを経て1934年古本屋慶応書房を開業、社会科学書の出版を始め、43年治安維持法違反容疑で逮捕された。戦後46年岩崎書店と改称、児童書の出版に力を注ぐ。また岩崎美術出版社、岩崎学術出版社、日本習字普及協会等で幅広く活動。出版梓会、木曜会、日本児童図書出版協会等の創立に尽力、日本書籍出版協会常任理事、日本出版クラブ理事。（前掲書から引用）

■ 第4章　出版関連団体が果たした役割

　1月23日の第一回設立準備委員会の後、1ヶ月あまりの間、会議数延べ18回を経た後、日本書籍出版協会の設立実行委員会が3月14日に開催された。委員会には58社が出席し、設立実行委員会委員長に下中弥三郎出団連会長を満場一致で選び、経過報告のあと設立趣意書、会則案、事業目論見書、予算案に関する説明がなされた。そして準備委員会の作成した諸草案が承認され、この後実行委員会を設立委員会に拡大することが決められ、3月29日に設立委員会が行われた。ついに日本書籍出版協会が設立されたのである。

　1956年1月「日本雑誌協会」、そして1957年3月日本書籍出版協会の設立により、1957年4月25日に「日本出版団体連合会」（設立1952（昭和27）年8月8日）は発展的解散を決定し、6月15日をもって解散された。そして「日本出版団体連合会」の果たしてきた事業、役割は「日本書籍出版協会」「日本雑誌協会」「教科書協会」の3団体が分担することを決め、その他連合会の構成メンバーであった梓会や諸出版団体の多くは存続しつつ新協会に協力していくという態度を表明した。

　3月14日設立実行委員会で提出された日本書籍出版協会の設立趣意書（**資料4-1**）の内容を見ると、当時の日本書籍出版協会の設立目的、活動の原則などが伺える。のちこの設立趣意書はいくらか手直しされ、日本書籍出版協会の「発

資料4-1　日本書籍出版協会（仮称）設立趣意書（案）

　われわれ出版人が、その事業の健全な発達と向上をはかるには、業界の総力を結集し、共同して内外のことにあたり、権利の増進を期する体制を確立する必要のあることは、今更らいうまでもない。

　われわれは、このために業界多年の懸案を実現する一環として、書籍等の出版を業とする者をうつて一丸とする強力な新団体を結成することを決意し、ここにひろく同士によびかけんとするものである。

　もとより、新団体においてとりあげねばならない事業は、極めて広汎である。編集・生産・販売それぞれの部門において、われわれの事業の遂行上重大な利害関係のある幾多の未解決な問題がある。当面の課題としてもたとえば、出版権の確立、運賃送料及び税務の改善、宣伝広報の合理化、適正な商習慣の確立等そのいずれの一つを解決するにも、今後一層の努力を集中しておこなわなければならない。さらにわれわれ出版関係者の親睦融和をはかり、過当の競争を調整し、出版人の養成を助長し、各種の共同施設を増強して業界の健全且つ円滑な発達の基礎をつくるいろいろの施策を、着実に実行すべきもののかいことを痛感する。

　かくしてこの新団体は、その適正な運営により、業界の諸団体とも協調して、われわれの共同使命の達成に、覚悟をあらたにする次第である。あまねく各位の積極的な参加を要望してやまない。

昭和32年3月14日

168

足声明文」となって公表された。

　日本書籍出版協会は出版業界の発展と向上のために、出版業者の力を一丸と
まとめ、共同の活動を通して業界の権利を拡張させることを目的に、戦後初め
て生まれた出版業界、特に書籍出版業界の新しい団体であると言える。日本書
籍出版協会が発行した『日本書籍出版協会三十年史』には1957年3月29日、喜
ばしき協会創立総会の風景を細かく記録しているが、そのなかで「日本書籍出
版協会会報」第一号(1957年4月30日号)の記事の紹介を引用してみよう。

　　　桜の花も綻びかけた弥生も末の晴れ上がったこの日、定刻午後の一時が
　　近づけば学士会館の周囲は参集する人々の自家用車で埋めつくされた。
　　…やがて場外にあふれ出るほどで全く立錐の余地もない満員の盛況で
　　あった。…戦後はじめて出版業界を打って一丸とする強力な新団体の出
　　現をみたわけで、昨年来業界あげての熱誠と努力がここに名実ともに結
　　実し、我が業界史上に特筆さるべき意義ある記念の日となったことはま
　　ことに慶賀に堪えないところで、天下の興望を担って誕生した新団体の
　　使命こそ重且つ大であるといわねばならない[*35]。

　このようにして、戦後初めて「出版事業の健全な発展を通じて、日本の学術・
文化の向上・普及に資する」ことを目指す全国的組織日本書籍出版協会が結成
されたのである。

　日本書籍出版協会は日本にある書籍出版業者を代表する団体として書籍出版
業界の意見をまとめ、出版文化および出版業界の発達・向上に努めるという重
大な使命を背負うことになったのであるが、創立に際し、名実ともに出版界を
代表する団体として成立するために、まず各出版社を対象に協会への加入を勧
誘する一方、設立直前から出版業界が抱えていた「運賃問題」(取次協会から各
出版社に4月1日から実施される国鉄運賃値上げに伴い、委託書籍の仕入正味
を一率に一分引き下げることを要請してきた問題)に取り組むなど出版業界
の当面する現実問題の解決に奔走した。

　日本書籍出版協会は設立当時の会員資格として「1年以上出版を継続し、出

---

*35　「日本書籍出版協会会報」(1957年4月30日号)日本書籍出版協会編『日本書籍出版協
　　会三十年史』(日本書籍出版協会、1987年)、14頁から再引用。

■ 第4章　出版関連団体が果たした役割

団連加盟団体の会員社や月に1冊以上の新刊発行社など」[*36]を基準に、組織安定と強化のために出版業界から会員を大勢参加してもらうことを当面の懸案に掲げ、勧誘活動を展開した。そこで協会創立時の会員数は181社であったが、結成1ヵ月後の4月末日の会員社は257社まで増加した。1957年当時の出版社総数は2201社であったので、日本書籍出版協会の会員は全体出版社の約12％を含むということになる。次の**図4-1**は日本書籍出版協会創立後から現在までの総会員社数の推移と日本の出版社数を整理したものである。

図4-1からすると、日本書籍出版協会は創立当時から現在に至るまで、協会に加入している会員社数は日本にある出版社総数の約1割前後の比率を占めていることがわかる。この数からすると、果たして日本書籍出版業界全体を代表とする協会団体としてどれだけ実質的な意味合いを持つかについては疑問が残るが、日本書籍出版協会が設立されたことの意味は大きい。

日本書籍出版協会の『An Introduction to Publishing in Japan2014-15』によると、協会会員社が生産している出版物は日本における全書籍出版の80％以上であると報告している[*37]。

第3章でも述べたが、日本出版界の大きな特徴の一つとして、出版社の売上

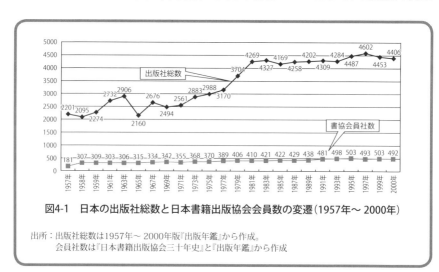

図4-1　日本の出版社総数と日本書籍出版協会会員数の変遷（1957年〜2000年）

出所：出版社総数は1957年〜2000年版『出版年鑑』から作成。
　　　会員社数は『日本書籍出版協会三十年史』と『出版年鑑』から作成

[*36] 『日本書籍出版協会三十年史』（日本書籍出版協会、1987年）、18頁。
[*37] 『An Introduction to Publishing in Japan2014〜15』（日本書籍出版協会、2015年）

第2節　日本書籍出版協会の性格と役割

順位からみた場合、上位5社の売上が全体の4分の1弱を占めており、上位50社の売上は全体の過半数を占めているという現実がある*38。日本書籍出版協会の会員社は日本の総出版社数の1割に過ぎないが、それらの所属出版社の出版活動が日本出版業界全体の8割を占めているということは、日本書籍出版協会が大手出版社を中心に構成されているということを伺わせる。

　日本書籍出版協会は発足8年後の1965（昭和40）年4月1日、社団法人として改めて出発することになった。協会の社団法人化は日本書籍出版協会の発足以来からの懸案であったわけだが、社団法人としての設立趣意の詳細は「社団法人日本書籍出版協会の設立趣意書」に示されているので参考に値する。

　　…以来八年間、出版業界の総力を結集し、幾多の困難を克服し、出版界の問題の解決に当り、今日に至った協会の歩みは、わが国出版文化の進歩の足跡である。この間、出版を通じ学術の進歩、文芸の興隆、教育の普及、人心の高揚に資するなど、社会共同の福祉への貢献は、内外ともに認めるところである。

　　然うして、今やその組織体としての基盤も固まり、さらに本来の使命達成をはからねばならぬ時点において、この協会を社団法人に改組し、名実ともに責任ある公益団体としての意を表明し、さらに強力なる活動を展開する時期に至ったと確信するものである。

　　もとより、社団法人日本書籍出版協会においてなすべき事業は極めて大きく、且つ広汎であり、たとえば編集、生産、販売のそれぞれの部門における業界の健全な発達とその使命達成のために為すべき幾多の事項があり、それらの改善、向上のための調査、研究が必要とされる。さらに広く出版関係者の連絡と親睦を密にし、出版事業を通じて、文化の向上と社会の進展に寄与すべき諸施策が講ぜられねばならない。

　　かくして社団法人日本書籍出版協会は、その社会的責務を担い、文化の健全な発展を期し、出版を通じて国際理解、学術の交流を推進せんとするものである。（昭和四十年二月二日）*39

---

*38　電通総研編、前掲書、25頁。
*39　『日本書籍出版協会三十年史』、23頁。

171

■ 第4章　出版関連団体が果たした役割

資料4-2　日本書籍出版協会定款抜粋

第 1 条（名称） この法人は、一般社団法人日本書籍出版協会（略称「書協」）と称す る。
英文では、JAPAN BOOK PUBLISHERS ASSOCIATION（略称「JBPA」）と表示する。

第 3 条（目的）　この法人は、出版事業の健全な発展と、その使命の達成を図り、もっ
て文化の向上と、社会の進展に寄与することを目的とする。

第 6 条（法人の構成員）　この法人は、主として書籍等の出版を業とする者であって、
この法人の趣旨に賛同して会員となった者をもって構成する。

出所：日本書籍出版協会のホームページhttp://www.jbpa.or.jp/「当協会の概要」定款から抜粋。

　活動充実のための組織強化の一環として、1965年に文部省の許可をえて社
団法人化を進めることになったわけである。社団法人化とともに定款も新しく
制定された。この時期に定められた定款が現在に至るまで日本書籍出版協会の
基本的な性格を規定している。

　このような目的で事業を展開するために日本書籍出版協会は、様々な運動を
進めてきたが、よりいっそう出版産業全体の課題を果たすために 2013年に公
益法人制度改革に基づき、一般社団法人となった。日本書籍出版協会の新しい
定款には、15章71条にわたり「第1章総則」「第2章目的および事業」「第3章
会員」「第4章総会」「第5章役員等」「第6章総会」「第7章財産及び会計」な
どが明文化されているが、ここでは日本書籍出版協会の基本的な組織性格とし
て「目的」「法人の構成員」の規定だけを抜粋して紹介する（**資料4-2**）。

第2項　日本書籍出版協会の構造と主な活動

　以下、日本書籍出版協会のホームページに掲載されている『書協』パンフレッ
ト＊40のから、同協会の構造と主な活動などを見てみよう。

〈**目的と事業**〉

　出版事業の健全な発展とその使命の達成を図り、もって文化の向上と社会の
進展に寄与することを目的に、以下の事業を行っている（**定款第4条**）。

＊40　書協のホームページから〈http://www.jbpa.or.jp/pdf/outline/jbpa.pdf〉

第2節　日本書籍出版協会の性格と役割

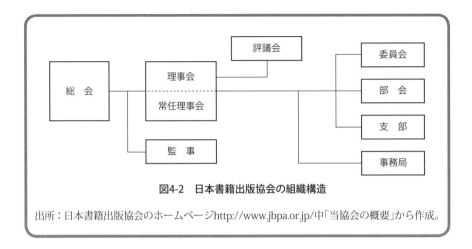

図4-2　日本書籍出版協会の組織構造
出所：日本書籍出版協会のホームページhttp://www.jbpa.or.jp/中「当協会の概要」から作成。

① 出版事業の健全な発展と出版文化の向上に必要な調査・研究
② 国内外の出版文化普及のため、読書推進等の諸活動の実施及び協力・参加
③ 出版情報データベースの構築及び提供・公開
④ 関係官庁及び関係団体との連絡・協力
⑤ 出版関係団体等に対する事務室・会議室の貸与
⑥ 出版事業発展のために必要な関係者の親睦と福利増進
⑦ 機関紙等刊行物の編集発行等の広報活動
⑧ その他この法人の目的を達成するために必要な事業

〈機　構〉
◇役員会、総会（**図4-2**参照）
　執行機関である理事会を毎月1回開催し、会務の運営にあたっている。また、理事会の中に常任理事会を設け、毎月1回開催している。定時総会を年1回、評議会は随時開催している。

◇**委員会**
　事業遂行上必要な調査研究を行い、理事会の諮問に応じるため、多様な問題別に委員会を設けている（**表4-3**参照）。

表4-3　日本書籍出版協会の常設委員会とその活動

委員会の名称	主　要　活　動
流通委員会	・流通改善、再販問題などの調査・研究を行い、必要に応じ取次・書店などと意思の疎通を図る。 ・再販制度の弾力運用の一環として、謝恩価格本ネット販売フェアを実施する。
生産委員会	・出版用紙・印刷、製本等の資材、製作全般について調査・研究を行い、同分野における技術革新への対応も検討する。改正下諸法対策について適宜対応し、印刷業界との契約慣行のあり方等を研究する。
研修事業委員会	・会員社の新入社員研修会や各種の見学会および当面する問題について、他の委員会とも協力し研修会本づくりの基礎講座、著作権実務講座、電子書籍・出版営業等のテーマ別研修等)を立案し実施する。
出版経理委員会	・出版業における会計・税務に関する問題を調査・研究し、必要に応じ税務当局との協議を行い、適正　な会計慣行の普及を図る。
知的財産権委員会	・知的財産権に係わる制度の改正要望に関する事項の検討を行い、出版界の意見の反映を図る。 ・出版物の電子化に対応した出版契約書ヒナ型の改訂・普及を図る。 ・著作権等管理事業者の使用料規程に対する利用者代表団体としての協議を行う。
読書推進委員会	・出版物の普及と読書推進などの調査・研究を行い、関係団体などと協力し、読書の普及・推進を図る。
図書館委員会	・図書館界との交流を通して、出版物の保存・利用、電子図書館への対応等についての調査研究を行う。 ・全国図書館大会展示会等の諸行事に協力する。
出版の自由と責任に関する委員会	・国あるいは地方自治体におけるメディア規制の動きに対し言論・出版の自由を擁護し、あわせて出版倫理問題の調査・研究を行い、出版倫理協議会(出版4団体で構成)等に委員を派遣するなど関係団体と連携して、適切な対応を図る。
国語問題委員会	・出版社の用字・用語問題、文字コード問題等、出版界の国語問題全般に関する調査・研究等を行う。 ・文化審議会国語分科会における検討に対応し、出版界の意見の反映を図る。
国際委員会	・ＩＰＡ(国際出版連合)、ＡＰＰＡ(アジア太平洋出版連合)等の活動への参加。 ・海外出版社との交流、出版事情の調査・研究を行うとともに、日本の出版界の現状を海外に紹介し、国際交流の進展を図る。
人事・総務委員会	・出版社における賃金、人事考課、労働条件、その他総務に関する事項について情報交換・研究を行う。 ・上記に関する各種モデル規程の作成についても予定する。
デジタル委員会 (含む　書籍データベース小委員会・近刊図書情報小委員会)	・日本出版インフラセンター、日本電子書籍出版社協会、出版デジタル機構等、出版物のデジタル化に関わる外部団体との情報交換、連携強化を図る。 ・書籍データベース小委員会：書籍データベースの構築を推進し、近刊図書情報『これから出る本』の発行、書籍検索ホームページ『Ｂｏｏｋｓ』の運営に当たる。 ・近刊図書情報小委員会：『これから出る本』の製作、宣伝、販売の立案と実行及び掲載タイトルの集稿促進にあたる。
TIBF委員会	・東京国際ブックフェアに関して出版界の要望をとりまとめ、実際の運営への反映を図り、同フェアの　活性化についての提案を行う。

出所：日本書籍出版協会事務局資料から作成。上記のほかに「経営・財務委員会」がある。

◇部　会

出版部門別の課題を検討するため、適宜、部会を設けている。現在、学習書部会と児童書部会がある。

◇支　部

大阪と京都に支部を置き、本部との連絡・調整を図り、地区会員間の必要な事項に対処する活動を行っている。

●事務局

事務局に調査部、データベースセンター、総務部を置き、本会の事業に必要な事務を担当している。

第3項　出版倫理綱領の制定と内容

　日本書籍出版協会の創立ともに1957年に作成された「出版倫理綱領」は日本書籍出版協会だけではなく、日本の出版界全体にとって記念すべきことであった。「出版倫理綱領」は1954年から「日本出版団体連合会」によって草案が研究されていたが、日本書籍出版協会の創立によって協会を中心に慎重に検討・論議され、1957（昭和32）年10月27日、第11回読書週間に「日本書籍出版協会」と「日本雑誌協会」の連名で発表された（**資料4-3**）。

　出版人にとっての憲法とも言える「出版倫理綱領」の前文には「われわれ出版人は、文化の向上と社会の進展に寄与すべき出版事業の重要な役割にかんがみ、社会公共に与える影響の大なる責務を認識し、ここにわれわれの指標を揚げて、出版道義の向上をはかり、その実践に努めようとするものである」と書いてお

資料4-3　「出版倫理綱領」

　われわれ出版人は、文化の向上と社会の進展に寄与すべき出版事業の重要な役割にかんがみ、社会公共に与える影響の大なる責務を認識し、ここに、われわれの指標を掲げて、出版道義の向上をはかり、その実践に努めようとするものである。
　一.出版物は、学術の進歩、文芸の興隆、教育の普及、人心の高揚に資するものでなければならない。われわれは、たかく人類の理想を追い、ひろく文化の交流をはかり、あまねく社会福祉の増進に最善の努力を払う。
　二.出版物は、知性と情操に基づいて、民衆の生活を正しく形成し、豊富ならしめるとともに、清新な創意を発揮せしめるに役立つものでなければならない。われわれは、出版物の品位を保つことに努め、低俗な興味に迎合して文化水準の向上を妨げるような出版は行わない。
　三.文化と社会の健全な発展のためには、あくまで言論出版の自由が確保されなければならない。われわれは、著作者ならびに出版人の自由と権利を守り、これらに加えられる制圧または干渉は、極力これを排除するとともに、言論出版の自由を濫用して、他を傷つけたり、私益のために公益を、犠牲にするような行為は行わない。
　四.報道の出版にあたっては、報道倫理の精神にのっとり、また評論は、真理を守るに忠実にして節度あるものでなければならない。われわれは、真実を正確に伝えるとともに、個人の名誉は常にこれを尊重する。
　五.出版物の普及には、秩序と公正が保たれなければならない。われわれは、出版事業を混乱に導くような過当競争を抑制するとともに、不当な宣伝によって、出版人の誠実と品位を傷つけるようなことは行わない。
昭和32年10月27日

社団法人 日本書籍出版協会
社団法人 日本雑誌協会

出所：日本書籍出版協会のホームページhttp://www.jbpa.or.jp/より引用。

り、5条にわたる倫理綱領の項目があとに綴られている。「文化の向上と社会の進展に寄与すべく」とする出版の社会的、公共的な役割と責任の上でそういった活動の主体として出版人に問われる規範やあり方を成文化したのがこの「出版倫理綱領」であるが、出版倫理の問題が社会的に大きな問題として提起されたのは戦後の出版事情にもよるところが大きい。

戦後の混乱が少しずつ収まるにつれ生活が安定してきた民衆は、読み物に対する強い欲求を持っていた。それに対応する形で出版社は文庫ブーム、全集ブームなどを起こしながら自転車操業的出版が恒常化し出版点数はますます増加、出版業界の量産体制が形作られていた。そのなか、戦後、性や暴力を露骨に表現した出版物や映画などの増加に伴い、青少年の健全育成に悪影響を及ぼす恐れがある書籍・雑誌を「悪書」と称し、そういった「悪書」から青少年を守ろうとする「悪書追放運動」が起こった。

「悪書追放」の動きが表面化したのは1950（昭和25）年前後であるが、1955年、日本子供を守る会、東京母の会や主婦連合会などがこの問題を社会問題として取り上げ、「悪書追放」の世論がいよいよ高まることになった。これらの動きに対し、「出版団体連合会」では世論に応えるための「出版物倫理化運動委員会」（55年5月16日：布川角左衛門委員長）を設置し、不良出版物の撲滅・良書普及運動につき出版自粛の声明を発表、各界の協力を求めた。東京母の会や主婦連合会を中心に「見ない、買わない、読まない」という三ない運動まで展開し、法的規制の要望が高まるなか、各地では青少年保護育成条例の制定が進められ、低俗出版物に対する取締り強化などが検討されるに至った。「出版倫理綱領」の制定はこのような時代を反映した産物でもある。

「出版倫理綱領」の制定はそのような流れの中で一応の試案まで生まれていたが、「日本書籍出版協会」誕生、「出版団体連合会」解散に伴い継続事項となっていた。1957（昭和32）年10月、日本書籍出版協会と日本雑誌協会は共同して「出版倫理綱領」を定め、発表した。ほかにも出版界では、1962年4月には「日本出版取次協会」が「出版物取次倫理綱領」を、63年10月には「日本出版物小売業組合全国連合会」が「出版販売倫理綱領」を、さらに日本雑誌協会では「雑誌編集倫理綱領」を、その他58年5月には「日本雑誌広告協会」が「雑誌広告倫理綱領」をそれぞれ制定した。それとあわせてその遵守のために各委員会を設け、出版界全体としても63年12月、「出版倫理協議会」を結成し、出版の自由と責任を

守るとともにいわゆる低俗出版物についての自主的な規制を促進している。

第4項　日本書籍出版協会の教育活動

　日本書籍出版協会は「出版事業の健全な発達、文化の向上と社会の進展に寄与すること」を目的としており、そのような目的を達成するためには、業界の従事者に対する教育と訓練の機会を与えることは協会としての重要な機能および役割と言える。

　出版が果たす社会的役割や機能、果たすべき任務を円滑に遂行できるような技術的職能教育だけではなく、出版人が持つべき心構えや出版活動の普遍的価値を身につけるには、何よりも企業の枠を超えた教育の必要性が強調されるべきである。そこで出版協会・団体の教育機能に期待を寄せるわけであるが、日本書籍出版協会は常設委員会に「研修事業委員会」が設けられており、そのなかで会員社の新人社員、中堅社員などの研修や当面する問題についてのテーマ別研修会が立案され、実施されている。

　まず、新人社員を対象にする教育を2002年度の新人社員研修会を例に挙げて見てみることにしよう。2002年度の新人社員研修会は4月9日から10日の2日間開かれた。研修会には、会員社のなかから41社、99名（**表4-4**）が参加しており、受講者の各所属社での配属部署の内訳をみると、受講者計99名中男性51名、女性48名で男女の割合はほぼ同じであった。受講者が所属している出版社での配属部署別にみると、新人社員研修会はとりわけ編集者に特定されているわけではなく、営業や総務・経理、その他の出版社に従事しているすべての人を対象にしていることがわかる。ただ、受講者の構成をみると編集・製

表4-4　　2002年度と2015年度の「新人研修会」受講者の内訳

2002年度の参加者の構成　41社99名	男　性	51名：51.5%	2015年度の参加者の構成　37社91名	男　性	42名：46.2%
	女　性	48名：48.5%		女　性	49名：53.8%
	編集・制作	53名：53.5%		編集・制作	42名：46.2%
	営業・販売	10名：10.1%		営業・販売	14名：15.6%
	総務・経理	6名：6.1%		総務・経理	10名：11.1%
	その他	12名：12.1%		その他	0名：0%
	配属先未定	18名：18.2%		配属先未定	22名：24.4%

出所：日本書籍出版協会資料から作成

作が全参加者の約5割強を占めていることが特徴である。

　参加出版社の特徴として日本の大手出版社は入っていないことが挙げられる。日本の大手出版社が社内新人社員対象教育システムを持っているかどうかは別として、協会の研修会に参加している出版社は社内にきちんとした教育システムを持っていない中小出版社が多いと関係者は言う。

　次に、研修内容＊41を見てみると、1日目には日本書籍出版協会の紹介が行われたあと、文化人の講演と書店人による「書店の実情」と出版編集者による「編集概論」の講義が行われる。2日目には「営業・販売」の講義が行われ、午後は、日本出版販売王子流通センターを訪問する見学コースが設けられている。

　参加出版社は様々なジャンルの出版社の集まりであり、参加者の構成をみて見ると、編集部所属者の比重が最も多く5割を少々超えているが、残りの5割弱は営業やその他の所属である。2日間の新人社員教育で、これだけ対象が幅広いと、教育テーマも一定分野に限った集中した教育はできないのが現実であろう。実際の講義テーマから見ても、編集者、営業者、総務・経理などに彼らの職を充分理解してもらい、職能を身に付けるような充分な教育がなされているとは言い難く、どちらかといえば「出版入門」的なもので、出版社の仕事をするに当って必要とされる最低限の知識を盛り込んでいるように思える。

　このカリキュラムは、長年にわたり踏襲され「新人研修会」の骨子は今も変わらない（**表4-5**参照）。新人研修会の参加状況は、実施年によっての違いはあるが、会員社数や受講者数も2015年度と比較して見ると、ほぼ同様の参加状況だった。継続的な「新人研修会」も目標はほぼ達成されていると言える。

＊41　新人研修会の基本的な構成は変わっていない。2015年度の実施要綱と比べてみよう。

参考資料　　2015年度の「新人研修会」の内容（参加37社・91名）		
◇　一日目のカリキュラム		
開講	書協の紹介と出版界の現状	中町英樹書協・専務理事
講演	「これからの読書」	平野啓一郎講師（作家）
講義	「地方の書店の存在と未来」	高須大輔講師（豊川堂専務取締役）
講義	「編集に正解なし。ただ悩み続けるのみ」	木俣正剛講師（文藝春秋取締役）
◇　二日目のカリキュラム		
講義	「出版営業とは何か」	小島秀人講師（筑摩書房取締役）
見学	出版流通・取次の見学	日販・王子流通流通センター

出所：日本書籍出版協会の資料から作成。
　　　毎年10月には2日間の日程で「本づくり基礎講座」が開催されている。

表4-5　新人社員研修会の記録（1987年～2014年）

実施年	講義および講演：テーマ		実施年	講義および講演：テーマ	
1987年 参加者 53社 151名	講演：出版文化とニューメディア 本づくりの基礎知識 出版販売とはなにか	緑川亨 野村保惠 菊池明郎	2001年 参加者 35社 73名	講演：作家の誕生 書籍の編集・雑誌の編集 工房としての書店を目指して 21世紀の出版営業はこう変わる	猪瀬直樹 山口昭男 福嶋聡 中町英樹
1988年 参加者 48社 136名	講演：出版・愉し哀し 本のつくり方 出版販売とはなにか	山村光司 沼田五平太 菊池明郎	2002年 参加者 41社 91名	講演：物語の魔法 書店というところ 出版はおもしろい 営業は未来を開く	角野栄子 福嶋聡 鷲尾賢也 中町英樹
1989年 参加者 47社 166名	講演：出版雑感 書店の現場から 出版販売とはなにか 文芸編集者の仕事について 大型国語辞典の企画から刊行まで	高橋孝 鈴木明人 菊池明郎 木下陽子 倉島節尚	2003年 参加者 30社 64名	講演：情報学とフィクション ビジネス社会に巣立つ若者たちへ 編集者は何をするのか 営業は未来を開く	西垣通 篠崎孝子 島本脩二 中町英樹
1990年 参加者 66社 174名	講演：感動する力 書店の現場から 出版販売について 世界文学の企画から刊行まで 原稿の取り方について	嵐山光三郎 鈴木明人 小林登美夫 篠勇 平林敏男	2004年 参加者 31社 82名	講演：発想のもとを育てる 中小書店は生き残れるか？ 作家とどう付き合うか 営業は未来を開く	養老孟司 片岡隆 佐藤誠一郎 中町英樹
1991年 参加者 67社 222名	講演：出版人として何を考えるか 書店の現状と今後について　出 版販売について 現代を読む 著者とのつきあい方について	安江良介 亀井忠雄 若森繁男 栗原良幸 平林敏男	2005年 参加者 34社 85名	講演：なんでもありの世界へようこそ 超大型書店の出店の狭間で… 好きな本、いい本、売れる本 営業が変われば会社は伸びる	永江朗 片岡隆 平尾隆弘 中町英樹
1992年 参加者 65社 183名	講演："出版界"という世界 書店の現場から 出版販売について 明日を読む本づくり 書籍編集者に必要なもの	田中健五 奥村弘志 黒木重昭 石関善治郎 中沢義彦	2006年 参加者 49社 114名	講演：これからの出版界はチャンスがいっぱい 書店の現場から 出版社で…働く 出版はマーケティングの時代	永江朗 丸岡義博 平尾隆弘 中町英樹
1993年 参加者 51社 149名	講演：編集者と作家のあいだ 書店の現場から 出版販売について 企画と編集をめぐって 編集者のマナー	村松友視 川名サトコ 黒木重昭 松田哲夫 伊吹和子	2007年 参加者 42社 114名	講演：わたしの　絵本づくり 出版各社に入社された新入社員の皆さんに 出版社で働く～内なる仕事・外での仕事 販売からマーケティングへ	いわむらかずお 大橋信夫 平尾隆弘 中町英樹
1994年 参加者 44社 119名	講演：：本の力 書店の現場から 出版販売について 企画と取材 編集者のマナー	嵐山光三郎 九重保彦 関根正之 岡崎光義 伊吹和子	2008年 参加者 44社 93名	講演：執筆者が編集者に言いたいこと 出版界に生きる 出版社で・○○の一仕事をする 営業からマーケティング	樺山紘一 谷口正明 平尾隆弘 中町英樹
1995年 参加者 49社 139名	講演：編集者諸君 書店の現場から 出版販売について 企画と取材	嵐山光三郎 今泉正光 菊池明郎 岡崎満義	2009年 参加者 36社 88名	講演：作家からみたよい編集者、悪い編集者 講義出版社で働く　内なる仕事・外での仕事 書店の現場から 変わらない出版営業の役割	佐野洋二 平尾隆弘 田口久美子 持谷寿夫
1996年 参加者 43社 119名	講演：学校ゴッコ 書店の現場から 出版の未来とこれからの編集者 出版販売について	永六輔 村越武 津野海太郎 大江治一郎	2010年 参加者 38社 81名	講演：読書の現在 書店の現場から 情報は人にあり　出版社で働くということ 出版営業とは何をするのか	平野啓一郎 田口久美子 松井清人 中町英樹
1997年 参加者 38社 108名	講演：本のちから 出版の未来とこれからの編集者 書店の現場から 出版販売について	嵐山光三郎 津野海太郎 武田初男 大江治一郎	2011年 参加者 34社 59名	講演：その日をつかめ！ 情報は人にあり　出版社で働くということ 書店の現場から 出版社の営業は何をするのか 新入社員のための本づくり 著作権の基礎知識	鈴木光司 松井清人 三浦明紀 中町英樹 野村保惠 上野善弘
1998年 参加者 28社 85名	講演：フィクションの力 書店の現場から 出版現場雑感 出版販売について	村山由佳 武田初男 市田厚志 本間広政	2012年 参加者 35社 80名	私が出会った編集者たち 情報は人にあり　出版社で働くということ 書店の現場から 出版営業とは何か	浜田佳子 松井清人 三浦明紀 小島秀人
1999年 参加者 33社 81名	講演：編集と出版のあいだ 書籍・雑誌編集の現場から どうなる?どうする?書店の未来～従来型の戦略 出版販売の基礎知識	あんばいこう 上野明雄 安藤哲也 浅井淳	2013年 参加者 41社 90名	講演：活字という文化 情報は人にあり　出版社で働くということ 書店の現場から 出版営業とは何か	赤川次郎 松井清人 三浦明紀 小島秀人
2000年 参加者 27社 52名	講演：作家と編集者 読者というライバル 出版販売の基礎知識 本づくりの基礎	関川夏央 柴崎繁 浅井淳 野村保惠	2014年 参加者 41社 97名	講演：本と希望 編集・営業のためのベストセラーの作り方 情報は人にあり　出版社で働くということ 出版営業とは何か	玄田有史 斎藤敬司 松井清人 小島秀人

出所：日本書籍出版協会の資料から作成（実施期日は、原則として4月上旬の2日間）。
講義2日目には、2011年度を除き日販・王子流通センターの見学会が実施されている。
2011年度からは、新人研修会と併設して「ビジネスマナー研修」も実施されている。
なお、毎年10月には「本づくりの基礎講座」も実施されている。

第4章　出版関連団体が果たした役割

表4-6　日本書籍出版協会のテーマ別研修会（1980年〜1993年）

実施期日	テーマ	参加者数	実施期日	テーマ	参加者数
1980年3月27日 　　16月12日 　　11月14日	出版税務会計の留意点 ダイレクトメール販売の現状 新しい文字組版方式の効果的利用方法	100名 125名	1987年7月15日	著作権相談に見る引用と転載	147社240名
1981年3月11日 　　7月22日 　　9月4日 　　9月8日	出版業界における 　小型電算機導入の実例と留意点 法人税法の仕組と留意点 著作権入門講座① 著作権入門講座②	108名 92名 92名 65名	1988年10月7日	アサヒビールの生まれかわり戦略	37社70名
1982年5月27日 　　6月2日 　　6月25日 　　9月27日 　　11月10日 　　12月10日	印刷業界から見た 　出版編集の技術革新 出版編集の技術革新（2回目） 出版編集の技術革新（関西） 知識人と読者層の構造変化 商法改正と出版経営 他産業の流通機構に学ぶ	180名 150名 85名 80名 150名 70名	1990年2月22日	著作権実務講座 　―出版契約：概論と実務	83社113名
1983年3月17日 　　8月2日	経営者に必要な心の分析 出版業における日常取引の税務	77名 120名150名	1991年3月14日	著作権実務講座② 　―翻訳出版	41社52名
1984年2月15日 　　11月14日	情報化時代とマスコミ産業の将来 出版流通の現場から 　―現状と見通し	134名200名 66名103名	1992年3月4日 　6月10日・17日	著作権実務講座③ 　―著作権概論・判例・契約実務 入門セミナー 　―コンピュータと電子出版	58社73名 10日｜105名 17日｜137名
1985年6月24日 　　10月2日	出版活性化のために必要な調査 いま、書籍の広告をどう考える か	86社132名 102社140名	1993年1月20日 　3月15日	出版界における情報流通の今 後　―短冊から電子情報交換へ （著作権実務講座④） 海外著作権取引 　―最近の問題点と実務	90社114名 55社64名

〈補足資料〉　最近のテーマ別セミナー・ミニセミナーの実施状況（2009年〜2015年）

実施期日	テーマ別セミナー	参加者数	実施期日	ミニセミナーのテーマ	参加者数
2009年2月25日	出版営業中堅講座 データを用いた出版営業	68社99名	2015年3月5日	図書館で売上を伸ばす 　―市場としての図書館	37社44名
2010年6月25日 2010年7月26日	入門講座 電子書籍コンテンツの作り方・ 売り方	東京2回・関西 1回の合計 143社295名	2015年7月14日	海外へアプローチしましょう	17社21名
2012年2月24日	オーディオブック研修会	21社27人	2015年9月16日	書籍の第3マーケット 　―POD書籍と電子書籍	37社44名
2013年3月7日	ホンの流通を握るのは誰か ―電子書店との配信契約の ポイント・最新動向	80社122名	2015年9月16日	時限再販の活用で、返品率 の減少と売上の増加を目指 す！	31社33名
2013年9月20日	出版営業中堅講座 変革を迫られる出版営業	75社104名	2015年9月16日	出版統計から2015年の出 版市場を振り返る	24社30名

＊ 日本書籍協会資料から作成。補足資料の「ミニセミナー」は2015年から実施

〈補足資料〉　2014年度の日本書籍協会の教育カリキュラム　（「事業報告書」より引用）

　第43回「新入社員研修会」は4月8日と9日の両日、41社97名が参加して開催した。新人研修のオプションとして開催している「ビジネスマナー研修」は7日に実施し、24社55名が参加した。
　新人研修は、1日目は玄田有史教授（東京大学社会科学研究所）が、「本と希望」をテーマに講演を行ったほか、松井清人氏（文藝春秋）が編集について、齋藤敬司氏（啓文堂書店）が書店について、それぞれ講義を行った。初日の講義終了後受講者の懇親会を開催した。2日目は小島秀人氏（筑摩書房）による出版営業の講義と午後に日本出版販売王子流通センターの見学を行った。また、新入社員研修会のフォローアップ研修として、10月20日に凸版印刷・川口工場見学会を開催し、14社27名が参加した。
　「著作権実務講座」は8月7日に、上野達弘（早稲田大学教授）、池村聡（森・濱田松本法律事務所）の両氏を講師に迎えて開催し、26社31名の参加があった。上野氏は「出版と著作権をめぐる近時の動向」と題して、最近の著作権判例の解説や、改正著作権法について出版社の実務的対応について話した。池村氏からは「インターネットビジネスの著作権とルール」と題して、ＳＮＳにおける著作権上の問題、クラウドサービスと著作権等、出版社が今日直面する諸問題について広く講義を行った。
　10月29日に20社44名が参加して、「本づくりの基礎講座」を開催した。講師は大西哲彦氏（編集者・エディトリアルデザイナー）で、本と紙、印刷、文字の基礎知識、文字組版ルール、校正、ＤＴＰ等について講義がされた。

第2節　日本書籍出版協会の性格と役割

　次に、日本書籍出版協会で行われているテーマ別研修会の記録（**表4-6**参照）
を見てみよう。

　1970年代の初めから年に２回から多い年は６回まで開催されたこのテーマ
別研修会の研修テーマは出版販売、出版広告、製作、著作権、決算問題や翻訳
出版、出版編集技術の変化、コンピュータ化・デジタル化、流通等々、実に様々
な内容が用意された。テーマがどのようなプロセスで選定されてきたのかは定
かではないが、業界の当面の主要関心事に集中し、タイムリーなテーマを選定
しているのでないかと想定される。内容的な特徴としては、経営や流通、販売、
著作権などが主流を成しているように見える。

　以上のように日本書籍出版協会で行われている二つの教育プログラムと実際
の内容を見てきたが、まず、協会で開催されている教育の対象はどちらも編集
者を特定したものではないと言える。そして、教育内容からみると、まずテー
マ別研修会の場合は、主に業界の当面課題や懸案を取り上げる傾向があり、新
人社員研修会の場合は、出版という仕事に従事することになった新人を対象に
出版業務の全般的流れや基礎知識を講義する「出版入門」的性格のものであると
言える。

　職業社会学の観点からみると、独立かつ専門化された正規教育の存在は職業
メンバーに大きな自律性を与え、独自的な職業活動を遂行する可能性を増加さ
せる要因であると考えられている。出版編集者の場合、彼らが仕事を遂行する
ことで公衆へのサービス、つまり知識と文化の普及・伝達という彼らの理念を
成就するには、公衆にとって最も有益な情報を生産、伝達する文化的ゲートキー
パーである自覚とともにそれを支える彼ら特有の知識体系と職能を備えなけれ
ばならない。一言でいうと専門的知識と技能の向上である。伝統的なプロフェッ
ションの場合、プロフェッショナル・アソシエーションは彼らの職業的地位と
権威の確立、職業活動の自立性を高めるためにその構成員＝プロフェッショナ
ルに教育と訓練の機会を提供することを重要な任務・機能としていた。とりわ
けプロフェッションのメンバーが組織の一員となって活動を遂行する傾向を持
つ近代社会では、プロフェッショナルとなる者が彼らを雇った機構の中で雇用
主・機構の価値システムへ社会化されるのではなく、プロフェッションや職業
の普遍的価値体系を学習する機会が提供されることが大事である。

　このような意味から日本書籍出版協会と協会で行われている教育を見た場合、

181

第4章　出版関連団体が果たした役割

本来、日本書籍出版協会自体が編集者のプロフェッション・アソシエーションではないものの、その役割や現在まで果たしてきた多くの活動のなかには、編集者を含む出版業全体を規定する倫理綱領の作成や教育提供の機能を果たしてきたことなどから、ある一定の部分において編集者のプロフェッション・アソシエーションたる活動を遂行してきたことは確かである。ただ、その教育の実際を見た場合、やはり編集者の職業活動における専門性の向上とそれにともなう職業活動の自立性の確保という目標にはいまだに程遠いし、教育の内容においても体系的な教育システムや内容を備えていないと判断せざるを得ない。

第5項　日本書籍出版協会の三十年史とあり方に関する論議

　1987（昭和62）年に創立三十周年を迎え刊行された『日本書籍出版協会三十年史』を見てみると、協会の歴史を3期に分けてある[42]。

　第1期は、1957（昭和32）年創立後10年間の基礎づくりの期間であり、この期間を通して日本書籍出版協会は「出版事業の健全な発達、出版文化の向上

＊42　日本書籍出版協会は、既に2007年に『50年史』（補足資料）を発行しているが、本書では、『30年史』の記述を元に分析している。

〈補足資料〉　**日本雑誌協会・日本書籍出版協会50年史刊行に当たって（2007年）**

　日本書籍出版協会は、2007年に日本雑誌協会と合同で「50年史」を既に発行されており、当時の理事長小峰紀雄氏は、次のように冒頭で述べている。

　社団法人日本書籍出版協会は1957年（昭和32）3月29日に創立され，今年2007年（平成9）に50周年を迎えました。昨年，同じく50周年を迎えた日本雑誌協会と共同して，「創立50周年記念事業」を実施することになりました。本書もその共同事業の一つとして編まれたものです。
　当協会は，これまでに『日本書籍出版協会十年史』『日本書籍出版協会三十年史』など，活動の記録を刊行してきましたが，それらによりますと，敗戦後の混乱期を脱出した時点で，「出版界を代表する強力にして清新な団体をもつべきだ」という多くの出版社の強い要望にこたえるべく誕生したのが日本書籍出版協会です。
　以後，出版文化を担った先人は，出版流通・販売，情報の基盤整備，言論・表現・出版の自由と責任の問題，知的財産権・出版者の権利の確立，再販制度の維持や税制対応，国際交流の促進，読書推進など出版文化の向上と出版環境の整備に真摯な努力を注いできました。出版文化の現在は，その蓄積の上にあり，これらの諸課題は，いまなお現在的な課題です。
　近年，電子メディアの急速な普及と浸透により出版形態も多様化し，読書行動も変化してきました。しかしながら日本語を豊かに育み，さまざまなメディアの基盤を形成してきたのは文字・活字文化であり，その基本的な役割は，これからも変わることはないと考えます。民主主義は多種多様な言論・表現・出版の自由と責任にもとづいて成り立ちます。
　この半世紀の間，日本書籍出版協会は，日本雑誌協会とともにわが国出版界の代表としての役割を担ってきましたが，これもひとえに会員ならびに関係各位のご支援・ご協力の賜物です。深く感謝申しあげ，今後も皆さまとともに出版文化の向上と振興に努力して参りたいと存じます。

第2節　日本書籍出版協会の性格と役割

と社会進展への寄与」という組織目的を定め、それを現実に実現するための活動を展開した。

　具体的な活動を挙げると、『日本総合図書目録』や『出版読書人』を発行し、1957年10月には全出版人の出版活動や行動の規範となる「出版倫理綱領」を制定した。なお、1958年4月に、国際出版連合(International Publishers' Association)に加盟し、日本出版業界を代表する団体としての役割を担うことになる。そして1965年4月1日、社団法人に改組された日本書籍出版協会は、著作・出版権の問題、取引と価額調整運動、出版物郵送問題など出版業界の諸問題へ対処しながら出版業界を代表する協会としての活動を具体化かつ拡大化してきた。

　第2期は1967（昭和42）年から1976（昭和51）年までの10年間の時期であり、この時期を協会史では「激動の十年」であると名付けている。この時期は、日本書籍出版協会が社団法人として再整備された組織基盤のうえで、1968年11月には創立10周年記念事業として日本出版会館を建設、また『日本出版百年史年表』を完成、刊行するなど、安定的な基盤を固めていった時期でもあるが、72（昭和47）年日本の出版史上、未曾有の大事件と騒がれた「ブック戦争」と社会問題にまで発展した「書店スト」は協会の出版業界における位置づけを問い直す契機ともなったのである。

　人件費の高騰などにより、経営難を訴える小売書店側の手数料引き上げ要求に始まったこの紛争は9月1日から12日までの12日間のわたる書店ストを巻き起こし、「日本書店商業組合連合会」と「日本書籍出版協会」はその問題に関して協議を続けてきたが、結局話し合いが決裂し、「日本書店商業組合連合会」が一部出版社の商品を取り扱わないという実力行使にまで到ったのである。

　書店ストの直接的原因は1968年ごろからの出版業界の景気不振や売上の低迷であると言われているが[43]、日本書籍出版協会としては書店ストへの対応をめぐり「書協の役割は何か。会員社の声をどうすくい上げ、どう反映し、ど

＊43　出版ニュース社編『出版データブック改訂版1945→2000』（出版ニュース社、2002年）、58頁〜59頁。

＊44　日本書籍出版協会編『日本書籍出版協会三十年史』、132頁〜135頁。ブック戦争と書店ストに対する日本書籍出版協会の対応については「第四章第三節ブック戦争とその波紋」のところにその詳細が書いてある。

183

う強くするのかの具体案はないのか」「会員社の意見反映は総会か部会しかない。現在の部会は部門別だが、出版社の規模別組織の必要性はないのか」など協会の組織問題、体質、あり方の問題までが提起されるに至ったのである*44。

この事件は日本書籍出版協会創立後最初の混乱であり、書店ストは終わったが日本書籍出版協会にとっては「危機の時代の始まり」であり、書店ストの問題は結果的に臨時総会で混乱を招いた責任を負い「理事総辞職」で以って幕を下ろしたが、協会内部には「機構改革研究委員会」が設置され、以後1973（昭和48）年からその翌年まで日本書籍出版協会の性格をめぐる論議が熱く展開されることになった。

> 「書協というのは利益団体か文化団体かはっきりできぬ。いざとなると取引条件などもさけることのできない団体だ。書協一本では動けない。書協を離れた業者グループが結束して具体的条件を決めてゆく。細分化された業者団体というものが強くなってゆくことが大切だ」
> 「書協の性格をどこに置くのか。日常的に他団体、他機関、政府機関などと"協議"する団体で、会員からの特定事項について委託をうけて交渉することがあり得るというのか、それとも他の団体などと"交渉権"をもってやる団体なのか、はっきりさせたい。あるいはその中間なのか？加盟していてもいなくても、受ける利害に変わらないなら高い会費分だけ損だ。会員にとって魅力のある書協、相当の会費を払ってもメリットのある書協であるべきだ」
> 「協議会か連合会か、その区別をもうす少しはっきりさせよう。協議することが目的で、その決定が直接、会員に影響を及ばさぬのか、それともその決定が経団連のように構成者に拘束力を持つのか」
> 「著作権とか郵便問題とか書協でなければできない問題がある」
> 「組織、規模の違う会員が集まっているのだから、ある程度のゆるやかな結合でいい。大切な問題が起きた場合、迅速に対応できる委員会をつくり、最終的には総会、理事会の決議によることをはっきりさせるべきだ」*45

---

*45　前掲書、243頁〜244頁。

等々の日本書籍出版協会のあり方をめぐる問題意識が数々提起された。"書協脱退論""書協無用論"などに発展していくこれらの論議に対して、「日本書籍出版協会」の機関紙『日本書籍出版協会会報』"会員の声"を通して美作太郎は「書協のなすべき仕事」と題して、「"書協無用論"を批判し、書協が業界のために行っているたくさんの事業がいかに出版社の仕事に役立ち、出版社の社会的地位を高めているかを、出版の自由と責任に関する委員会に触れながら説き」（214号、1973年4月15日号）、鈴木敏夫は「書籍協会への希望」と題して、「会員の素朴な疑問や質問に対して、会員が理解しうる答えの出来る協会であること、組織・機構は単純且つ明確なものであること、協会は、その全会員社の業績実態を集計資料として常に持っていること」の三つの具体的な要望事項を挙げた（215号、1973年11月15日号）。

「機構改革研究委員会」は、これらの論議をまとめて、1974年2月20日に「書籍協会の目的・事業・運営方法について」と「書籍協会の内部機構・機能その他について」の2部構成の報告書を提出した。この報告書の内容がその後の日本書籍出版協会のあり方にかかわる「行動方針」となったのである＊46。

報告書の内容から1部の「書籍協会の目的・事業・運営方法について」と2部「書籍協会の内部機構・機能その他について」の一部分（会員について）を紹介すると次のようである。

　一、書籍協会の目的・事業・運営方法について
　書籍協会の目的・事業については、基本的には現在の定款に決められている目的（第四条）、事業（第五条）を変更する必要はないと思われる。
　協会の性格には親睦・情報交換の場としての側面と、会員の要請に応えて積極活動を行うとの両面がある。従って、対象となる事項と性格により、定款の目的と事業に幅を持たせた運営が必要である。要は対処するに当っての適正な手続きと処理方法が問題である。もとより、総会は協会の最高決議機関であり、また理事会は最高実行機関である。しかしながら執行に当り、個々の会員社の経営に重大な影響を与える事項の処理に際しては、総会に付議するなど、慎重な処理が必要である。なお、協

＊46　前掲書、247頁。

会の限界を超えていると判断される事項については、別組織を設けて解決すべきである。

二、書籍協会の内部機構・機能その他について
（1）会員について
会員の拡大は必要である。書籍協会に入会して当然と思われる社の入会を積極的に慫慂し、会員社の漸増をはかりたい。
書籍協会は社団法人としての責任により、業界全体の発展と向上を志向すべきである。会員社には協会の全業界的活動を推進しているという参加意識が必要である。従って、会員意識の強化という当面の目標に鑑み、準会員制度については、現段階では考えない。また、書籍協会の各種事業についての広報活動を活発にし、会員社の理解を得るとともに、公益法人としての活動の中に、会員社の事業の健全な発展のための諸活動（研修会・相談室・資料室・福祉事業・調査統計資料作成配布などを含む）を織り込むことが必要である。会員社との連絡を緊密にするため、書籍協会が当面している重要な問題を議題とし、会員集会を三ヶ月に一度、あるいは年二～三回開催すべきであるという意見が強く出されている。また、部会を組織化し部会総会をこれに当てようという少数意見があり、今後の検討をまちたい*47。

　報告内容を見てみると、日本書籍出版協会は「出版事業の健全な発達、文化の向上と社会進展への寄与」という本来の目的は依然として堅持しつつ、その性格を①親睦・情報交換の場としての側面と、②会員の要請に応えて積極的に活動を行うとの側面があると、より明確に規定している。そして何よりもこの報告内容で強調されているのは、「社団法人」として会員社の事業の発展に寄与できるような組織を目指し、会員者との緊密な交流・連絡を図ることであるように見える。
　このようにして一時「危機」の時期を乗り越えた日本書籍出版協会は、その後第3期「転換期の十年」（1977（昭和52）年から1986（昭和61）年まで）を迎え、

---

*47　前掲書、247頁～248頁。

第2節 日本書籍出版協会の性格と役割

また現在に至るまで出版業界の代表団体として販売・生産・編集・経理・国際など出版業界の各分野に関する事業を推進、また取引問題、著作権・出版権問題その他、幅広い諸活動を展開している。

第6項 プロフェッショナル・アソシエーションと日本書籍出版協会

Almond & Powellは、利益集団(interest group)を次の4つの類型に分類している。

① 非結社的(non-associational)利益集団：地縁、血縁等のような第1次的な紐帯関係を土台に形成されており、間歇的に利益表明をする前近代的利益集団

② 制度的(institutional)利益集団：政党、立法部、軍隊、官僚制、協会等のような組織のなかでみられる利益集団であり、本来利益表明以外の政治的・社会的機能を遂行するために組織された集団

③ 結社的(associational)利益集団：企業家団体、労働組合、宗教団体、市民団体等。利益表明のために組織された特殊的組織

④ アノミー的(anomic)利益集団：高度に集権化された政治体制の下で不満や抗議の自然発生的表現として出現する非組織的集団であり、政治的な不安を醸し出す集団[48]

現代社会における社会的諸利害の多様な分化とともに社会構成員の利害関係もより複雑化・多元化することによって、特定分野における利害・利益を共有する集団の出現も続出した。このような過程で集団間あるいは行政との間に生まれる多くの葛藤要因を調整し、その集団の利益を向上させる利益表出活動とそのための団体を組織する必要性は次第に増加してきた。

「利益集団」を「ある特別の利害・関心・欲求・価値の維持ないし遂行のために組織化された集団」[49]と定義した場合、日本書籍出版協会は以上の分類からすると、出版業者を一丸とまとめ、業界の利害を代弁する利益団体、とりわ

---

[48] Gabriel A. Almond & G. Bingham Powell, Jr., *Comparative Politics: A Development Politics*, (Boston : Little Brown and Co., 1966) , pp.75-78, 李斗暎「韓国出版団体の生成過程と発展課題」『韓国出版学研究』第44号(韓国出版学会、2002年)、341頁から再引用。

187

け結社的利益団体とみることができる。正確には日本書籍出版協会は出版企業家＝出版経営者の代表団体であると言える。

プロフェッショナル・アソシエーション（professional association）が同じ職業を持っていることをきっかけあるいは前提条件に組織される職業団体のひとつだとすると、日本書籍出版協会は出版業を営む出版業者が「業界全体の発展と向上」を志向し組織した利益団体であり、経営者団体（employer's association）[50]である。つまり、編集者のプロフェッショナル・アソシエーションと日本書籍出版協会は根本的に異なる目的志向を持つ団体であることは確かであろう。

日本書籍出版協会は戦後日本の書籍出版業界を代表する新団体として設立され、日本の出版活動を広げるとともに出版業を営んでいく上で出版業に従事する者が抱く共通の利害問題や課題に共同で対応していく求心として活躍してきた。さらに日本書籍出版協会は出版業者の共同の目標を設定し協働する場であり、倫理規範を制定しその構成成員を規制し、出版業に従事する者同士の成員連帯と協同を通した一体感を醸し出すことで出版業界全体の利益を促進・擁護を目指してきた。出版経営者の団体として日本書籍出版協会は戦後の混沌とした日本社会で生まれながら日本出版文化の向上にも少なからぬ貢献をしてきたと思われる。

ただ日本書籍出版協会が出版経営者の団体であるとしても、出版社の場合、規模や組織が様々であり、経営者の性格も様々であることには注目しておく必要がある。出版経営者のなかには実際編集者出身あるいは直接編集を担当している場合も多く存在すると思われる。また、この第1項、日本書籍出版協会

---

[49] 利益集団（interest group）とは、ある特別の利害・関心・欲求・価値の維持ないし遂行のために組織化された集団をいう。利益集団が具体的な圧力戦術を用いる場合は、圧力団体と呼ばれる。利益集団は、職場内の小集団から全国的規模の大団体に至るまで、多様な形態を持っている。利益集団の簇生を促したのは、産業化と都市化にともなう職業構造・集団構成の分化と複雑化、そして労使関係に典型的にみられる利害対立の激化である。（『新社会学辞典』（有斐閣、1993年、75頁）

[50] 経営者が自らの必要によって形成した協会や組織の類。個別企業と各種の業界団体や地域別の経済・経営団体とを会員としている。日本には現在、全国レベルの四つの大きな経営者団体があり、一種の分業体制をしいている。そのうち中心的地位を占めているのが経済団体連合会であり、業界間の利害を調整しつつ全経済界を代表して政府に具申や建議をし、あわせて政治を陰から支えている。（『新社会学辞典』、353頁）

第 2 節　日本書籍出版協会の性格と役割

の発足経緯で紹介した日本書籍出版協会の設備準備委員会で協会の基礎づくり
を手がけた 5 人の世話人、江草四郎（有斐閣社長）、金原一郎（医学書院創業者）、
布川角左衛門（岩波書店編集者）、小林美一（相模書房創業者）、岩崎徹太（岩崎
書店創業者）は、岩波書店の編集者であった布川角左衛門以外は各々の出版社
の代表者、創業者であると同時に出版企画編集者でもあった。

　また、日本書籍出版協会が制定した「出版倫理綱領」は、出版業に従事する者
すべてを規制する自主規制の原理を表している。さらに日本書籍出版協会で
行っている事業の数々、例えば、出版事業に必要とされる調査研究や新人社員
や中堅社員向けの教育機能などは、その性格や活動の一部において日本の出版
編集者のためのプロフェッショナル・アソシエーションの機能を果たしている
とも考えられる。

189

■■■ 第4章　出版関連団体が果たした役割

第3節

日本出版労働組合連合会の性格と役割

第1項　出版労連の発足経緯

　日本出版労働組合連合会（Japan Federation of Publishing Worker's Unions
以下「出版労連」と称する）は、2002年現在約160組合・分会8000名の組織人
員を持っている産業別労働組合である。出版労連は出版社だけではなく、出版
産業およびその関連事業に従事する労働者をもって組織される労働組合で構成
されており、具体的には出版社・取次・小売書店および関連領域で働く人達の
組織である。つまり、出版労連は出版業界で働く様々な職種の人々を「出版労
働者」という共同基盤の上で包括しており、本論文の対象である書籍出版編集
者の純粋なプロフェッショナル・アソシエーションではない。しかし、その構
成員からみて、日本書籍出版協会が経営者の団体だとすると、出版労連は一般
従業員の組織であり、その中には多くの編集者が含まれている。

　まず、根本的な問題を挙げると、出版編集者が自らのことをプロフェッショ
ナルとしての「編集者」として位置付けているのか、それとも「出版労働者」とし
て位置付けているのかという自己アイデンティティの規定により、その志向す
るところや活動の中身等は異なってくるであろうと考えられる。ここで取り上
げる出版労連が目指す目標や展開している活動は、編集者だけではなくより範
囲の広い出版従業者を想定しているが、実際の活動の中身をみると、プロフェッ
ショナル・アソシエーションとしての活動とかなり重なる部分が多いと考えら
れる。したがって、本論ではまず出版労連の成立背景と現在に至るまでの活動

190

第3節　日本出版労働組合連合会の性格と役割　■

展開の様相や主な活動内容等々をプロフェッショナル・アソシエーションの機能、つまり教育と訓練機能、地位確保および促進(promotion)機能や統合および自主規制等々の基準にしたがって検討してみることにする。

まず、出版労連成立の成立経緯を見ると、大きく３つの時代に分けることができる。第一期は1953年４月15日に結成された「出版労組懇談会の時代」、第二期は1958年３月15日に発展的改称された「出版労協の時代」、最後に第三期が1975年７月から現在に至るまでの「出版労連の時代」である。

1.出版労組懇談会の時代：（1953年４月15日〜1958年３月15日）

敗戦後、日本は極度の食料不足と激しいインフレによる大変厳しい生活のなかでも民主化と平和憲法の基盤が設けられ、民主主義を志向する様々な運動が広げられた。その一環として各企業内において労働組合の結成が活発に進められ、すべての産業において労働組合が爆発的に結成されたが、出版業界においてもそうした時流に乗り、中教出版、小学館、中央公論、講談社、岩波、東洋経済、三省堂など各会社の中に組合が結成されるようになった。

1946（昭和21）年４月に産業別単一組織として「全日本印刷出版労働組合」（略称：全印刷、委員長・鈴木登、印刷40組合、１万2000名、出版36組合、3000名）が創立され、産別会議（全日本産業別労働組合会議）に加盟するに到った。印刷や取次の組合と共に出版の組合も、その支部・分会として活動した。

しかし、この後、2.1ゼネストを契機に占領軍の政策が変わり、占領軍と日本政府の弾圧が強くなり、労働運動への分裂攻撃が行われるなか、産別会議のなかの民主化同盟による総評（日本労働組合総評議会）が結成され、またレッド・パージ、朝鮮戦争など、相次ぐ内外の激動に対応しきれず、労働戦線は分裂を余儀なくされた。印刷出版労組にも分裂が現れ、1948（昭和23）年末の組織人員２万9270名をピークに組織力は減退し、1953（昭和28）年にこれを解散して新たに「全国印刷出版産業労働組合」（略称：全印総連、委員長・森田貞保）を結成した。またこのとき「全印総連」に加盟しなかった一部の労組によって1954年に「全東京印刷出版労働組合連合会」（略称：東印労）が結成されている。こうした労働戦線の分裂のなかで、出版においては岩波書店、主婦の友の労組など２、３を除いて、多くの組合が各単組の運動上の主体的な未熟さもあって単一組織を脱退し、それぞれの企業の中に閉じこもっていた。

191

こうしたなか、1952（昭和27）年春、賃上げと越年資金闘争でスト権確立という厳しい状況にあった講談社労組が、岩波書店、主婦の友社の労組などに相談に行ったことがきっかけとなり、岩波書店労組の提案によって三省堂を含めて4社労組懇談会がつくられた。それが翌年の1953年に東洋経済、中央公論、小学館を加えて7社懇談会になり、次々に参加する組合が増えて、1953年4月に「出版労組懇談会」（以下「出版労懇」と称する）が発足した。参加出版社は上記の7社に加えて、中教出版、有斐閣、三笠書房、日地出版、平凡社、筑摩書房、河出書房、日本評論新社の15組合、約1000人が参加していた。なお、この年の7月には京都・大阪において「京都出版人懇談会」が組織された。

　当時、「出版労懇」が誕生するようになった初期の問題意識は「出版社で働いている人たちが共通して苦しんでいる問題として、職場を支配している封建性、低賃金と職階給、残業、嘱託その他の身分制度および臨時雇用制度と首切り、さらに会社の無理解のために良心的な仕事がやりにくいというような」難問に対処し「相互協力の態勢を強化」することで解決していこうとするものであった[*51]。

　「出版労懇」が設立された際の会員規程や組織目的、活動内容や会計、運営については、『出版労組懇談会ニュース』No.1（1953年4月25日付け）に**資料4-4**のように明示されているが、この内容からみて、「出版労懇」の組織の性格は、その積極的な推進主体は各出版社の労組のメンバーであったが、会員資格としては労働組合と関係なく、「出版社で働いている人」というより幅広い規定をしており、いわば仲間的結合、同職ギルドとも言えるような性格であったと思われる。「出版労懇」結成当時の会員労組及び人数は、**表4-7**のようである。

　結成後、「出版労懇」は各単組の賃金、残業、身分差、組合の権利（労働協

資料4-4　「出版労組懇談会　申し合わせ」

一、会員：出版関係の労働組合（加盟団体の如何を問わない）。ただし労組の有無にかかわらず個人でも加入できる。
二、目的：出版労働者相互の親睦、連絡、協力の強化
三、仕事：資料の蒐集、機関誌の発行、サークル活動の交流、各種会合の開催、その他。
四、会計：一名につき月額五円の会費のほか、寄附によってまかなう。
五、運営：若干の監事組合を選出して委任する。

＊51　『出版労組懇談会ニュース』No.1（1953年4月25日付け）、1面。

第3節　日本出版労働組合連合会の性格と役割 ■

表4-7　出版労懇結成当時の参加社名と組合員数（計23社1618名）

社名	人数	社名	人数	社名	人数	社名	人数
講談社	426	中教出版	82	三笠書房	36	理論社	7
小学館	185	河出書房	76	日評新社	24	宝文館	有志6
岩波書店	182	平凡社	71	日地出版	24	葦会出版	有志4
主婦之友社	168	中央公論	58	第一書店	19	白水社	有志数名
東洋経済	100	実教出版	55	日本経済	（編集）9	共立出版	有志数名
三省堂	94	有斐閣	48	日本経済	（営業）4		

＊　1953年6月1日現在、正式に参加されている組合（または有志）の状況。
『出版労組懇談会ニュース』No.2（1953年6月1日付け）から引用

約）などについて情報交換や経験交流を行った。ちなみに当時の賃金20歳平均7300円、30歳平均1万7500円（ラーメン25円、家賃4畳半 2000円程度である。また、「出版労懇」のなかに「出版青年婦人懇談会」と「出版婦人懇談会」が組織され、積極的な交流・文化活動を行い、「合同文化祭」などを開催するなどしており、その活動ぶりは一時「文化祭の労懇」と言われるほどであった。

「出版労懇」が結成される前の1952（昭和27）年に編集者たちの組織である「編集者懇談会」が発足したが、これは1946（昭和21）年に結成された「日本ジャーナリスト連盟」が消滅してから「ジャーナリストの失われていた連帯を再確立するために」結成されたが、「記憶に残るほどの事業はできなかった」という[52]。

当時この「編集者懇談会」には、東洋経済、日本評論、改造、岩波書店、中央公論、日本読書新聞、春秋社等の編集者が集まっていた。この「編集者懇談会」は、以降1955（昭和30）年2月「日本ジャーナリスト会議」結成への基盤づくりの役割を果たし、「日本ジャーナリスト会議」は、現在においてもその活動が続いている。「日本ジャーナリスト会議」は著名人や編集幹部まで包含したジャーナリストの自主的組織であり、出版一分野に限らず日本の言論・出版分野で働いているジャーナリスト間の交流と協力を密接にすることを目的に活動している。

2.日本出版労働組合協議会の時代：（1958年3月15日～）

戦後の出しさえすれば売れていた出版好況は、もはや終わりを告げ、1953（昭和28）年暮れから翌年の1954年にかけて日本の出版界は厳しい不況に悩み、有力出版社の倒産、閉鎖が相次いで起っていた。出版界、とりわけ書籍出版業

＊52　前掲書、109頁。

界では1952年から文庫本合戦から全集合戦に移り代わり、新潮、角川をはじめ講談社、河出、筑摩、創元など大手出版社が次々と全集出版に乗り出し、激しい競争が繰り広げられた。これらの全集ブームは定期的に発行される雑誌に見られるような安定性を書籍出版に与え、資金回転の安定性を確保する試みとして非常に多くのベストセラーを創り出しつつ活発に出版された点については評価されたが、「創造性なき焼き直し版、不完全集、回転資金稼ぎ」などという厳しい評価もあった。そして文学ものを中心とする全集ブームに引継ぎ54年頃から新書ブームが始まった。

　この時期の新書ブームは、以前岩波書店が「現代的教養を目的とした新知識の提供」というスローガンを掲げてはじめた新書の性格とは異なり、多様なテーマを持っていたし、100円から150円の定価設定で一種のポケット用廉価版として一般読者に愛読された。「戦後最大の不況」と言われるほど厳しい出版状況下で全集合戦や新書ブームなどは、不況を打破していこうとする出版業界の努力のように見えるが、一方、厳しい出版不況と競争によりどこの出版社でも労働強化や残業が問題となった。

　「出版労懇」としては1953年活動を開始して以来各出版社のサークル活動を媒介に、それを束ねる文化祭を通して結束してきたが、労働強化によりその主体であった各出版社のサークル活動も当然弱くなり、以前の活発さは段々姿を消していった。一方1955年初頭には、改造社で人員整理がかけられ、「出版労懇」は対策会議を設置し、毎夜の動員、カンパ、守る会の結成など、解雇反対と言論・出版の自由擁護を柱として数ヵ月にわたって取り組むようになったが、この闘いはそれまでの懇談会の枠を抜け出た闘いであった。

　1955年春からは教科書労働者を中心として教科書の反動化・軍国主義化反対の闘いが始められ、「出版労懇」として教科書検定の反動的実態を暴露した『現行教科書の諸問題』を発行し、また1956年3月には「教育三法案反対決起集会」を日教組、全印総連などと共済するに至った。この教科書問題への取り組みは「出版労懇」が組織的に「政治的」運動を推進した最初の活動であった＊53。

　「出版労懇」の時代以来出版労連の活動を主導し、「出版労働組合協議会」初代委員長を歴任した楢橋国武は、次のように回想している。

＊53　『出版労連』機関紙縮刷版第一分冊（日本出版労働組合連合会、1984年）、Ⅳ頁。

いずれにしても、文化祭を大きな拠り所にして展開されてきた労懇運動が組合本来の権利や労働条件の改善闘争や松川事件や教科書問題のような社会性や文化性を持った問題や課題へと、運動の取り組みの流れが移っていったと言えるように思われる。いわば労懇運動の必然の転機であったともいえよう*54。

「出版労懇」組織とその活動に対する問題提起は、このようにして組織内部から自ずと提出され、「労懇の組織強化」論議が展開されるようになった。その様子は1957年7年から毎号のごとく機関紙「出版労組懇談会ニュース」に報告されている。「出版労懇」に対する問題提起は、「単なる情報の交換・経験の交流の場である出版労組懇は今のままでいいのか」という言葉で始まる1957（昭和32）年8月15日刊機関紙『出版労組懇談会ニュース』No.38の「労懇の組織強化案－小委員会の討議報告」に明確かつ具体的に記されている。

現在の労懇には規約もなく（それらしきものは、一昨年例会できめた簡単な申し合わせがあるのみ）、代表者もなく、会計規則もなく、もちろん運動方針もなく、例会や幹事会あるいは世話幹事会にたまたま出席した人の良識により、ばくぜんと申し合わせとして決めるというにすぎない。このような弱い結合体としての労懇は、それぞれの内部条件に多くの差がある出版労働組合の場合、やむを得ないというよりむしろ適切なものであったのかもしれない。しかし、労懇結成以来すでに五年、当初十数組合千名ていどであったものが五十組合三千名に成長し、各組合とも多くの経験を蓄積してきた現在としてはあまり弱すぎるものであろう。

志を持ったいくつかの出版社の各組合が自然的な流れのように集まり結成した当初の「出版労懇」としては当然組織として備えるべき規約や目的を持ち得なかったし、それにともなう体制づくりや運営もできないでいた。当初は単なる情報と経験の交流、出版労働者同士の親睦を育むことしかできなかったが、そのうち、出版業界の状況は段々厳しくなり、出版業に従事する者同士として共

---

*54　楢橋国武『語り継ぐ出版労働運動史』から引用。
　　　出版労連Web（http://www.syuppan.net/mura_HP/narahp/rokon/n_102.html）

に考え、共に解決していくべき問題が多くなり、かつより組織化された対応を講ずる必要が出できたのである。

1957（昭和32）年3月29日には181社の出版社の代表者が参加した「日本書籍出版協会」が誕生しており、「出版労懇」としては「経営者同士は出版クラブとか書籍協会を持ち、また教科書関係では四社協定も結んでいるのに、肝心の労働者の方が懇談会という弱いつながりではまずい」*55という経営者に対する対抗意識や「出版労働者の生活と仕事を守り発展させるためには、何よりもまず、出版産業におけるわれわれの発言力と実行力を全体として高め、強力なものとすることが必要である」*56という出版活動における出版労働者としての主体性の獲得という問題意識も「出版労懇」の組織強化を急ぐ原動力となったように思われる。

このような問題提起によって「出版労懇」には労懇組織強化のための小委員会が構成され、小委員会では機関の種類と構成、その任務と権限、役員、会計と会費、議事の運営方法、加入脱退の手続き、加入者の権利と義務など組織構成の基本に関する論議を進め、強化案を幹事会で報告し、討議を重ねた結果、強化案が出された。強化案の内容を要約すると「まず労働懇を協議会形式の組織体にする。規約、綱領をはっきり定め、議決機関とそれに責任を負う執行機関を作り、形の上で明確な上部組織を持つことになる。ただし、いわゆる連合会形式に比べれば執行機関の権限、責任と傘下各組合の義務権利との関係は、絶対的な拘束力はもたない、つまり「各組合の自主性尊重の面を多分に残すという形をとる」ことである*57。協議会の骨子は、次のとおりである（**資料4-5**）*58。

資料4-5　出版労協の基本的な性格

一、　最高決議機関(大会年一回)と二次的決議機関(評議員会年三〜四回)を持つ。
二、　議決機関に責任を負う役員を選出して執行機関(常任幹事会)を確立する。
三、　役員会は個人とする。（今までのように幹事組合などということで各組合で出席者を随時に自由にかえることをやめ、規約で定められた任期中はその個人に固定する）
四、　執行機関内に専門部をおき、役員が部長となって日常活動をおしすすめる。
五、　現在のブロック会議をもっと強化し発展させるようにする。
六、　個人加盟制は存続する。
七、　労働組合法上の適法組合とする。

＊55　『出版懇談会ニュース』No.38（1957年8月15日付）、1面。
＊56　『出版懇談会ニュース』号外(1957年10月15日付)
＊57　『出版懇談会ニュース』号外(1957年10月15日付)
＊58　『出版懇談会ニュース』No.39（1957年9月30日付）、1面。

第3節　日本出版労働組合連合会の性格と役割　■

　1958年3月15日、33単組、3106名を結集して神田一ツ橋の日本教育会館にて「出版労働組合協議会」（以下、「出版労協」と称する）の結成大会が開かれた。過去5年間の「出版労懇」を一歩前進させ、「日本の出版社に働く者の団体と友情、統一と連帯の民主的な中心核として」改めて結成された「出版労協」であるが、「出版労協」への組織強化を論議する過程や規約を定めるなかで最も留意されたことは、構成成員の「自主的参与」による組織の「民主的運営」であったように思われる。

　「出版労懇」から「出版労協」への組織強化に関する論議経過を詳細に報告している当時の機関紙を読んでみると、出版従事者としての連帯的活動という労協の活動が組織側からの意識の植付けや押し付けではなく、組合員の自発的な意識向上によって実践されることを何よりも心掛けていたように見受けられる。当時の機関紙には「出版労協」の結成にあたり、「組合活動をみんなの手で」ということを「協議会運営の大原則」であると表明している*59。

　協議会という形式は他の産業別労働組合が連合体形式で活動していたことに比べると組織としてはいまだ「ゆるい」ものであった。しかし当時「出版労懇」の構成員たちは「何か理想的なそして屢々現実からかけはなれることがある形のものを一挙に強引につくりあげるというやり方でなく、欠陥であった点をただすという観点で組織」したいという願いを込めて、敢えて組織的な弱点を勘案しながらも「出版労懇」を「自主的な権利を平等にもつ各出版社の労働組合の民主的な結合体＝協議会」という組織にし、「個々の働く者の出版労働者としての自覚にもとづく、自発的な交流と連帯」を期待していたように思われる*60。

　最後にここで「出版労協」結成の際、定められた規約のなかで「出版労協」の組織性格を総括的かつ明確に記している「第一章総則」と「第二章加盟」および脱退」から、第1条～第8条までを引用し、紹介することにする（**資料4-5**）。

　しかし、「出版労協」は結成直後から、1958年の警職法闘争、59年の主婦と生活・英通争議、60年の安保闘争など、厳しい情勢と日本労働運動の高揚のもとで、「協議体」の枠を超えた産業別組合としての運動を事実上展開せざるを得なかった*61。

---

*59　『出版懇談会ニュース』No.43（1958年3月15日付）、1面。
*60　前掲紙、1面。
*61　『出版労連』機関紙縮刷版第一分冊（日本出版労働組合連合会、1984年）、Ⅳ頁。

197

第4章　出版関連団体が果たした役割

資料4-6　「日本出版労働組合協議会規約」（準備委員会案）

第一条　この会を日本出版労働組合協議会と称し、略称を出版労協という
第二条　本会はこの規約に賛同する出版産業の労働組合をもって組織する
第三条　本会の目的を左のとおりとする
　　一　低賃金と労働強化を打破し、労働組合の諸権利を守る
　　二　民主主義、思想・言論・出版の自由を守る
　　三　原水爆を禁止し、世界平和と民族独立のために闘う
　　四　出版労働者の団結を強め、全労働者階級の統一につくす
第四条　本会は前条の目的を達成するため左の事業を行う
　　一　加盟組合の諸問題に対する援助および共同方針の決定
　　二　加盟組合相互の情報資料の交換
　　三　加盟組合員の教養文化および福利厚生に関する事業
　　四　未加盟組合の加盟促進および未組織出版労働者の組織化
　　五　関連産業の労働組合その他の団体との提携
　　六　その他目的達成に必要な事業
第五条　加盟組合は次の権利をもつ
　　一　この規約に定める加盟組合としての均等の取扱いをうけること
　　二　会計、議事録その他協議会に関するあらゆる書類を閲覧すること
第六条　加盟組合は次の義務と責任をもつ
　　一　規約および決議を守ること。ただし加盟組合の自主性を尊重する
　　二　会費および特別賦課金を別に定める期日までに納入すること

第七条　本会にあらたに加盟しようとするときは、組合の正規の議決機関の加盟決議
　　　　を経て、当月分の会費をそえ書面をもって中央執行委員会に申し込むものと
　　　　する。加盟の可否は中央執行委員会において決定し、次期議決機関に報告さ
　　　　れる
第八条　本会を脱退しようとする組合は書面をもって中央執行委員会に届け出なけれ
　　　　ばならない。届け出の日より一ヵ月を経過した時に脱退行為が成立し、その
　　　　組合の本会に対する権利義務は消滅する

3.　日本出版労働組合連合会の時代：（1975年7月～現在）

　1960年代末から1970年代にかけて日本の出版産業は高度成長し、出版界の
マスプロ・マスセール体制が定着するようになっていた。マスプロ・マスセー
ルを先導したのは雑誌分野ではあるが、書籍分野においても百科事典や全集、
豪華本の高価本出版、そして一方では新書、文庫本の廉価本を次々と出版する
ことによってマスプロ・マスセール体制を作り上げてきたのである。このよう
なマスプロ・マスセール体制の問題点としては、出版業界の版元・書店・取次
の全分野における大手優位の体制の定着、そして売上げ至上主義や商業主義の
蔓延などを挙げることができよう。

　1958年に懇談会から協議会へと組織を再編した「出版労協」は、1961（昭
和36）年から春闘共闘委員会に参加し、単産として春闘に取り組んできており、
春闘統一行動、経営者団体への要求提出、統一要求批准投票、統一スト実施と、

198

次第に力をつけてきた＊62。

　とりわけ1968（昭和43）年の春闘は、統一交渉権の確立によって「産業別統一労働協約」の獲得を目指した最初の春闘であり、この春闘を通して「単組の共闘・連帯」を主とした既存の「出版労協」の統一闘争を、未組織労働者もふくめた「真の産業別統一闘争」の水準へと引き上げる必要が提起されるようになった。そのために「出版労協」は組織と運営を産業別労働組合にふさわしく強化する必要が提案され、労協結成10周年を迎えた1968（昭和43）年6月、第16回臨時大会で、組織整備委員会を設置して「出版労協」の規約と組織運営全般について抜本的な検討を行うことを決定したのである＊63。組織整備委員会の論議は次のようなものであった。

　　出版労協の組織も大きくなり闘争力も強くなる、獲得結果も年々伸びるという状況の中で、組織的にはいろいろな問題をかかえることになる。それまでは春闘でも年末闘争でも、どちらかといえば各単組が大きな枠組みのなかで自由にやっていたのを、出版労協の統一闘争だといっていたが、六七年の年末闘争から六八年の春闘にかけて、その統一闘争を出版労協として意識的に組むように作り上げた。その結果、相当の成果もあがった。これからの出版労協は六八年春闘でやったように闘争の進め方を、もっと強めていかなければならない、そのためには出版労協の運営から規約まで全面的に見直さなければならない。いちばん大きな問題は、統一ストライキとか統一交渉とかを運動上で打ち出しながら、労協の規約上にはなにもきまりがないことだ。

　　規約見直しのポイントは二つだ。一つは労働組合というのは"みんなで決めてみんなでやる"ということなのだから、まず、"みんなで決める"決め方を民主的にしよう、つまり組合民主主義を徹底しようという課題が一つ。もう一つは、みんなで決めたことを"みんなでやる"保証を作ろうということで、これは単産機能の強化ということだ。組合民主主義の徹底というのは、ひらたく言えば大会代議員はかならず職場の意見を反映するものでなくてはならない、つまり職場で選挙されて出て来なくて

＊62　太田良作・橋本進・森下昭平・出版労連30年史刊行委員会、前掲書、273頁。
＊63　『出版労協』No.461（1973年2月13日付）、1面。

はならない、ということになる。出版労協の規約では、単組何名について代議員何名というとりきめだけで、単組が大会代議員をどう選ぶかという規定はない。極端な場合には"今度はオレが行くよ"と言って大会に出てきて、単組でも何の討議もされていない自分の意見を述べることもできるわけだ。そういうことでは、決まったことに単組が責任を持つということにはならない。（傍点は筆者）

進め方としては、まず各職場の意見を正当に代表する代議員によって大会を構成するという第一段階を達成し、それから第二段階の産業別機能の強化というのをやろう。産業別機能の強化とは、統制の面もあって、ストライキはこうする、こうした場合は懲戒をするといった統制条項を含むから、そのためには、まず職場の意見を十分に反映した代議員でやらなければならない。つまり組合民主主義の徹底の部分をまず決め、第二段階に進もう。第一段階と第二段階がともに達成されれば、もはや協議体ではなく、連合体＝出版労連となる[64]。（傍点は筆者）

　長い引用となったが、以上のような組織整備委員会の論議には「出版労協」で組織強化論議が提起されるようになった当初の問題意識と、組織強化の方向性と原則が分かりやすく説明されている。「出版労協」が「出版労連」として組織を強化するということには、「出版労協」の活動を展開するにあたり、企業意識の枠を越えて、出版産業に従事する出版労働者というより広い産業規模の意識を持って結集するという意味が含まれていた。

　労連化＝組織強化の論議はその後も引き続き繰り返されたが、1969（昭和44）年の第19回臨時大会が、「出版反戦」などを名乗る暴力的グループによって妨害されるという事態を契機に、「労働組合とは何か」という根源的問いかけを経て、同年9月20回定期大会で、労働組合として組織原則を確認するとともに、「組合民主主義の徹底」の面での規約の一部改正を成し遂げた。引き続き、「単産機能の強化」の面での規約討議を進めるとともに、「労連化の内実をかちとる」というスローガンのもとで運動面の一層の強化が図られ、1973（昭和48）年第27回定期大会は、「日本出版労働組合連合会」の規約を圧倒的多数で可決し

＊64　太田良作・橋本進・森下昭平・出版労連30年史刊行委員会、前掲書、278頁〜279頁。

た。しかしこの時点ではいくつかの単組が「労連規約」承認の批准を済ませていなかったので、団結保持のために新規約の全面的な発効は留保され、各称変更のみが決定された。1975（昭和50）年７月、第31回定期大会は労連規約の全面発効を確認し、ここに、各単組の相互支援・共同闘争の組織としての「出版労協」は、産業別統一闘争を名実ともに担いうる組織としての「出版労連」に成長を遂げた[65]。

第２項　出版労連のあり方と「新しい質の運動」の問題意識

　結成以来20年間、「組合民主主義の徹底と職場を基礎にした産別統一闘争の強化」を一貫した基本路線として貫き、出版労働者の社会的責務の自覚という立場から、「教育・文化の反動化・軍国主義化反対のたたかい、また、政治的課題にも労働組合として真正面からとりくむことを基本姿勢」[66]としてきた「出版労連」は「産業別統一労働協約の獲得を具体的課題としてかかげ、統一団交権の確立など、単産機能を質的に強化するために「労連化」にとりくみ、七四年に達成し、新しい情勢と課題にふさわしい組織体にまで成長」[67]してきた。1958（昭和33）年３月の「出版労協」結成当時に33組合、3106名だった「出版労協」の規模は、1976年５月現在において加盟組合数166組合、組合員数１万4329名となっており、組合数は５倍、組合員数は4.6倍も増加・拡大していた（次ページの**図4-3**参照）。

　「出版労連」の結成20周年を目前に迎えた1977（昭和52）年７月に開かれた労連の第35回定期大会では、出版業界の「高度成長」から「低成長」への情勢変化のなかで「出版労連二〇年の歴史を総括し、八〇年代へむけての新しい質の運動をつくりだそう！」という大きな課題がかけられた。「出版労連」で「新しい質の運動」というスローガンを提起し、そのなかで論議された内容は、まさしく「出版労連」の目指す運動のあり方や出版業界における「出版労連」の位置付けを明確にしようとする試みとして評価できると思われる。

　したがって、ここでは「出版労連」で提起された「新しい質の運動」がどのよう

---

*65　『出版労連』機関紙縮刷版第一分冊（日本出版労働組合連合会、1984年）、Ｖ頁。
*66　『出版労連』No.617（1977年７月１日付）、２面。
*67　前掲紙、２面。

■ 第4章　出版関連団体が果たした役割

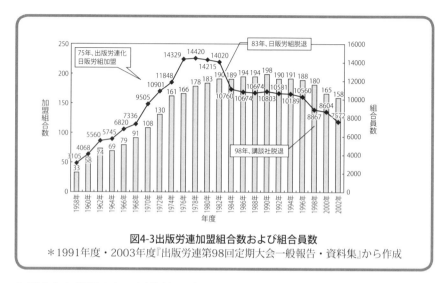

図4-3 出版労連加盟組合数および組合員数
＊1991年度・2003年度『出版労連第98回定期大会一般報告・資料集』から作成

な観点から提起され、具体的にどのような展開を見せたのかを当時の第35回定期大会で提起された議案書を中心にたどってみたいと思う。

　まず、簡略に当時の出版業界の情勢を見てみると、戦後様々な変遷や激動はあったものの、とにもかくにもこの70年代の前半までは高度成長の一途を辿ってきた出版業界であったが、70年代中盤を過ぎてからそういった出版の高度成長に翳りが見えてくるようになっていた。1973年の石油ショックによる紙不足以来、製作コストのすべてが急上昇するという最悪の状況のなかでも、1974年には実売高の前年比が30％余も増加し、"出版は不況に強い"というふうに語られ、1975年にはついに「一兆円産業」に到達していた出版産業であったが[*68]、それと同時に1975年に入ってから出版の停滞傾向が始まっていた。出版の停滞傾向はその後76年、77年へと継続し、高度成長の途上で築いてきたマスプロ・マスセールの体制はその矛盾を顕著にし始めていた。

　出版の停滞傾向はまず伸び率の大幅な鈍化、そして返品率の増大などの現象として現れた。まず、書籍の前年比売上金額は60年代以来続いてきた10％台を割って76年から一桁台に落ち込んだ。さらに書籍・雑誌の返品率の増大傾向を見てみると、75年の場合6月には34.5％、7月には37.0％、そして8月に

＊68　出版ニュース社編、前掲書、65頁。

は40.4％という最悪の状態となり、また76年7、8月には2ヵ月間連続して返品率が40％を越え、業界にショックを与えた。

　このような状況は「日本経済の危機による国民の購買力の減退という条件のもとで、出版資本が売り上げの維持と資本回転の確保のために、マスプロ・マスセール体制にのりやすい「売れさえすれば」の安易な「文化商品」を自転車操業的に多発し、そのことが出版物流通機構の持っている矛盾と相まって、あきらかに過剰生産となっていた」[69]ことを反映しており、「このような停滞傾向のなかで各分野での大手企業への集中、寡占化はいっそう拍車がかけられていた」[70]。一方では下請・プロダクション化は普遍的に広がり、「合理化」と労働条件の切り下げなどは一層強められていた。

　このような出版状況のなかで「出版労連」のなかに労連結成20周年を機に労連の運動全体を見直し、80年代にむけての展望を見出そうと「新しい質の運動」論議が提起される。この論議の最も基本的な問題意識は「出版労連」のこれまでの歴史が日本経済と出版界の「高度成長」の時期とほとんど重なっているため、「出版労連の運動自体に「高度成長」型の体質ができ上がってはいないか。

　「職場の空洞化、組合の形骸化」の嘆きは、こうした「体質」と深く関連したものではないか」という問いが掛けられる。そして「もっぱら賃金と労働条件のみにかかわるというあり方では、「仕事」を通じて労働者が資本の立場にとりこまれてしまう危険が増大している」とし、これまでの労連の運動のあり方に対する反省を踏まえ、これからの労連の取り組みとして「日常の組合運営と職場の闘争、さらには「仕事」とのかかわり方のなかにおいても「企業の枠」をこえた団結とたたかい」を展開することを提案している。すなわち、「新しい質の労働組合運動」の核心は、「労働組合をせまい職業的利益の枠のなかにおしこめ、体制化する路線」ではなく、「経済的・社会的・政治的民主主義の拡大・発展と社会進歩の主力舞台となることを目指す路線」へと大胆な質的転換を遂げるべきであるとするものであった[71]。

　以上のような問題意識から「出版労連」は「新しい質の運動」の中心課題を、「賃金」「反『合理化』・権利」「出版文化・教育」「政治・制度」の4項目に分けて提

---

[69]　『出版労連』、前掲紙、2面。
[70]　前掲紙、2面。
[71]　前掲紙、2面。

案しているが、このなかでもとりわけ注目に値するところは「出版文化・教育」の課題である。「出版文化・教育」項目の内容の一部は次のとおりである。

　　個別の出版資本は現在の不況を、出版物を「文化商品」としてしかみず、「内容は少々目をつぶってもいい、とにかく売れるものをつくれ」、また労働者がやめても補充せず、残った者を「目一杯こきつかおう」という姿勢でのりきろうとしている。この結果、職場はどのような状況におかれているのか、職場で労働者が何を考えているのかを、まず明らかにする必要がある。…（省略）…一方、自分たちが世に送り出している出版物の内容については「うしろめたい気持ち」を持ちつつ働く労働者がいる反面、みずからの「文化論」を持ち、誇りをもって仕事をしている労働者もいる。ただ生活の糧をうるためという労働者もいる。しかし、いずれにせよ、出版労働者が一面で知的創造にたずさわる楽しさや喜びを持つこと、社会的にも影響力を持つ事実は、自らの仕事と社会とのかかわりについての問いかけを意識的、積極的におこなえば、大多数の労働者の参加のもとで、「良い仕事をするための最低基準」を作り上げることが不可能な課題ではないことを意味している。ただこのさい注意すべきことは、このような取り組みを、資本の側が「企業閉じ込め」「労使協調」「企業意識の育成」に絶えず利用しようとすることである。

　　われわれは、このような資本の取り組みと労働者の側の安易な対応を克服するためにも、労働運動のなかでの正しい「職業意識の確立」、いいかえれば、各期の運動方針でも再度にわたって確認してきた「出版労働者としての社会的責務の自覚」という課題についての討議を、職場でさらに深め、一致をかちとる努力を強める必要があろう。

　　それをつうじて、はじめてわれわれは、真の意味での「職場の主人公」になりうるのではないか。また、企業をこえ、産業規模での要求・政策づくりが可能になるのではないか。

　　すなわち、商業主義・市場拡大・利潤追求という資本の論理をこえて、広く国民の文化的要求をみたし、言論・出版の自由を守り発展させうるのは、われわれ労働組合をおいてはないからである[72]。

---

[72]　前掲紙、3面。

第3節　日本出版労働組合連合会の性格と役割

「新しい質の運動」におけるこの「出版文化・教育」項目こそ、これまで「出版労連」の運動をより一歩前進させ、「出版労連」運動の質的転換をより明確に示している項目であるように思われる。つまり労連の運動と運営を「もっぱら賃金と労働条件のみにかかわるあり方」ではなく、「仕事とのかかわり方」においても「企業の枠をこえた団結とたたかい」を組織することによって、出版労働者自身が企業や資本の論理を超えた自らの仕事の意味、仕事の社会的責務を問い、「広く国民の文化的要求を満たし、言論・出版の自由を守り発展させる」職業活動（出版活動）を遂行する「職場の主人公」となるべきであると呼びかけているのである。そして労連はそのような出版文化をつくるために企業の枠をこえる出版労働者の団結した強力な組織として運動を主導していかなければならないとしている。

この項目は「出版労連」がまさしく「狭い経済主義的立場」を克服し、「日本の出版文化の中心的な担い手としての出版労働者の仕事と生活のすべてに責任を持ちうる組織としての立場」を明確にした項目であり、とりわけ「出版労連」がその構成員の仕事の性格、つまり出版という仕事とその仕事の社会的役割、そしてそのような社会的責任を果たすための出版企業のあり方をより深く考慮し、組織活動の方向性を見出して行こうとする姿勢を見せているところでもある。

言い換えると、この項目は「出版労連」の観点が「労働者」の観点から「出版労働者」の観点へと質的転換を遂げ、「出版労連」としての組織運動の視野を一層広げた、「出版労連」の成長を垣間見ることのできるところであると思われる。さらに本論と関連しては「出版労連」が、その構成員の職業の性格を明らかにし、職業活動における主体性の獲得を目指したという点で、編集者のプロフェッショナル・アソシエーションとしての性格やその任務と大きく重なるところでもある。

1953（昭和28）年「出版労懇」として結成した以来、このように組織強化、質的転換を重ねつつ企業の枠を越えた日本の出版労働者の組織を目指し活動を展開した「出版労連」は「新しい質の運動」が提起されてからその運動の領域をより広げ、1978（昭和53）年には、加盟組合数と組合員数が173組合、1万4420名とピークに至る（**図4-3**参照）。

第3項　出版労連の組織と主な活動

　1953年「出版労懇」の結成から数えると、2003年で結成50周年を迎えた「出版労連」の活動の歴史的経緯を簡略ながら以上に述べてきた。現在においても「出版労連」は、規約に次の３点の目的を掲げ、活動を展開している。

　　一、低賃金と労働強化を打破し、労働者の諸権利の確立、文化活動、共済
　　　事業などを通じて福利の充実と社会的地位の向上をめざす。
　　二、平和と民主主義を守り、思想・言論・出版の自由のためにたたかう。
　　三、出版産業ならびにその関連事業の労働者の団結を強め、全労働者階級
　　　の統一につくす[73]。

　そして、現在の「出版労連」の組織を表したのが**図4-4**である。簡略に各組織の主な役割・活動内容を紹介すると、図では、省略されているが、大会は「出版労連」の最高議決機関であり、定期大会と臨時大会が開かれる。中央委員会は大会に次ぐ議決機関であり、中央委員、特別中央委員および役員で構成される。中央執行委員会は大会で決められた運動方針を具体化し、会の運営にあたる。
　地域協議会は二つの役割を持っており、労連の地域執行委員会として、労連

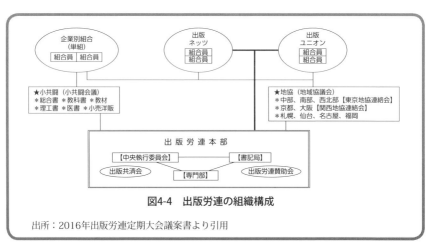

図4-4　出版労連の組織構成

出所：2016年出版労連定期大会議案書より引用

[73]　出版労連規約第４条「目的」より引用。

の方針の実践を具体化、地域共闘の強化、組織の拡大強化、情伝活動、争議組合・困難単組の支援・指導、単組交流の文化・スポーツ活動を行っている。また、地域オルグとして、労連の闘争や課題を日常的に各単組に提起し、単組での取り組みを点検、アドバイスする役割を担っている。現在、出版労連には中部・南部・西北部の3つの東京地域協議会と大阪、京都、名古屋、福岡、仙台、札幌に地域協議会があり、日常の様々な活動をしている。

　小共闘会議は業種別・規模別の共闘組織である。総合書・理工書・医書・小売洋販・教科書・教材などの業種別の集まりであり、主に賃金や労働条件などの要求を統一して、企業・経営に実現をせまる運動→業種内の集団的労使関係を作成する活動や賃金・労働条件の他に、組織の強化・拡大や業種・職場の分析・研究活動を展開している。「出版労連」は規約の中で本部に日常会務を処理するための専門部を設置する旨を定めている。専門部の設置および改廃は、中央執行委員会が決定し、中央委員会の追認を必要とする。専門部の詳細は**表4-8**に整理されたとおりである。

　最後に書記局は書記長、書記次長、書記局担当中執および書記で構成されており、日常会務を処理している。

表4-8　専門部の各部名称と活動

専門部名称	主な活動内容
組織・争議対策部	出版労連の宣伝、労働相談、争議の解決のための支援活動
出版・産業対策部	産業的課題の取り組みと出版文化・ジャーナリズムに関わる課題の追究を任務とする。出版・産業対策部の中に、「出版の自由委員会」「産業・経営分析委員会」「出版レポート編集委員会」「出版技術講座運営委員会」「出版流通懇談会」「洋書研究会」「出版研究集会実行委員会」等を設置
教科書対策部	教科書裁判の支援、教科書攻撃に対する取り組み、教科書の図書館常備要求の取り組み、価格問題、採択問題についての取り組みなど
教宣文化部	機関紙「出版労連」の編集が活動の中心
調査部	出版労連加盟組合の組織状況や労働条件等の調査。「春闘討議資料」発行
財政部	出版労連運営のための財政に係わる一切の活動
政治共闘部	「平和共闘委員会」「人権会議」の2組織構成。平和・環境の問題や生活に直接係わる政治課題に取り組む
社会保障対策部	社会保障(健保、年金等)に係わる諸問題の受け皿として設置、政策提起の場
賃金対策部	賃金方針の検討や春闘時の経営からの賃金回答への対応等
青年対策部・出版青年会議	次代を担う青年に対する働きかけを担当。労連全体で取り組むべき課題に取り組むほか、「青年会議」という青年主体の会議体にも参加
女性対策部・出版女性会議	女性が人間らしく、生き生きと働き、生活できる職場・家庭・社会を実現するために様々な取り組み行う。

＊　再販問題などその時々の重要課題に対応するための様々な「対策委員会」や「プロジェクト」が設けられている。

出所：出版労連青年対策部編「新人組合員入門講座　これが出版労連だ!!」から作成

2002年現在158組合、7572名の組合員で構成されている「出版労連」は、2003年度第98回定期大会において、出版業界を取り巻く状況のなかで主に出版産業に関連しては、①人文・社会学専門書の中堅取次だった鈴木書店の自己破産にみえる出版不況、書籍低迷、大手取次会社の寡占化と、取次マージンの問題、そして②出版産業のマイナス成長の長期化、とりわけ書籍と関連しては自転車操業的体質の強化と出版業界全般における労働強化傾向、③IT技術の革新、IT化の進行による出版社内部の労働環境の変化や労働強化問題、④若年層の読書習慣養成の一環として成立した「こども読書活動推進法」と、その司法条項に垣間見える自由な出版活動阻害への危険性、⑤「個人情報保護法案」「人権擁護法案」のメディア規制法案を取り巻く審議展開に注目している。

　2003年度の重点課題として、①強大な産別組織の確立、②賃上げ要求基準の見直しを通じた賃金論争の構築、③メディア産業に働く仲間との共同行動としてデジタル化への対応や非正規雇用者やプロダクションとの関係問題に取り組むこと、④平和と民主主義を守るために、当面の課題として有事法制、メディア規制に対するたたかいを強めることなどをあげて、活動を展開している[74]。

第4項　出版労連の編集者教育活動

　1977（昭和52）年、第35回定期大会で「新しい質の運動」が提起されて以来、「出版労連」はその活動に広がりを見せており、労連の経済闘争以外にも出版を通した国際交流活動や教科書問題への取り組み、「出版人の会」や「横浜事件・再審裁判を支援する会」など自由なジャーナリズム活動の向上のための取り組みに積極的に参加するなど多様な活動を展開してきた。そのなかで1980（昭和55）年5月に開講した「出版労連職業技術講座」は、本論と関連して特に注目に値する活動である。

　「出版技術講座」の開催は、「出版労連」が1977年以来3年間強調してきた「新しい質の運動」の方向性を示すものとして考えられたが、この「新しい質の運動」と「出版技術講座」の関連性および「出版技術講座」開催の問題意識は下村昭夫の「労働組合が取り組んだ『本の学校＝出版技術講座20年の歩み』」（『出版ニュース』2001年8月上旬号）に詳しく紹介されている。

＊74　『出版労連2003年度第98回定期大会議案書』（出版労連、2002年）参照。

「出版技術講座」を開催するきっかけとなったのは、1979年6月に「出版労連結成20周年」を記念して、当時出版労連副委員長であった森下昭平氏を団長に39名の組合員が「イタリア・フランス視察団」として、フランス総同盟やイタリア総同盟を訪問したことに始まる。回想記録に次のように語られている。

> 視察団は、ヨーロッパの出版社や書店の現状を学び、そのなかで、フランスやイタリアの労働者が、どんな権利を獲得し、どんな風に働いているのかを学んでくるのですが、そんな中で、ヨーロッパの労働組合が、職業教育に熱心に取り組んでいることを見習うべき課題の一つとして学んできました。特にドイツでは技術教育が盛んで、「書籍業職業学校法」に基づき「書籍職業学校」が労働者自らの手で運営されていますが、一般的にヨーロッパ型の賃金の基準に労使間である種の合意のある職種ごとの賃金基準があることも要因していると思われます。一方、日本でも、全印総連の仲間達が、技術教育の必要性を強く感じ、東京地連が中心になって、東京都に働きかけ、「印刷技術向上」の講座を、赤羽職業訓練校の夏期講習の形で始めています。日本でも、単に、時代の変化や技術革新に対応するだけでなく、自分達の賃金水準を上げてゆくためにも「自らの職業技術の水準を高める必要がある」という"職能意識"がこの時期に芽生えてきたといえます[75]。

「単に我々自身の生活と仕事の場を確保するという職業的利益のためだけでなく、広範な国民の文化的要求に応えるという出版労働者の社会的責務に応える」「新しい質の労働運動」という方針を揚げた「出版労連」において、自分たちの仕事と生活を確保していくためにも自分らの職業的技術の向上を図るべきであると意識、つまり職能意識の芽生えが「職業技術講座」として現れたのである。

第1回目の「出版労連職業技術講座」は「本をつくるための知識」「本を売るための知識」「出版文化論」の3部構成となっており、1980年の5月8日から12月4日まで12回にわたって実施された。講座の開講の呼びかけには「人数の少ない職場で働いていると、なかなか仕事を"教えてもらう"機会が少なく、不安

---

[75] 下村昭夫「労働組合が取り組んだ『本の学校＝出版技術講座20年の歩み』」『出版ニュース』2001年8月上旬号、7頁。

なままいつしか我流に陥りがちなもの。主に組合員で仕事上のベテランの方々に"一肌脱いでもらって"月二回の教室を開くことに」なったと記録されている（**表4-9**参照）[76]。

第1回「出版労連職業技術講座」は当初「規模30名程度以下の出版社の労働者」を募集対象とし、募集人員は「50名定員」としたが、「短期間に応募が殺到し、受講人数を若干増して」88名で開講された。予想以上の積極的な参加について当時の講座運営委員会の向山事務局長は「良い仕事をしたい、仕事を覚えたい、という労働者の深い要求の現れ」であり、逆にいうと、「いま職場では仕事をきちんと教えてもらえないことの反映」であると分析し、現場における出版教育の不充分な現実を指摘している[77]。

第2回目の「出版労連職業技術講座」は、1982年に実施され、講座の名称も「出版技術講座」に改められた。第1回目は12講座を約8ヶ月にかけて受講したが、そのような日程では、準備する側にも参加する側にも無理があるということで、第2回目からは約2ヵ月で終了できるコースに改められた。

1982年以来、毎年5月から7月の2ヶ月の間、「本を作るための基礎知識」を中心に6講座〜10講座で運営された。募集対象はより幅を広げ「中堅・小規模の出版社に働く人」にし募集を募った。1982年に開催された第2回は募集人

表4-9　1980年第1回出版労連職業技術講座のスケジュールと内容

日　　程		講義内容	講　　師	
5月8日	本をつくるための知識	企画と編集	岩波書店編集部	岩崎勝海
5月22日		定価計算・出版会計・経理	三省堂	仲佐武雄
6月5日		本の制作(1)組版・製版・管理	岩波書店出版部	竹内好春
6月19日		本の制作(2)製本・装丁・紙	講談社	小川繁雄
7月3日		校正の基礎知識	岩波書店校正部	山北孝之
9月4日		印刷の基礎知識	新協印刷	佐野輝男
9月18日	本を売るための知識	雑誌の販売・本の販売	主婦の友社共立出版	吉田好一今野雄喜
10月2日		販売と流通のしくみ	日本書籍出版販売	池田　隆
10月16日		生産管理・出版管理	医学書院	杉森元貞
11月6日		広告・書評・DM	小学館	岡田　弘
11月20日	出版文化	書店から見た出版文化論	日書連副会長	中村義治
12月4日		平和のための出版の自由	哲学者	古在由重

＊　下村昭夫「出版技術講座20年の歩み」から引用（『出版労連』No.706参照）

---

[76]　『出版労連』No.703（1980年3月21日付）、2面。

[77]　『出版労連』No.706（1980年4月21日付）、4面。

員は「50名定員」としたが、80名の受講生が集まり講座が開かれた。

　運営委員会の体制は、産業政策委員会を事務局（現在は「出版・産業対策部」講座担当中執）に「教宣部、青年会議、合同労組など」で構成されている。

　さらに権威と実力のある職業人を育成するための恒常的な「出版技術講座」を目指し、次のような運営要綱を設けた。

　　一、組合員の自主的な「スキル（技能）学習」の場として、ドイツの「技術
　　　　教育制度」に学ぶ。
　　二、自主運営に努め、「本部財政に頼らない」「赤字は作らないが利益を
　　　　あげる必要はなし」。
　　三、受講者へのサービスに努め、「最小の費用で最大のサービスを提供する」。
　　四、節約をモットウに若干の備蓄に努め、講座運営に必要な機材・備品
　　　　類の拡充を図る[78]。

　この基本方針に基づき、1982年の第2回「出版技術講座」から現在に到るまで労働組合の自主講座として、「本の学校＝出版技術講座」が毎年行われ、現在までに述べ、2800名の受講者が、この学校をカリキュラムを終了した。

　次ページの表4-10は、第2回「出版労連職業技術講座」から2003年第23回「出版技術講座」までの講義内容と講師、開催日程、受講者数を整理したものである。本の学校「出版技術講座」の学校長（出版技術講座運営委員会責任者）として長年出版教育を担当してきた下村昭夫は、本の学校＝出版技術講座20年歩みを整理しつつ、「出版技術講座」の役割を「本づくりの心と技を次世代に伝達する講座である」と表現している[79]。

　下村は「技術がどれだけ発展したとしても、自らの思想を同時代に生きる人々へ伝え、人々の心と心を結び付け合う媒体の必要性が不変であるかぎり、氾濫する情報の中から、何を選択し、何を読者に伝達してゆくのかという出版の原点を問い、そのような出版活動を展開するための技術＝職能を確立することこそが現在の編集者に要求されており、「出版技術講座」はその助け役を担うものである」とこの講座の意味合いを述べている。

---

*78　下村昭夫、前掲、8頁。
*79　前掲、9頁。

表4-10(1)　出版技術講座の22年間のカリキュラム（1982年～ 2003年）

講義内容	講師	講義内容	講師
第2回（1982年）／80名		**第9回（1989年）／80名**	
企画と編集	みすず書房・小尾俊人	本の制作(1)製作者の仕事	岩波書店出版部・坂口 顕
本の制作(1)組版・製版・管理	岩波書店出版部・竹内女存	本の制作(2)組版・製版・管理	岩波書店出版部・坂口 顕
本の制作(2)製本・装丁・紙	グラフィックデザイナー・小川繁雄	本の制作(3)製本・装丁・紙	岩波書店出版部・坂口 顕
カラー印刷の品質管理	錦明印刷製版部長・坂本恵一	出版流通の現状と問題点	日本出版販売・池田 隆
校正の基礎知識	岩波書店校正部・山比孝之	電算写植とデータベース	CTSエンジニア・江崎一仁
定価計算・出版会計・経理	三省堂・仲佐武雄	カラー印刷の品質管理	錦明印刷製版部長・坂本恵一
特別講座；出版流通の現状	日本出版販売・池田 隆	校正の基礎知識	講談社校閲部長・野村忠弘
		印刷の基礎知識	プリンティングアカデミー・汗炭悦客
		出版とジャーナリズム	創価大学教授・新井真之
第3回（1983年）／82名		**第10回（1990年）／80名**	
本の世界—出版とは何か	元出版学会会長・美作太郎岩	本の制作(1)製作者の仕事	岩波書店出版部・坂口 顕
本の制作(1)組版・製版・管理	波書店出版部・竹内女存	本の制作(2)組版・製版・管理	岩波書店出版部・坂口 顕
本の制作(2)製本・装丁・紙	グラフィックデザイナー・小川繁雄	本の制作(3)製本・装丁・紙	岩波書店出版部・坂口 顕
カラー印刷の品質管理	錦明印刷製版部長・坂本恵一	印刷の基礎知識	プリンティングアカデミー・汗炭悦客
校正の基礎知識	岩波書店校正部・山比孝之	電算写植とデータベース	CTSエンジニア・江崎一仁
著作権・出版権の基礎知識	講談社・小松道雄	カラー印刷の品質管理	錦明印刷製版部長・坂本恵一
営業活動の基礎知識	小学館販売・大槻広男	校正の基礎知識	講談社校閲部長・野村忠弘
広告からみた出版界	電通広告労協議長・荒川市行	出版流通の現状と問題点	日本出版販売・池田 隆
		出版人に望むこと	JCJ代表委員・斉藤茂男
第4回（1984年）／90名		**第11回（1991年）／90名**	
言論の自由と出版人の役割	青山学院大学教授・清水英夫	本の制作(1)製作者の仕事	岩波書店出版部・坂口 顕
本の制作(1)組版・製版・管理	岩波書店出版部・竹内女存	本の制作(2)組版・製版・管理	岩波書店出版部・坂口 顕
本の制作(2)製本・装丁・紙	グラフィックデザイナー・小川繁雄	本の制作(3)製本・装丁・紙	岩波書店出版部・坂口 顕
カラー印刷の品質管理	錦明印刷製版部長・坂本恵一	電算写植とデータベース	CTSエンジニア・江崎一仁
校正の基礎知識	岩波書店校正部・山比孝之	カラー印刷の品質管理	奥州印刷製版部長・坂本恵一
著作権・出版権の基礎知識	講談社・小松道雄	印刷の基礎知識	プリンティングアカデミー・汗炭悦客
書店の一日十補講	金松堂社長・西家忠夫	校正の基礎知識	講談社校閲部長・野村忠弘
いま、編集者に望むこと	出版評論家・紀田順一郎	出版流通の現状と問題点	日本出版販売・池田 隆
		情報戦争-情報の見方・読み方	インサイダー編集長・高野孟
第5回（1985年）／65名		**第12回（1992年）／90名**	
危機に立つ出版産業	出版評論家・小林一博	本の制作(1)製作者の仕事	岩波書店出版部・坂口 顕
本の制作(1)組版・製版・管理	グラフィックデザイナー・小川繁雄	本の制作(2)組版・製版・管理	岩波書店出版部・坂口 顕
本の制作(2)製本・装丁・紙	グラフィックデザイナー・小川繁雄	本の制作(3)製本・装丁・紙	プリンティングアカデミー・汗炭悦客
カラー印刷の品質管理	錦明印刷製版部長・坂本恵一	レイアウトと雑誌	デザイン実験室代表・工藤強勝
校正の基礎知識	元岩波書店校正部・山比孝之	電算写植とデータベース	CTSエンジニア・江崎一仁
原価計算の基礎知識	東大出版会・長坂正幸	校正の基礎知識	講談社校閲部長・野村忠弘
出版流通の現状と問題点	日本出版販売・池田 隆	私の出版文化論	元出版労連委員長・楠橋国武
民主主義と出版ジャーナリズム	出版評論家・橋本 進		
第6回（1986年）／75名		**第13回（1993年）／90名**	
出版の正像を求めて	理論社会長・小宮山量平	本の制作(1)製作者の仕事	岩波書店出版部・坂口 顕
本の制作(1)組版・製版・管理	岩波書店出版部・坂口 顕	本の制作(2)組版・製版・管理	岩波書店出版部・坂口 顕
本の制作(2)製本・装丁・紙	岩波書店出版部・坂口 顕	本のデザイン・造本設計	デザイン実験室代表・工藤強勝
電算写植とデータベース	CTSエンジニア・江崎一仁	カラー印刷の品質管理	プリンティングアカデミー・汗炭悦客
カラー印刷の品質管理	錦明印刷製版部長・坂本恵一	技術革新と電子出版	プリンティングアカデミー・汗炭悦客
校正の基礎知識	講談社校閲部長・野村忠弘	雑誌とレイアウト	デザイン実験室代表・工藤強勝
原価計算の基礎知識	東大出版会・長坂正幸	校正の基礎知識	講談社校閲部長・野村忠弘
出版流通の現状と問題点	日本出版販売・池田 隆	著作権の基礎知識	出版評論家・豊田きいち
出版ジャーナリズムと編集者	高文研代表・梅田山己	私の出版文化論	ジャーナリスト・増田れいこ
第7回（1987年）／75名		**第14回（1994年）／90名**	
本の制作(1)組版・製版・管理	岩波書店出版部・坂口 顕	本の制作(1)製作者の仕事	岩波書店出版部・因幡孝光
本の制作(2)製本・装丁・紙	岩波書店出版部・坂口 顕	本の制作(2)組版・製版・管理	岩波書店出版部・因幡孝光
電算写植とデータベース	CTSエンジニア・江崎一仁	本の制作(3)製本・装丁・紙	岩波書店出版部・因幡孝光
カラー印刷の品質管理	錦明印刷製版部長・坂本恵一	本のデザイン・造本設計	デザイン実験室代表・工藤強勝
校正の基礎知識	講談社校閲部長・野村忠弘	雑誌とレイアウト	プリンティングアカデミー・汗炭悦客
原価計算の基礎知識	あるふぁ企画代表・野村保恵	校正の基礎知識	講談社校閲部長・野村忠弘
出版流通の現状と問題点	日本出版販売・池田 隆	DTP入門とマルチメディア	大日本印刷・長谷川雅也
現代と出版メディア	岩波書店編集顧問・岩崎勝海	著作権の基礎知識	出版評論家・豊田きいち
		現代と出版	岩波書店社長・安江良介
第8回（1988年）／80名		**第15回（1995年）／92名**	
本の制作(1)製作者の仕事	岩波書店出版部・坂口 顕	「ビデオ/本くりれれ83は」と出版	出版技術講座学校長・下村昭夫
本の制作(2)組版・製版・管理	岩波書店出版部・坂口 顕	本の制作(1)製作者の仕事	岩波書店出版部・因幡孝光
本の制作(3)製本・装丁・紙	岩波書店出版部・坂口 顕	本の制作(3)製本・装丁・紙	岩波書店出版部・因幡孝光
印刷の基礎知識	プリンティングアカデミー・汗炭悦客	雑誌の作り方の基礎知識	オーム社雑誌局・下村昭夫
電算写植とデータベース	CTSエンジニア・江崎一仁	本のデザイン・造本設計	デザイン実験室代表・工藤強勝
カラー印刷の品質管理	錦明印刷製版部長・坂本恵一	DTP入門とマルチメディア	大日本印刷・長谷川雅也
校正の基礎知識	講談社校閲部長・野村忠弘	校正の基礎知識	講談社校閲部長・野村忠弘
原価計算の基礎知識	あるふぁ企画代表・野村保恵	雑誌とレイアウト	デザイン実験室代表・工藤強勝
出版流通の現状と問題点	日本出版販売・池田 隆	メッセージfrom大阪	ア ミ編集専学校・井上はねこ
現代をどうとらえるか	作家・井口咲ベ		

*　「出版技術講座」は毎週1回の夜間講座であるが、印刷関連の講座は「印刷工場見学」併設し土曜日に開催されている。
*　1981年～1987年までは、6講座～8講座。1988年以降は、10講座で定着している。

表4-10(2)　出版技術講座の22年間のカリキュラム（1982年〜2003年）

講義内容	講師	講義内容	講師
第16回(1996年)／71名		**第20回(1999年)／60名**	
「ビデオ/本づくりこれ3dは」と出版	出版技術講座学校長・下村昭夫	「ビデオ/本づくりこれ3dは」と出版	出版技術講座学校長・下村昭夫
本の制作(2)組版・製版・管理	岩波書店出版部・因幡孝光	本の制作(2)組版・製版・管理	岩波書店出版部・因幡孝光
本の制作(3)製本・装丁・紙	岩波書店出版部・因幡孝光	本の制作(3)製本・装丁・紙	岩波書店出版部・因幡孝光
雑誌の作り方の基礎知識	オーム社編集局・下村昭夫	雑誌の作り方の基礎知識	オーム社編集局・下村昭夫
本のデザイン・造本設計	デザイン実験室代表・工藤強勝	校正の基礎知識	講談社校閲二部・高畑健一
雑誌とレイアウト	デザイン実験室代表・工藤強勝	本のデザイン・造本設計	ジャーナリスト専門学院・荒瀬光治
校正の基礎知識	講談社校閲二部・高畑健一	DTP入門とマルチメディア	大日本印刷・山岡　功
著作権の基礎知識	出版評論家・豊田きいち	雑誌とレイアウト	ジャーナリスト専門学院・荒瀬光治
DTP入門とマルチメディア	大日本印刷・長谷川雅也	著作権の基礎知識	出版評論家・豊田きいち
メッセージfrom沖縄	ジャーナリスト・新屋敷弥生	私の編集論	東海大学教授・伊藤洋子
第17回(1997年)／76名		**第21回(2001年)／30名**	
「ビデオ/本づくりこれ3dは」と出版	出版技術講座学校長・下村昭夫	「ビデオ/本づくりこれ3dは」と出版	出版技術講座学校長・下村昭夫
本の制作(2)組版・製版・管理	岩波書店出版部・因幡孝光	本の制作(2)組版・製版・管理	岩波書店出版部・因幡孝光
本の制作(3)製本・装丁・紙	岩波書店出版部・因幡孝光	本の制作(3)製本・装丁・紙	岩波書店出版部・因幡孝光
雑誌の作り方の基礎知識	オーム社編集局・下村昭夫	校正の基礎知識	講談社校閲二部・高畑健一
本のデザイン・造本設計	デザイン実験室代表・工藤強勝	本のデザイン・造本設計	ジャーナリスト専門学院・荒瀬光治
校正の基礎知識	講談社校閲二部・高畑健一	雑誌とレイアウト	ジャーナリスト専門学院・荒瀬光治
雑誌とレイアウト	デザイン実験室代表・工藤強勝	DTP入門とマルチメディア	大日本印刷・山岡　功
出版制作技術と編集のデジタル化	大日本印刷・友野六道雄	著作権の基礎知識	出版評論家・豊田きいち
著作権の基礎知識	出版評論家・豊田きいち	同時代を生きる人たちへ	岩波書店取締役・後藤勝治
韓国の編集者と生活	編集者・金善珠		
第18回(1998年)／70名		**第22回(2002年)／55名**	
「ビデオ/本づくりこれ3dは」と出版	出版技術講座学校長・下村昭夫	「ビデオ/本づくりこれ3dは」と出版	出版技術講座学校長・下村昭夫
本の制作(2)組版・製版・管理	岩波書店出版部・因幡孝光	本の制作(2)組版・製版・管理	岩波書店出版部・因幡孝光
本の制作(3)製本・装丁・紙	岩波書店出版部・因幡孝光	本の制作(3)製本・装丁・紙	岩波書店出版部・因幡孝光
雑誌の作り方の基礎知識	オーム社編集局・下村昭夫	雑誌の作り方の基礎知識	オーム社編集局・下村昭夫
校正の基礎知識	講談社校閲二部・高畑健一	校正の基礎知識	講談社校閲三部・大槻道夫
本のデザイン・造本設計	代田装丁工房・代田　奨	本のデザイン・造本設計	ジャーナリスト専門学院・荒瀬光治
雑誌とレイアウト	東京エディトリアルセンター・多川精一	雑誌とレイアウト	ジャーナリスト専門学院・荒瀬光治
DTP入門とマルチメディア	大日本印刷・山岡　功	DTP入門とマルチメディア	大日本印刷・山岡　功
著作権の基礎知識	出版評論家・豊田きいち	著作権の基礎知識	出版評論家・豊田きいち
IT時代のデジタル編集術	Webクリエーター・岡崎桂子	誰のために作るファッション雑誌なのか	元文化出版局編集者・宮本やす子
第19回(1999年)／65名		**第23回(2002年)／40名**	
「ビデオ/本づくりこれ3dは」と出版	出版技術講座学校長・下村昭夫	出版の基礎知識と編集	出版メディアパル編集長・下村昭夫
本の制作(2)組版・製版・管理	岩波書店出版部・因幡孝光	本の制作(2)組版・製版・管理	岩波書店出版部・因幡孝光
本の制作(3)製本・装丁・紙	岩波書店出版部・因幡孝光	本の制作(3)製本・装丁・紙	岩波書店出版部・因幡孝光
雑誌の作り方の基礎知識	オーム社編集局・下村昭夫	雑誌の作り方の基礎知識	出版メディアパル編集長・下村昭夫
校正の基礎知識	講談社校閲二部・高畑健一	本のデザイン・造本設計	講談社校閲二部・高畑健一
本のデザイン・造本設計	ジャーナリスト専門学院・荒瀬光治	校正の基礎知識	ジャーナリスト専門学院・荒瀬光治
雑誌とレイアウト	ジャーナリスト専門学院・荒瀬光治	DTP入門とマルチメディア	大日本印刷・山岡　功
DTP入門とマルチメディア	大日本印刷・山岡　功	編集者のための著作権の基礎知識	日本ユニ著作権センター・大門武二
著作権の基礎知識	出版評論家・豊田きいち	いま、出版の現場ではマンガ文化と読者	筑摩書房編集部・藤本由香利
編集者の課題	元岩波書店編集・高林寛子		

＊この表は、「第21回出版技術講座」／20周年記念講演・資料 『出版技術講座20年の歩み』（2001年）より作成、
＊2002年及び2003年「出版技術講座募集要項」などから作成。

補足資料　「関西出版技術講座」と「フォローアップセミナー」

　2012年5月、30年にわたり、出版技術講座」に携わった下村昭夫は日本出版学会・春季研究発表会で、「出版実務教育の現状と課題」についての一考察」を報告している。その配布資料「出版技術講座の歩み」から、本論で触れていない項目を紹介する。

　東京の「技術講座」が軌道に乗り定着した成果を受け、切望されていた大阪での「技術講座」の開催の準備が整い、1987年10月に「第1回関西出版技術講座」が開講され好評を得た。関西在住の出版社は約400社といわれている。大阪・京都の出版労連の組合員数は、おおよそ1000名である。東京のように日本エディタースクールもなく、学ぶ機会の少ない関西地域での「技術講座」の開催は、東京以上に困難な条件ではあるが、出版労連・大阪地協と出版ネッツ関西の努力で、今日までに第18回に及ぶ「関西出版技術講座」が開催され、延べ人数も1200名を数えている。
　東京の「出版技術講座」は、毎年5月から7月にかけて開催される「本をつくるための基礎講座」を常設の基礎講座とし、「電子出版講座」「DTP講座」「デジタル編集術入門」「編集者のためのデジカメ講座」「写真講座」「著作権講座」「原価計算講座」などのフォローアップセミナーにも年4回程度積極的に取り組んでいる。このフォローアップセミナーの30年間のトータル回数は、100講座を超え、延べ3500名の参加を得ている。

■ 第4章　出版関連団体が果たした役割

　編集あるいは出版の仕事に関する専門的教育コースがない日本の出版業界において「日本書籍出版協会」と「出版労連」の教育プログラムは教育内容や期間の不充分さはあるが、非常に大切な役割を果していると思われる。特に「出版労連」の「出版技術講座」は「日本書籍出版協会」の「新人社員研修会」*80に比べると、やはり短期間であるにせよ、本づくりの全般的な流れが把握できるような構成を備えているように見える。ただし、一つ気になる状況は、多いときは90名を越えていた受講生の数が2001年に入ってから格段と減っており、2001年に30名、2002年に55名、2003年に40名となっていることである。

　「出版労連」の内部でその原因－例えば、日本出版業界における「出版労連」の位相の変化、教育プログラムの問題、あるいは日本の出版業界の産業状況等－が分析されているかどうかは確かでないが、企業の枠を超え、出版という仕事の役割や社会における意味合いをその道のベテランや著名人から吸収し、出版活動の基本的技術＝職能を身に付ける数少ないチャンスが日本の出版社の編集者を含む出版従事者に十分活用されないということは非常に残念に思われる。

第5項　プロフェッショナル・アソシエーションと出版労連

　「日本書籍出版協会」の組織性格を検討した本論の前項において、日本出版界において「日本書籍出版協会」とは出版業者＝出版経営者を代表し、彼らの利害を代弁する「結社的利益団体」であると結論付けた。一方「出版労連」は同じく「結社的利益集団」ではあるが、そのメンバーは経営者に対抗する出版雇用者の組織であり、1953年に「出版労懇」として結成されて以来、日本の出版労働者の利害を代弁する活動を展開してきた。この二つの性格の違う組織はどの組織も本論で取り扱っているプロフェッショナル・アソシエーション－日本の書籍出版業を担う書籍編集者の職業の成立と発展と共に、日本における書籍編集者の職業的地位の獲得や自主的職業活動の保証するための活動を展開する組織－として見なすことはできないが、その活動や日本出版界で担ってきた役割のなかには書籍編集者のプロフェッショナル・アソシエーションとしての機能と役割と重なる部分が少なくないとみられる。

＊80　「新人社員研修会」とは別に、毎年10月に「本づくり基礎講座」が開講されている。

第3節　日本出版労働組合連合会の性格と役割

　とりわけ「出版労連」の場合、戦後、出版業に従事する出版労働者の自発的・自主的団体として、出版業に蔓延している前近代的職場環境、精神的労働を中心とする出版労働の性格に便乗した長時間犠牲労働の強要等々の問題に立ち向かい、出版労働者の基礎的生計や仕事の保証、労働条件の改善という面において少なくない貢献をしてきたと思われる。そもそも労働組合の活動というものが、資本主義が形成される過程で、労働者が自分達の職業上の利益と身分上の安定のために、職業別組合を結成することで成長してきたように、日本の「出版労連」も戦後日本の出版業界が資本主義的経済構造に編成され、成長していく過程で、出版労働者の職業上の利益、安定のための活動を展開することで成長してきたと考えられる。

　その活動は、初期においてはもっぱら出版労働者の経済主義的利益のための活動を中心にしてきたものの、時代や出版状況の変化と共に組織を強化・発展させるなかで、自らの職業活動＝出版活動が社会でどのような機能を果たしており、どのような役割を果たすべきなのかという職業の本質的性格を明確にすることで、より質の高い労働運動を目指し、そのための活動を続けてきた。なかには出版業界の情勢や変化を点検し、自由かつ健全な出版活動のために出版業界のあり方を論議し、具体的な政策を提案し、出版労働者の意識や労働環境、生活環境を定期的に調査する取り組みや出版労働者の職能確立や出版活動を支援する教育事業を展開するなど様々な機能を果たしている。

　また日本では、明治期に組合が最初に結成されたときは、職業別組織もみられたが、第二次大戦後になって組織された組合の多くは、全従業員一括加盟で、企業単位を組織軸とすると企業別組合の形態をとっており、「出版労連」の場合も例外ではなかった。企業別組合の形態は労連の構成員にとって企業の枠を超え、企業の論理から独立した出版労働者としてのアイデンティティを確立することにおいて困難な条件として作用する場合が多い。

　この企業の枠を越えた出版労働者としてのアイデンティティの確立とそれに見合う活動の展開という点において、本論と関連してはプロフェッショナル・アソシエーションとそのメンバーとして書籍編集者が持つべき（プロフェッションとしての）エディターシップとがどうつながりあるいはどう対立するのかが問題となる。

　例えば同じく出版社に勤めている人々のための教育だとしても、その実施主

215

体が異なると教育目的や内容、効果も異なると予想される。アソシエーションの教育機能は、そのメンバーをその団体、その職種固有のサブカルチャーに染める、いわば社会化の機能をも持っており、それは単純な専門的職能・技能の習得に止まらず、その団体・アソシエーション特有のサブカルチャーに染められるということを意味する。こういった意味から各団体・組織・アソシエーションの出版教育を見た場合、企業や経営者団体が行う教育活動、労働組合団体が行う教育活動、そして仮に編集者という職業のプロフェッショナル・アソシエーションで行われる教育活動は、概ね出版に関わる基礎的職能を身に付け、出版活動に関する知識を得るという点で共通する目標もあると思われるが、それが意図的にせよ、そうでないにせよ、企業への帰属意識を高める教育にもなり得るし、あるいは労働者の諸権利の実現や職場の民主化をめざすものにもなり得る。そして編集者という同じ職を媒介に、編集者という職業活動の質向上とそれに伴う自主的活動の拡大ということを最大の目的にする教育にもなり得る。

　「出版労連」に限って言うならば、職場生活上あるいは作業遂行上のルールのあり方、組合運動あるいは組合活動をめぐる職業活動の自由の確保と権利の保障、産業・労働・福祉政策の充実など、さまざまな活動は確かに編集者のプロフェッショナル・アソシエーションが果たすべき役割・機能とかなり多くの部分で重なるが、問題はその活動を方向つけるメンバーの自己規定＝アイデンティティの相違が問題となってくるわけで、果たして編集者は労働者としてのアイデンティティを持つことで良いのだろうか、また出版業成立の歴史のなかで知的インテリゲンチャ、知識人としてのイメージの強い編集者に労働者としてのアイデンティティを確保させることはできるのか、あるいは有用なのかを考えなければならない。

　ただここで言えるのは、戦後日本に生れた出版関連主要団体「日本書籍出版協会」と「出版労連」を通して日本の編集者を見ると、近代的出版ジャーナリズムが資本主義的社会制度に編入され、企業として成立したとき、日本においては出版経営者としてのアイデンティティや出版労働者としてのアイデンティティに対する論議は発展したが、編集者という独立した職業人というアイデンティティは形成されないまま、現在に至っているように見える。自由業のインテリゲンチャ出版人論、精神的労働者論をつなぐ媒介として専門職業人としての編集者論がユニークな視覚を提供してくれるのではないかと期待する。

第5章

日本の編集者教育

本章の内容

　プロフェッションにとって特定分野に関する高度の体系的な知識を持ち、それを長期間にわたり学習・訓練すること、そして習得した知識を職業の現場で創造的に適用することは、ある職業をプロフェッションたらしめる重要な要素であるとされてきた。

　またプロフェッショナル教育は職業活動に必要とされる知識や職能、技術の習得に限らず、その職業活動の持つ社会的意味合い、社会における役割や機能、職業文化や職業規範を身に付けるという意味で非常に重要である。

　第5章では専門的職業化をはかる重要要素、つまりプロフェッショナル教育の問題を日本の出版編集者に照らし検討することによって、日本の書籍出版編集者を特徴づけるもう一つの構造的特性を検証する。

　とりわけ入社後の経験を通して、編集者として完成していくという経験主義・現場主義的傾向の強い日本的状況のもとで、日本の編集者のために行われている職業教育の現状を探る。

■ 第 5 章　日本の編集者教育

第 1 節

プロフェッショナル教育と
日本の編集者教育

第 1 項　プロフェッショナル教育の課題

　伝統的プロフェッションにおいて、特定分野に関する高度な体系的知識を所有し、かつそれを長期間にわたり学習・訓練すること、そして修得した知識を職業の現場で創造的に適用することはある職業をプロフェッションたらしめる重要な要素である。

　竹内洋はA.M.Carr-Saunders & P.A.WilsonやM.L.Cogan、W.J.Goode、N.Toren、そしてOEDの定義－学問あるいは科学のなんらかの分野の承認された知識が他人の生活やその知識に基づいた技術の応用に使われる職業－からプロフェッションの基本要件を考察し、第 1 基本要件 α は「科学や学問のなんらかの理論的構造」、「抽象的知識体系」、「理論的知識の体系」そして第 2 の基本要件 β は「理論的構造の理解にともなう能力」「応用に際して特別の技術と能力を発揮」であるとした(**表5-1**)[*1]。

表 5-1

α：科学や学問の何らかの理論的構造 β：応用に際して特別の技術と能力を発揮	＋	－
＋	専門職	職人／熟練工
－	O1	O1

＊1　竹内洋「専門職の社会学－専門職の概念－」『ソシオロジー』第16巻第 3 号(1971年)、58頁。

218

第1節　プロフェッショナル教育と日本の編集者教育

　竹内の説明した図式の分け方は非常に単純である。現実においてプロフェッションとノン・プロフェッションはこのようにはっきりして区分けできるようなものではなく、連続体として把握すべきであるということは今まで幾度も強調してきたとおりである。ただ、この図式を通して竹内が重視しているのは、プロフェッションとは「体系理論を応用する職業で、応用に際しては単なる機械的応用でなく、創造、判断の転轍工房をもつ職業あるいは体系理論そのものを純理論的に追求する職業」であるということで、それゆえプロフェッションとは「標準化されない生産物」を生産するという点である[*2]。

　一般的にこのようなプロフェッションとしての活動を営むためには長期間の教育と訓練を必要とする。伝統的なプロフェッションにおいてはプロフェッショナル・アソシエーションを中心にそのメンバーの高度の自主的活動を保証し、安定的な権威を獲得するために自ら資格制度を設けるなどした。米国の場合、細か過ぎるほど多種多様な各分野の職業が専門性を志向し、大学を中心にプロフェッショナル・スクールを設立し、教育と訓練のシステムを開発・定着させてきた。米国は百年以上におよぶ職業教育の歴史を持っており、ジャーナリズムの世界においては、既に1870年代から20世紀を通して「自らの職業をプロフェッションと規定することで質的向上のあり方を方向付けるジャーナリズム・プロフェッション論」を発展させてきた。そして米国のジャーナリズム・プロフェッション論議の大事な一軸として「スクール・オブ・ジャーナリズム」を通したジャーナリストの養成とジャーナリズム論やマス・コミュニケーション論の理論的構築が提案・形成させてきたのである[*3]。

第2項　日本のプロフェッショナル教育の課題

　しかし、日本においては米国のようなジャーナリズム・プロフェッション論の伝統と発展は未だに見られない。花田達朗は「諸外国におけるジャーナリスト教育の経験と日本の課題」という論文で日本におけるジャーナリスト教育の

[*2]　前掲論文、59頁〜61頁。
[*3]　米国のジャーナリズム・プロフェッション論の形成とその制度構築に関しては、別府三奈子の博士学位論文『米国ジャーナリズムの職業規範に関する史的分析』(上智大学、2002年)が詳しい。

現状について、「①制度化されたジャーナリスト教育はない、②個々のメディア企業によってOJT (On the Job Training)として、社員教育としてのみ行われている、③そのOJTに関しても教育内容について企業を超えたスタンダードは存在しない、④多くの大学にマス・コミュニケーションやジャーナリズムに関する学部や学科は存在するけれども、ジャーナリストのプロフェッショナル教育という局面で大学とメディア産業の間に連帯はみられない」と整理しているが[4]、このような状況は日本の出版業界における編集者教育にもそのまま通用すると考えられる。

　ただし、プロフェッションの理念が形成されないままでも、部分的に出版編集者の専門的職能の向上のための制度が各団体などで散発的に行われており、前章で検討した日本書籍出版協会や出版労連などの団体の設立や出版従事者を対象とする教育の実施はその例であると言える。

　ところが大学における出版教育は、現在のところ編集者あるいは出版人を養成するための専門的教育システムは揃えておらず、日本の大学に設けられているジャーナリスト教育のなかに出版編集者、広く出版従事者の教育が暗黙的に含まれてきたとも言えるが、それは特化した専門的ジャーナリスト教育が体系的になされていない状況では、むしろ編集者教育というのは全然考慮されていなかったとも言える。

　本章では、とりわけ日本における出版編集者の教育に焦点を当てて、米国のスクール・オブ・ジャーナリズムに見るようなプロフェッション性の追求・普及は見えないにしても、出版界における教育の現状を検討し、日本的状況の特殊性を把握することにしたい。

　出版教育というと、制度的に①各出版社における社内教育、②大学における出版教育、③大学以外の教育機関における出版教育、④出版関連団体で行われている出版教育の４つの形態を挙げることができるが、出版団体における教育については前章で検討したので、ここではその他３つの出版教育についてその状況を略観し、問題を指摘していきたいと思う。

＊４　花田達朗「諸外国におけるジャーナリスト教育の経験と日本の課題」『東京大学社会情報研究所紀要』No.58（1999年）、123頁。

第2節　出版社における社員教育の状況

第2節

出版社における社員教育の状況

第1項　有斐閣における社員教育の実例

　第一に各出版社における社内教育についてであるが、まず、各出版社における正式な資料は非常に乏しく、その実態を把握することが非常に困難であり、現在発行されている出版社の社史を調べても社員教育の痕跡を発見できるものは数少ない。ただ、日本で出版業が成立し、近代的企業として成立していた1920年〜30年代における出版社の内部事情を覗くことのできる資料として講談社にあった少年部制度や彼らに施された教育の記録が残っているが、その記録を辿ってみると、当時の出版社における近代的徒弟制度の実態を見ることができる。講談社の場合はすでに前述したので、ここでもう一つ1877（明治10)年創業した有斐閣の例を見てみることにしよう。

　『有斐閣百年史』には1914（大正3）年4月に有斐閣に入店した坂本知正の書いた「思い出の記」を紹介し、「昔の小僧生活というのは、入店が一日でも早ければ先輩であり、何事も逆らうことはできなかった」という坂本の回想を綴っている。小僧たちには「入店した時に西田支配人から小僧の使う言葉として、自分のことは私、手前であり、僕というのは大禁物で、目上の人に対する言葉づかいまでいちいち厳しく教えられた」という。そして彼らの生活と給料制度については「小僧時代は給料といったものは別になく、小遣いがもらえるのは正月、お花見、お盆などの休みの時に限られていた。そのほか、夏と冬に衣類と下駄が現物支給された」とある。有斐閣でこのような「厳しい店員教育を実施

221

したのは店員の数が多くなりかけた明治30年代からであるが、このような徒弟制度は、有斐閣だけのことではなく、当時一般的に共通しており、それが崩れかけたのが大正中頃からである」と記されている[5]。

以上のような小僧の教育以外にも、一般社員に与えられた教育についても綴られているが、編集者を含む一般社員への教育に関する資料がほとんどないなかで、非常に貴重な資料である。一般社員への社員教育を施したのは1929（昭和４）年入社し、３代目の店主＝取締役社長となる江草四郎である。彼は昭和７年から８年にかけて英・独・仏・米などの出版社を巡礼してから日本に戻り、有斐閣の近代化のためにいくつかの改革を進めた。

その改革の一環として実施されたのが店員教育である。1934（昭和９）年有斐閣には17名程度の店員がいて、まず店員を選んで夜学に通わせて勉強をさせることにし、一方、夜学に行けない店員には講座を開設して店内で教育することにした。１週に２回ないし３回開講し、午後７時から９時までの２時間として、課目には、公民＝江草四郎、英語＝江草英子、出版概論＝山野金蔵、そろばん、文学＝田中久吉、書道＝坂本知正などがあった。江草四郎は、このような店員教育を通じて、若い店員のなかから、将来新しい幹部が輩出されてくることに期待をかけており、実際そのなかから将来の有斐閣の幹部が育てられたという[6]。ちなみにその頃から有斐閣内では、小僧たちを××どんという呼称は廃止された。有斐閣で行われたこのような近代化の過程とそれに連動した社員教育が他の出版社でもあったのかどうかは定かではない。

第２項　戦前における出版人養成の実例

次に、戦前の日本の出版教育に関する資料で、1976年国際出版連合大会で報告した青木春雄の「出版人の養成」という報告文は、戦前における出版教育の片鱗が見られる資料である。

青木の整理によると、1945年以前の日本の出版業界では、出版物卸売業の大手会社である東京堂が設立した実践商業学校が唯一の職業学校であったという。青木は当時の教育事情を次のように整理している。

---

[5]　『有斐閣百年史』、165頁。
[6]　前掲書、265頁。

第2節　出版社における社員教育の状況

当初（1910年代）、東京堂は地方の小学校を卒業した有為な少年を採用し、少年店員として業務見習いをほどこす期間に夜間を利用して自社内に"東京堂教習所"を設け、中等教育学校から教師を招いて普通教育と職業前教育を行った。1924年からは、学校法に基づく夜間の実業学校へ、少年店員を委託学生として出向かせるようになった。毎年30〜50人少年店員を定期的に採用するようになった1935年に、甲種商業学校の許可をうけた"東京堂実践商業学校"を自力で設立した。ここでは、一般の中等教育のほかに出版物卸売・販売業に従事するための商業教育を行った。この実業学校は1945年以後、一般の学生を育する高等学校として独立したが、東京堂教習所から実践商業学校へと変遷する過程で、東京堂が養成した多数の人材は、現在の出版流通業界の中堅幹部として活躍している[7]。

　ここでいう出版専門人材とは出版社の編集人材ではなく、"実践商業学校"やのちの"東京堂実践商業学校"は流通・販売の専門人材のための教育機関であったとみられる。そして戦前の日本出版界における出版教育について次のように続いている。

　　1945年以前の出版業界には、この実践商業学校以外には出版関連業の従業員のための職業教育機関は皆無であった。そのため出版社は、①義務教育を終えた若干者を雇用した場合、自社内で見習期間（3ヶ月から1年間くらい）中に実務訓練を施して、要員の養成に努めた。このやり方は、現在でも各出版社の一般的な社内養成法として、ひきつづき実施されている。②比較的に大規模な出版社では「少年部員」制度を設けて、若年社員の身分を保証して、1年から3年間の期間で企業内訓練を行った。しかしこの「少年部員」制度は、1945年以後の日本における民主主義思想の普及により、「徒弟制度」の変形との批判を受けて、姿を消した[8]。

　1945年以後の日本の出版界は他産業界とともに大戦後の産業再建期を経て、

---

[7]　青木春雄「出版人の養成」（国際出版連合大会報告文、1976年）、3頁。
[8]　前掲文、3頁。

1960年代に入ってから急激な産業の発展を遂げることとなる。科学技術の革新が進み、発展・変化する現代の産業の課題に対応し、各企業では現職者のための再教育、管理者のための訓練が必要となってきたが、出版界もこれについて例外ではなかった。しかし放送局や全国紙とは違って比較的に規模の小さい出版企業では充実した社内教育プログラムを持つところが少なく、大規模出版社はまだしも、きわめて規模の小さい出版社では社員採用や教育制度がきちんと整備されないまま、過重な業務を任される例もあるという。

　出版人材教育の一環である社内教育やその他の制度が産業の変化と時代の要請に十分答えることができない日本の出版界としては、日本エディタースクールや日本書籍出版協会、出版労連などの出版業界の各団体や私的研修機関が主催する各種の講座や研修会に頼るしかない状況である。

　しかし、前節で概観してきたように出版関連団体＝日本書籍出版協会と出版労連などで行われている出版人材教育は、短時間の出版入門的教育であり、編集者としての職能や規範をじっくり身に付けるに十分な教育であるとは言い難い。またそれらの教育に参加している受講者の数的規模はそれほど多くないし、大手出版社の参加はほとんど見られない。だからといって大手出版社が社内にきちんとした教育プログラムを持っているかといえばそれも非常に疑わしい状況である。

　個々の企業によるOJTとして社員教育を済ましている日本の出版社では、職に就いて社の仕事を経験することで職能や職業文化を身に付けていくことが一般的な認識であるようにみえる。したがってこのような現場主義や経験主義の土壌からは、出版社内部の仕事を職能別に区分し、それらの職能に合わせた専門人材養成という意識は非常に乏しいと予想される。編集者に限って言うと、このような現場主義や経験主義は、結局編集者をプロフェッションではなく、一般教養的な幅広い知識を持つゼネラリストとして認識している考え方から起因するのではないかと思われる。

　もう一つ注目しておきたいところは、日本の出版社の一般的な社員採用形式と関連する応募資格規定と職前教育の問題である。

　日本の大規模出版社は毎年、大学の新卒業生を中心とした採用試験を実施しており、応募資格は大学新卒が中心で、大学院の修士課程修了まで幅を広げている出版社が増えている。**資料5-1**は、大手出版社一つ文藝春秋の2015年度「社

第2節　出版社における社員教育の状況

資料 5-1　文藝春秋の応募資格

一．　1988年4月2日以降の生まれであること。
一．　2016年3月までに四年制大学を卒業見込みであること、もしくは既に四年制大学を卒業していること。
一．　学部学科は問わない。

員募集要項」*9の一部である（2002年当時も同様の規定であった）。

　この応募資格で特に注目したいところは、募集対象者として、「四年制大学を卒業見込みであること、もしくは既に四年制大学を卒業している」「学部学科の別は問わない」という記載である。この応募要綱こそ、日本の出版業界における出版人材に対する認識を明瞭に表しているように思われる。

　つまり、日本の出版企業では編集者となる者は一般的な教養を身に付けた（と思われる）大卒以上の学歴所有者であれば、その後は出版の現場での直接的な訓練や経験で間に合うという認識が支配的なのである。このような考え方はその根底には、出版現場で大学教育にどのような期待を抱いているか、もしくは全く期待を持っていないのかという問題は別の問題にせよ、日本の出版人材の職前教育は、専ら大学教育に依存していると考えることもできよう。

　日本の出版現場では大学教育は出版編集の職能を身に付ける教育はできないし、必要ないと認識し、大学に期待することは一般的な知識を幅広く吸収できる場としてである。したがって大学の教育レベルの高低はそのまま編集者の水準を測る物差しとなりうる状況を生み出すが、編集者の質、例えば現場で必要とされている幅広い知識・教養の問題を取り上げて論じた場合、大学の教育レベルの低下や若者の教養の足りなさを指摘する抽象的論議に終わってしまい、結局、出版社に必要とされる人材とは何か、編集者の職能は具体的などういうものなのか、編集者の資質とは何か、そしてそういった編集者を含む出版人材を養成するにはどうすれば良いのかという具体的論議にまで進まないのが現状であろう。

---

*9　文藝春秋Webより引用。http://www.bunshun.co.jp/recruit/jobs/index.html

第5章　日本の編集者教育

第3節

大学における出版教育の状況

第1項　大学の出版関連教育の状況

　現在、日本でジャーナリストのための職前教育システムは制度化されておら
ず、米国のスクール・オブ・ジャーナリズムのようなジャーナリストの養成と
ジャーナリズム論やマス・コミュニケーション論の理論的構築は日本において
いまだ芽生えていないと言える。出版人材に関してもその状況に変わりはなく、
新聞や放送分野における専門人材としてのジャーナリスト養成に関する論議の
なかで、漠然と含まれて論議されるか、もしくは全く取り上げられてこなかっ
たとも言えるであろう。

　米国のスクール・オブ・ジャーナリズムのような大学・大学院に設けられて
いるプロフェッショナル・スクールの教育システムに期待されるのは、その分
野で活躍できる職業専門人材の養成、そしてその分野の専門領域に関する理論
的構築とそのための研究の活性化という二つの目的があるといえよう。

　このような見解から日本の大学で行われている出版教育の現況を見た場合、
現在日本で行われている数少ない出版教育は以上に挙げた二つの目的とはまた
異なる目的を持っていると思われる。

　まず、日本の大学で行われている出版教育の状況を、1976年の青木の報告[*10]、
1989年出版教育研究所の調べ[*11]、そして最後に2001年筆者の調査論文[*12]で調

＊10　青木、前掲文。

226

べられているデータからその推移を辿ってみよう。

　ほぼ10年間隔で整理されたこの３つのデータはすべて『総合ジャーナリズム研究』に毎年掲載されている「全国大学マスコミ関係講座一覧」から取り上げた出版関係講座数であり、講座タイトルに「出版」「雑誌」「印刷」「編集」というキーワードが含まれているものを選び出し整理したものである。

　表5-2を見てみると、1976年の時点では日本の大学に出版関連講座が設けられておらず、1989年には23講座、そして2001年には48講座と増加していることがわかる。特に注目に値するところは、1976年に比べて1989年に私立大学における出版関連講座数が大きく増加したことである。私立大学の場合、1989年度には12大学に出版関連講座を設けられていたが、2001年度には３倍弱増加し、35大学に出版関連講座が設けられていることがわかる。

　青木は1976年の報告資料で当時の日本の大学におけるマスコミ関連講座数を報告し、大学のマスコミ関連講座についてその数が少ないこと、そしてマスコミ講座の内容が、「マスコミに関する一般教養としての理論的講義と現象分析および若干の演習を含むもの」で、とりわけ「出版関連講義に対しては職業前教育としても不十分である」と指摘し、「出版人のための専門的な職業教育は、質的にも量的にも比重が大きくならざるをえない」と提案している[13]。

　青木の報告以後、私立大学と短期大学を中心に出版関連講座が増大しているが、その教育内容と目的はどう設定されているのかを見る必要があるだろう。

表5-2　大学における出版関連講座の推移（1976年・1989年・2001年）

調査年	76	89	01	76	89	01	76	89	01	76	89	01	76	89	01
大学の区分	国立大学			公立大学			私立大学			短期大学			合		計
マスコミ関係講座を設けている大学数	14	18	19	2	4	11	60	101	158	0	41	46	76	184	234
出版講座を設けている大学数	0	3	4	0	0	1	0	12	35	0	8	8	0	23	48

＊　この表のデータは、2001年現在のものである。

＊11　吉田公彦『日本における出版教育』日中出版研究者交流会議報告（1990年、日本エディタースクール）：1988年「出版教育研究所」では、日本出版学会の自主的研究会である「出版教育勉強会」とともに、日本の各大学で行われている出版関連講義の現況などを調べており、吉田公彦がそれに日本の出版教育の現状を付け加え『日本における出版教育』という資料集にまとめてある。

＊12　文嬪殊「日本の大学における出版教育の現況と出版教育の有効性について」『出版教育研究所所報』No.8（日本エディタースクール・出版教育研究所、2002年）、3頁〜71頁。

＊13　青木、前掲文、2頁。

第5章　日本の編集者教育

　その前に**表5-3**と**表5-4**に各大学に設けられている出版関連講座の名称を整理したので、それを参照してみると、2001年になると講座数が増えた分、講座名も少しは豊かになっているものの、やはり大抵の講座は「出版論」「出版文化論」「出版概論」といった類の名称で、1989年と比べてそれほど大きな差はないとみることができる。こういった講座名称から講義の内容においても概論的・総括的なものが多いのではなかろうかという推定ができる。

　また所属学部名称・専攻名称をみてみると、文科系というまとめ方にすると、大抵の講座が文科系に入っているものの、中には「文学部」「法学部」「社会学部」「情報学部」「文芸学部」「造形学部」「コミュニケーション学部」「経営学部」「商学部」等々、実に様々な学部に所属していることがわかる。つまり、これだけ整理してみても、日本における出版関連講座がある一定の方向性を持ち、かつ独自的な内容と目的の下で講義されているのではなく、各々異なる学部・専攻に所属することによって、各々違った目的と方向性を持って講義されているのではないかと推測される。

表5-3　1989年度調査による出版関連講座名称

大学形態	大学名／学部・専攻名／講座名	
国　立	東京大学／社会情報研究所教育部（夏学期）	出版論（Ⅰ）
	筑波大学／比較文化学類思想（情報文化）分野専攻	印刷文化論
	図書館情報大学／図書館情報学部図書館情報学科	出版流通論・出版技術論
私　立	常磐大学／人間科学部コミュニケーション学科	出版論
	上智大学／文学部新聞学科	雑誌論
	日本大学／芸術学部文芸学科	雑誌研究・編集研究・演習
	東洋大学／二部社会学部	出版概論
	東海大／文学部広報学科	出版概論・出版史
	法政大学／文学部	出版文化論
	成城大学／コミュニケーション学部	出版論
	共立女子大学／文芸学部	編集技術及び演習
	文教大学／情報学部広報学科	出版論
	専修大学／文学部	出版論
	東京造形大学／造形学部デザイン学科	編集デザインA・編集ゼミ（3講座）
	帝塚山学院大学／教養学部教養学科	出版学
短　大	共立女子短期大学／文科	出版文化
	目白学園女子短期大学／国語文化科	出版編集論
	大妻女子大学短期大学部／実務英語科	出版文化
	同　　　　　／日本文学科	出版文化・編集技術
	同　　　　　／国文科	編集技術
	昭和女子大学短期大学部／国語国文科	出版文化史Ⅰ・Ⅱ
	駒澤短期大学／国文科	編集実務
	跡見学園短期大学	出版文化
	湘南女子大学短期大学部／国文科	出版文化論
	浪速短期大学／広報科	出版論，校正技術

＊　出版教育研究所『出版教育研究所会報』No.1から作成

第3節 大学における出版教育の状況

表5-4 2001年度調査による出版関連講座名称

大学形態	大学名／学部・専攻名	／講座名
国 立	茨城大学／人文学部コミュニケーション学科 東京大学／社会情報研究所教育部(夏学期) 筑波大学／比較文化学類思想(情報文化)分野専攻 図書館情報大学／図書館情報学部図書館情報学科	編集技術論 出版論(Ⅰ) 印刷文化論 出版流通論，出版技術論
公 立	宮崎公立大学／人文学部国際文化学科	出版文化論，出版文化論演習
私 立	札幌大学／文化学部日本語・日本文化学科 函館大学／商学部商学科 常磐大学／人間科学部コミュニケーション学科 早稲田大学／第二文学部 上智大学／文学部新聞学科 日本大学／法学部新聞学科 中央大学／文学部社会学科 東海大学／文学部広報メディア学科 東洋大学／社会学部第二部 青山学院大学／文学部 共立女子大学／文芸学部 武蔵野女子大学／文学部日本語・日本文学・英語・英米文学科 武蔵野美術大学／造形学部視覚伝達デザイン学科 　同　　　／造形学部基礎デザイン学部 　同　　　／芸術文化学科 和光大学 文教大学／情報学部広報学科 フェリス女学院大学／共通科目 　同　　　／文学部日本文学科 専修大学／文学部 目白大学／人間社会学部メディア表現学科 　同　　　／人文社会学部言語文化学科 駿河台大学／文化情報学部 東京造形大学／造形学部デザイン学科 多摩美術大学／美術学部 東京経済大学／コミュニケーション学部 駒澤大学／文学部 東京情報大学／経営情報学部 江戸川大学／社会学部マスコミュニケーション学科 立命館大学／産業社会学部産業社会学科 京都学園大学／人間文化学部文化コミュニケーション学科 関西大学／社会学部社会学マス・コミュニケーション学専攻 　同　　／総合情報学部 　同　　／大学院社会学研究科(博士課程前期課程・ 　　　　　修士課程)マスコミュニケーション学専攻 大手前大学／社会文化学部社会情報学科 帝塚山学院大学／人間文化学部 関西学院大学／社会学部社会学科専門教育科目 大阪国際女子大学／人間科学部(社会)コミュニケーション学科 東和大学／工学部電気工学科	出版文化論 出版ビジネス論 出版論／プリントメディア演習 総合講座6「現代日本のマスコミ・出版の諸問題」 雑誌論・編集論 出版論・報道・編集論 新聞・出版論 新聞・出版論，雑誌メディア論，雑誌編集技術 読書と豊かな人間性 出版ジャーナリズム，活字ジャーナリズム 出版文化論 情報・編集技術，現代メディア論①出版論 印刷概論 プリントメディア研究 編集計画A 挑発としての編集，遊びとしての編集，編集論入門 出版論，編集論，出版演習 マスコミュニケーション論A(出版メディアの現状) 同・B(出版・放送の戦後ジャーナリズム史) 現代文化批評A(出版論) マスコミ・ジャーナリズム講座／出版論 出版文化論A／出版文化論B 出版論1／出版論2 編集技術論，出版流通論 印刷論，編集デザイン，グラフィックⅠ〜Ⅳ，エディトリアルⅠ〜Ⅳ 印刷概論 印刷と出版 編集実務 編集論 出版論Ⅰ・Ⅱ 活字メディア分析，活字メディア論 出版文化論 マスコミ・セミナーⅠ(新聞・雑誌) プリント・メディア制作論 活字メディア論／マス・メディア研究演習Ⅰ(活字メディア論) 出版文化論 新聞・出版論①② メディア文化特論(近・現代日本の出版文化) コミュニケーション事例研究ⅡA(出版文化論)／ 出版文化論，出版流通論 新聞・書籍論
短 大	共立女子短期大学／文科 目白大学短期大学部／言語表現学科 駒澤短期大学／国文科 文教大学女子短期大学部／現代文化学科 湘南短期大学／国文学科 湘南女子大学短期大学部／国文科 山梨英和短期大学／情報文化学科 大阪芸術大学短期大学部／広報学科	出版メディア論 出版文化論 編集実務 出版文化論，編集技術論 マスコミ演習Ⅱ〈出版〉 出版文化論 出版論 雑誌製作演習

*　現在は、実践女子短期大学／日本語コミュニケーション学科に「出版編集コース」が設けられている。
*　また、4年生大学では、大手前大学／メディア芸術学部に「出版編集専攻コース」が設けられている。

補足資料：出版関係の科目数の推移(川井良介氏調べ。『出版研究』2006年。No.37より引用)

	短期大学	大学	大学院	計
1990	11	16	0	27
1995	19	15	0	34
2000	12	27	0	39
2005	4	54	4	62

第2項　日本の大学における出版教育の目標

　以上の検討から現在日本の大学における出版関連講座を10年前、20年前に比べてみると、数的には多少増えているものの、出版教育に関しては独立した専門学科として設けられているところもなく、マスコミ教育の一部分として、あるいは関連学科の一つの講座として位置付けられていることがわかった。ここで、いままで日本で出版教育と関連して行われた論議を中心に、日本の大学における出版教育の目標を検討して見ることにしよう。

　まず、1976年青木の報告によると、当事の日本におけるマスコミ関連教育の内容はあくまでも一般教養に近いものが多く、当然マスコミ教育の一部分である出版教育も専門教育指向というより教養教育指向の色を強く帯びていることを指摘している。

　「青木報告」以後、日本で出版教育をめぐって行われた代表的な論議といえば、「出版教育勉強会」での論議が代表的である。

　「出版教育勉強会」は、出版学会の1986年度第1回定例研究会で箕輪成男が行った報告「「出版教育」の可能性を探る—「出版学科」設立の条件と課題—」(『出版ニュース』1986年10月中旬号に掲載)が端緒となり、それに関する感想を日本エディタースクールの吉田公彦が学会の会報に載せるなどの経過を経て1987年にスタートした[*14]。

　この「勉強会」は、「出版教育のあるべき姿を探る」という目的の下で、日本出版学会の出版教育の経験者が中心となって進められた。「出版教育勉強会」の活動は1年間という期間限定の自主的な研究会であったが、87年6月から88年5月まで進行された第1期の期間中、あまりにも多様な意見が交わされたので、期間をもう1年延ばし第2期まで論議を進めることとなった。結局「出版教育勉強会」では87年6月から89年5月までの2年間、「出版教育の可能性をめぐって」というテーマで論議が続けられた。そのテーマをより正確に表現するならば、「大学における出版教育の可能性をめぐって」と言えるであろう。「出版教育勉強会」では、「出版教育を考えることで出版研究そのものも見えてくるのではなかろうかということをモチーフにして、出版教育の可能性(有効性)を①大

＊14　吉田公彦「出版教育の可能性をめぐって(出版教育勉強会中間報告)」『出版教育研究所会報』No. 1（1988年、日本エディタースクール・出版教育研究所）、2頁。

第3節　大学における出版教育の状況

学院 ②学部 ③大学外の３レベルで追求してみたい」＊15という目的の下、論議
が進められたのである。

　まず、最初の第１期の「勉強会」では、「勉強会」参加者による報告が出発点と
なり、当時各大学における出版教育の現状を詳細に把握するために、大学にお
ける出版教育現況に関するアンケートを実施した。アンケートでは、①『総合
ジャーナリズム研究』87年および88年夏季号に掲載された「全国大学マスコミ
関係講座一覧」による「出版論」「出版文化論」などを始め、出版との関わりが強
いと思われる講座の担当者、②講座名には現れないが、「化学情報管理」「化学
論文の書き方」等、直接あるいは間接に出版知識の育成に関わりを持っている
であろうと判断される講座の担当者(「勉強会」メンバーの面識の範囲で)を対象
に実施した(回答率：9割)。

　アンケートの記載事項、つまり調査項目は、①講義課目 ②大学名 ③設置学
部／設置学科／専攻(コース) ④科目の種類 ⑤単位数 ⑥対象学年 ⑦88年度の
受講者数 ⑧担当者 ⑨地位、A．講義の狙い、B．講義の内容となっている。
この調査では全部で21名のエデュケーターが行っている31講座が紹介されて
いる＊16。この調査結果から講義内容の方向付けという面で非常に重要な意味
を持つ「講義の目的」を各回答者に自由記入方式で尋ねた結果に注目して見るこ
とにしよう。

　次ページの**表5-5**を見てみると、各講義担当者は"出版に関する理解を助ける
ために出版メディアと出版業界に関する一般的・包括的知識を提供すること"
を彼らが受け持つ講義の狙いとしていることがわかる。この結果ですでに「講
座名称」の整理部分で述べたとおりに、講義の内容や目的というものが出版に
関する非常に一般的・教養的知識の水準に止まっていることがわかる。多くの
エデュケーターがこのように出版メディア、産業に関する一般教養程度の教育
を狙いとしているのは、出版が独立した専門学科として設けられておらず、そ
の所属学部や学科もまちまちであるだけに、講義の内容や目的も当然出版に関
する最大公約数的な部分に限定されるようになったのではないかと推定できる。

＊15　前掲文、2頁。
＊16　調査の元データは出版教育研究所『出版教育研究所会報』No. 1（1988年）に掲載されて
　　　おり、その結果と分析については拙稿「日本の大学における出版教育の現況と出版教育
　　　の有効性について」『出版教育研究所所報』No.8（2002年）を参照してほしい。

231

■ 第5章　日本の編集者教育

表5-5　1987年アンケート調査結果

A　講義の狙い
情報媒体の基本的存在である出版物の成立、流通、受容の態様を明らかにし、出版界に進路を求めようとする学生に基礎的知識・技能を提供する。
出版者として現場で感じていることを、学生に話した。出版社を経営するものとして、出版人を希望する学生に実態を知ってもらうことをネライとした。
マスコミ関係の就職希望の多い新聞学科の学生を対象に、出版という行為についての理論や出版界の構造、出版の歴史や出版の倫理、編集論などを教える。
出版に関する基礎を教える。
出版事業活動の概略を講義し、一般的な知識を習得させる。
専門新聞の分野については、殆ど研究調査などは行われていないが、今日では各専門分野で相当な規模・水準に発達している専門紙、その専門分野での出版活動が見られるので、その実態、役割を追求
書籍、雑誌など出版メディアは、マス・メディアとしての出版、マス・マガジンを中心に考える・マス・メディアとしての出版についてその生産、流通、消費を社会的・歴史的に考察。現代社会における出版文化の意味を考えてみたい。出版現場に携わる人の話を聞く。
学生が特に関心を持っている雑誌やベストセラーに焦点を合わせている。
出版に関する一般的な原理と歴史のほか、出版界の現状等を理解し、出版の未来また出版文化のあり方を考える。
出版の特性について、他のメディアとの比較で考える。
各学部共通の専門科目なので、マスコミ理論についてはなるべく簡潔に述べるに止め、現代社会におけるマスコミの影響を述べることに重点を置く。特にマスメディアの欠点を熟知させ、その欠点を補うものとしての出版の重要性を強調する。
情報を正確に活用できる基礎的な能力を養うため、出版および出版物の意義や役割をできるだけ平易に教養的常識的な講義とするのが狙い
司書に必要な出版および出版物に関する知識を授ける。半期の講義なので重点的に項目を絞る。
「出版概論」「出版史」「著作権論」の三科目からなる出版系列の一つであり、内容が重複しないように配慮。出版論ではなく出版入門
前半は絵・記号・文字の発生、書写材料の変遷、木版印刷から活版印刷に至るまでの歴史。後半は近代出版の歴史を、書誌学的でなく、社会・経済の流れと関連付けて説く。
法学部の授業ではないので、なるべく法文にこだわらぬよう留意する。著作権思想とはどんなもので、情報化社会では著作権意識がいかに重要であるかを、なるべく具体的に話す。
編集技術そのものを教えても、あまり意味がないので、もちろん簡単な実技も実習するが、学生が一般に抱えている編集への憧れが、想像以上に厳しく大変な仕事であることを理解させ、あわせて読書というものの意義と重要性を再認識させるようにする。
マス・コミュニケーション研究の一環として、出版をめぐる諸課題について講義。
高度情報化社会に生きている我々にとって、マスメディアなかでも印刷メディアがどうした意味を持っているのか。電波メディアの洪水の中で溺れ死にかかっている若者に「出版」の意味をわからせる。
著作権制度全般の法的知識を得させる。
出版界の現状と業務の詳細。特に編集現場の雰囲気を伝えるため、政治的・社会的・文化的状況と編集現場との関わりについて、多くの時間をさき、具体的に述べるようにした。私の専攻分野である文化人類学、言語学、生物学の最近の成果と編集現場がどのように関わり合うかを、わりと細かく解説。
雑誌のニュース源、取材、原稿作成、原稿整理について。書籍の企画、執筆者の選定、原稿の判断、入稿、校了、印刷などについて。
工学系の学生が主な講義の対象なので、ハードウェア関連の教育内容、細分化してゆく研究内容に対して、文字のデザイン、タイポグラフィ、出版物の様々な表現技術を総合化されたものとして講義。
出版製作は、書籍と雑誌の分野に分けられる。ここでは主として書籍をとりあげ、技術論に偏らずに特に出版の企画編集との関連及び読み易さを重視し、製本完了までの製作工程に従いながら論じてみたい。また、用紙などの出版資材の問題も含まれる。
1. はじめに～出版活動とは何か／ 2. 出版界の現状／ 3. 本という商品／ 4. 出版物の取引形態／ 5. 出版販売ルート／ 6. 出版流通と広告・宣伝／ 7. 出版流通小史／ 8. むすび～出版流通と読者
英米文学特にシェイクスピアで発達した本文研究の方法論を日本の主に明治、大正期の文学作品に適用し、不正確な本文の是正をはかること。これに関連して必要な基礎知識である西洋と日本の製本、出版の歴史を概説
現代社会における出版の意義および位置づけ

出所：出版教育研究所『出版教育研究所会報』No.1（1988）から作成

第3節　大学における出版教育の状況

　箕輪成男は第1期「出版教育勉強会」の論議を整理するに当たり、出版教育を「教養教育としての出版教育」と「専門教育としての出版教育」に分けている[17]。ここで「専門教育としての出版教育」とは、「系統的に出版人の養成を図る本格的な教育」のことを意味する。そして「教養教育としての出版教育」というと、「出版論」、「出版文化論」、「編集論」など「出版に関する一般的な知識を学ぶ」ということとなる。このような区分から1987年当時の出版関連講座の性格を見ると、その講座の狙いからして「教養教育としての出版教育」の性格が強いと考えられる。

　特に出版という職業に対応する専門学科が設けられていない出版教育の場合は、以上の**表5-4**からもわかるように、関連学科の一講座として、講座の比重もかなり少なく、出版教育独自のカリキュラムを持っているというより、講座の担当者にバック・グラウンドによって教育内容が決められているように見受けられる。

　「出版教育勉強会」では、以上のように当時の大学における出版教育の現況を整理し、その論議を深めた上で、第2期の論議テーマとして①学部レベル出版学科のカリキュラムはどうあるべきか、②大学院出版研究科、出版専攻のカリキュラムはどうあるべきか、③専門学校における出版教育のあり方はどうあるべきか、④教養教育における出版関連科目のあり方についていくつかのモデルを考えること、⑤「出版原論」の論議を深めることを挙げ[18]、非常に具体的で実践的な論議を進めようとしたが、残念ながらその後、大学における出版教育についてはほとんど検討されていないまま今日に至っている(脚注「補足資料」参照)。

＊17　箕輪成男「制度から見た出版教育」『出版教育研究所会報』No.1（出版学校日本エディタースクール・出版教育研究所発行、1988年）、14頁〜17頁。
＊18　前掲文、17頁。

補足資料　日本出版学会におけるその後の「出版教育」理論の進展

　本論文は2003年当時の「日本のおける大学での出版教育」の現状を分析しているが、日本出版学会では、その後、2010年ごろから「出版教育研究部会」において、出版教育に携わる大学の先生方から、継続的な実践報告を重ねており、2011年11月には、「大学における出版教育のあり方を考える―大学におけるシラバス調査から」が報告され、その研究の成果は、2012年10月に日本で開催された「第15回国際出版研究フォーラム」でも報告された（日本出版学会誌『出版研究（43号）』に掲載）。

233

それでは、1987年以後大学における出版関連講座が２倍強も増加した2001年における大学の出版教育の状況について見てみよう。

　2001年『総合ジャーナリズム研究』2001年夏号に掲載されている「全国大学マスコミ関係講座一覧」と、日本出版学会会員名簿（2000年版）を参考に選定した各大学の出版関連講座の担当者に実施した調査[19]では、各調査対象者が大学の現場で教育に携わる立場から自分自身の主な教育目標をどう設定しているのか、つまり教育目標を調べて見た。

　結果、**表5-6**に見られるように、回答者33名のうち、22名（66.7％）が「メディアと社会に関する理解」を挙げており、その次に大きく差をつけて「ジャーナリズム・出版文化の質的向上」（９名、27.3％）が挙げられている。相対的に「出版編集者・雑誌編集者など専門人材育成」や「メディア産業で働く即戦力育成」などを挙げているエデュケーターは少なかった。このような結果は、各エデュケーターの大学教育における目標設定が「メディア専門人材の育成」というよりは「メディア・リテラシーの普及」に置かれているということを示していると考えられる。このような結果は1987年のアンケート調査結果と同様である。

　また、各回答者が本務校で１週間あたり担当しているコマ数を調べてみた結果、学部で１コマだけを担当している回答者（21.2％）が最も多く、本務校での学部担当コマ数の平均は、１週間あたり3.4コマであり、現在日本の大学で行われている出版関連講座は、その比重が非常に少ないことがわかった。そして

表5-6　大学における主たる教育目標（回答者：33名、100％）

選　択　肢	回答者	比率
出版編集者・雑誌編集者など専門人材養成	6名	18.2%
広くメディア産業で働く即戦力養成	5名	15.2%
メディアと社会に関する理解	22名	66.7%
ジャーナリズム・出版文化の質的向上	9名	27.3%
その他	10名	30.3%

[19]　文、前掲論文。「出版関連教育エデュケータに対する意識調査」を実施。①調査期間：2002年１月の１カ月間、②調査対象：各大学の出版関連講座担当者89名、③調査方式：郵便調査方式、④有効回答率：37.1％（33名）、⑤調査データの処理および分析：SPSSWINプログラムを利用した記述統計分析、⑥主な調査項目：調査対象者の人口統計学的特性、調査対象者の本務校特性、指導学生の卒業後の就職傾向と出版社と学校とのコミット程度、出版教育全般に対する認識特性。

各回答者が授業の際、主に参考にしているテキストを記入してもらった結果、半数に近い回答者がテキストは「特にない」と応えており、記入してもらったテキストもエデュケーターにより各様であり、共通しているテキストは一冊もなかった。そこで各大学の出版関連教育エデュケーターに大学現場で実際教育に携わっているうえで、教育課程の運用上どのような問題点を感じているか選択肢から三つまで選んでもらった結果、有効回答者33人のうち３名、約１割弱の人が「特に問題はない」と答えており、その他のほとんどのエデュケーターが教育課程の運用においてなんらかの問題を感じていた（**表5-7**）。

　答えのなかで、最も多くの人が選んだ運用上の問題点は、「学生の入学時の専攻選択動機が不明確で、卒業後の進路に自信がないことから授業態度が望ましくない」という項目で、11名（33.3%）がこれを選択した。この問題は出版教育の運営上の問題点というよりは一般的な大学教育における問題として解釈できる。そして、ほぼ同じ選択率で選ばれた問題点が「学問的に定立されていない」という項目であった。10名（30.3%）が選んだこの問題点は、出版教育それ自体が、教育できる一つの体系として整った学問としていまだ未完成であるため、教育においても戸惑いが多いという出版学の根本的な問題として考えてもいいのではないかと思われる。

　選択された頻度からみて３番目の問題点としては「テキスト不足」と「隣接分野（教養を含む）講座が少ないなど、幅広くて専門的な専門出版人を養成する教育になりにくい」が共に９名（27.3%）から選ばれた。これは出版教育の運用における具体的な問題点で、まだ大学の出版教育が定型化されず、教育に役立つ

表5-7　教育課程の運用における問題点（回答者：33名、100%）

選　択　肢	回答者	比率
学問的に定立されていない	10名	30.3%
テキスト不足	9名	27.3%
教授・講師陣の不足	8名	24.2%
学生の入学時の専攻選択動機が不明確，卒業後の進路に自信がないことから授業態度が望ましくない	11名	33.3%
隣接分野（教養含む）講座が少ないなど，幅広くて専門的な専門出版人を養成する教育になりにくい	9名	27.3%
特に問題はない	3名	9.1%
その他	11名	33.3%
無回答	3名	9.1%

体系化された教育テキストがないこと、そして出版教育のカリキュラムもいまだ定立されていないことを物語っていると思われる。

　このような2つの問題点を2番目の問題点である「学問的に定立されていない」という問題と重ねあわせて考えてみると、出版が「学」として体系化されず、それゆえ、教育現場においてもその教育の方法や手段がいまだ完備されないままであるという状況がうかがえる。しかもそのような状況をよりネガティブに考えざるを得ないもう一つの問題点は「教授・講師陣の不足」がほぼ同じ比率で選ばれているということである。教授・講師陣というのはただ教育を担当する者という意味の存在だけではなく、何をいかに教育するかを考える主体として、つまり教育と研究の両方を共に担う存在である。言い換えれば、エデュケーターが数的に足りないというのは、ここで提起された問題点を克服し、これからの出版教育のために必要とされる論議を深めていく基本的な人材土壌が備えられていないということを意味していると考えられる。

　全体的に整理してみると、各大学のエデュケーターは大学での教育課程の運用上、ほとんどの人がなんらかの問題意識を持っていた。そしてその問題は、ある特定の一つの問題に集中しているのではなく、挙げられたすべての項目全般にわたってほぼ同じ比重で分布されていた。その問題点を整理してみると、まず、特に出版教育に限る問題というより現在の一般的な大学事情として、学生たちの目標の喪失と水準低下という問題がある。そしてとりわけ出版教育に限っていうと、根本的には「出版学がまだ学として未完成である」ため、教育の際に参照できる十分なテキストも、体系化されたカリキュラムも準備されていないということと、それを論議し、望ましい教育と研究を実践できる人材としての教授や講師陣も不足しているというふうに分析できる。

　最後に、「その他」に提起された問題点は、11名の人が様々な問題点を指摘しており、その内容を具体的に見てみると、まずは「出版産業の低迷」や「就職難および出版不況」など出版産業の問題を指摘しているものが目立つ。

　そして「特に出版人の養成を目指していない、関心があっても地元での適当な就職が多い」「東京への一極集中化」「短大卒の学歴では殆どの出版社の募集条件を満たさないこと。多くの出版社は四年制大卒を募集条件としている」などの指摘があるが、これは出版社が東京中心に集中している事情もあり、地方の大学では教育の目標が「出版人材の養成」には適合していないことと、出版社

第3節 大学における出版教育の状況

は四年制大学卒業者以上の学歴を要求するところがほとんどなので、短期大学において出版人材を育てるための専門教育というのは見合わないという、出版現場の実際と教育目標設定のジレンマがうかがえるところである。

第3項 出版教育と出版現場とのコミットの程度について

2001年に実施した「出版関連教育エデュケーターに対する意識調査」の結果で注目に値する項目として、出版教育の現場（大学）と出版産業の現場（出版社）との関係性に関する結果だけを簡略に見てみることにしよう。

この調査では、調査対象者に①出版業界から講座に関連する研究課題を学科に依頼されたことがあるのか、②出版業界からの学生への奨学金制度はあるのか、③出版業界から教育のための機材や施設を提供されたことがあるのか、④卒業生の就職において業界からの積極的な受容があるのか、⑤インターンシップ制度は採用されているのかという質問項目を設け、出版教育の現場と出版社の間に何らかの関係性を持っているのかという状況の確認をした。

結果、①出版業界からの研究依頼を通じた研究協力関係は全くなく（「研究依頼ない」が33名中31名）、②奨学金などの出版業界からの財政的支援も全くなかった（「奨学金ない」が33名中31名）。そして、③出版業界からの機材・施設の提供に関しても31名の回答者が「ない」と答えており、やはりこの項目においても「出版業界」と「出版教育」の現場との間に支援・援助する関係を見出すことはできないと判断された。④卒業生の出版業界への受容程度に関しては、各調査対象者に「卒業生の就職において業界からの積極的な受容がありますか」という設問をした結果、「積極的に受容してくれている」という答えは全くなかった。それから「まあまあ受容してくれている」という答えが7名の21.2％、「まったく無関心である」と答えた回答数が半数を占めており（18名、54.5％）、全般的に回答者は業界からの受容度が低いと判断していることがわかった。

最後に、各調査対象者の大学で⑤インターンシップ制度を採用しているかどうかを尋ねた結果、調査回答者のうち、本務校の担当学科にインターンシップ制度がすでに採用されていると答えたのは全体の3割にも届かず、大抵の学科にまだインターンシップ制度は定着されていなかった。

これらの調査結果から見る限り、2003年現在、日本の出版業界と出版教育

237

第5章　日本の編集者教育

表5-8　教育課程の運用における問題点（回答者：33名、100%）

選　択　肢	回答者	比率
教育界と業界が共に編集者の資格認定制度を実施し，専門家育成を図るべき	1名	3%
業界が教育界に財政的な面や教育機材，施設等の支援を積極的にすべき	3名	9.1%
業界が研究課題を教育界に依頼し，大学で教育と研究が活発に進められ，その研究結果を実践することによって出版産業の発展を図るべき	12名	36.4%
出版従事者のための再教育の場をお互いに協力し合い，作るべき	11名	33.3%
その他	8名	24.2%
無回答	7名	21.2%

の現場ではほとんど交流関係を築いておらず、お互いにあまりコミットされていないという状況がうかがえる。大学の出版教育担当者は「業界は大学における出版教育課程や教育目標」について「無関心」であるか（51.5%）あるいは「必要ない」（18.2%）と認識していると判断しており、この調査結果は業界と出版教育現場との距離が感じられるところでもある。

　このような業界と教育現場との疎遠な関係を踏まえた上で、現在日本の大学で出版教育を担当している調査対象者が「教育に携わっている立場から業界に求めたいことがあるとすれば何を求めたいのか」という業界への要求事項を挙げてもらった（**表5-8**）。

　結果、回答者33名のうち7名（21.2%）が回答をしておらず、業界への要求事項については多数の意見を基に分析することができなかったが、無回答が多いことから判断すると、教育現場に携わっている者として業界に対する期待があまりないとも考えられる。

　最も多く選択された項目から順番にみてみると、現場への要求事項として「研究活動の連携」を挙げたのが36.4%（有効回答率42.7%では34.2%）で最も多く、その次が「再教育の場を協同で設ける」33.3%（有効回答率42.7%では31.6%）、「財政的な面や教育機材、施設等の支援」9.1%（有効回答率42.7%では7.9%）、「編集者の資格認定制度を実施し、専門家育成を図る」3.0%（有効回答率42.7%では10.5%）の順であった。「業界と教育界との研究活動の連携」や「大学での再教育」を重視し実践したいという声が教育の現場では大いに提案されていることがわかった。問題はこのような教育現場の声が出版業界にいかにして届けられ、現実に具体化されるのかということであろう。

第4節　日本エディタースクールにおける出版教育の状況

第4節

日本エディタースクールにおける出版教育の状況

第1項　日本エディタースクールの発足経緯と主な活動

　日本エディタースクールは「職能の確立」を目的に1964年4月に開校された。日本エディタースクールが設立された問題意識は、編集者たちが「独自性にとらわれるあまり、自己の経験は自己にとってしか価値がないもの」であるという認識、つまり経験至上主義とも言える観念が編集者の仕事を支配していることに対する反省を込めており、先人たちが永い間築いてきた本づくりの経験を理論化・規範化することによって、編集者としての職能を高めることを目指してきたのである[20]。

　日本エディタースクールの母体となったのは、1963年11月に発足した「現代ジャーナリズム研究所」である。「現代ジャーナリズム研究所」は「ジャーナリズム諸分野にわたる自主的研究・創作活動によって、ジャーナリストの職能確立の道を開拓する」ことを目的に設立された民間のジャーナリズム研究所である。研究所の構成メンバーをみると、理事長には鈴木均（平凡社）、顧問として日高六郎（東大教授）、下中邦彦（平凡社社長）、青地晨（評論家）を迎え、事務局長は谷川公彦（吉田公彦氏の旧姓、元・読書新聞編集部）が担当しており、主に出版界の編集者が中心となって構成されていた[21]。

＊20　吉田公彦『日本における出版教育』（日中出版研究者交流会議報告、1990年）、30頁〜33頁。
＊21　「"ジャーナリズムを考える"新しい編集者をめざす三つの活動」『週刊読書人』（1965年2月8日付）、2面。

239

「現代ジャーナリズム研究所」は会員の発言の場として、『現代ジャーナリズム』という機関誌を発行すると共に、上述したとおりの目的を持って編集者養成機関、日本エディタースクールを主催したが、研究所としての活動は1969年に幕を下ろし、同研究所のメンバーによる提案で結成された日本出版学会にその研究活動が引継がれ、日本エディタースクールは、その後、単独の組織として活動を続けることになった。

　日本エディタースクールが設立された1964年当時には、教室もなく製本会館の場所を借りての出発であり、第1回普通コースは3ヶ月間、火曜・木曜日の午後6時から8時50分、隔週土曜日午後3時から5時50分、全部で30回の授業を行った。第1回目の受講生は約150名であった。1964年9月15日に開催された第2回目のエディタースクールは、普通コースと専門コース（校正、レイアウト、宣伝・セールス）に分けられて開講された。（3ヶ月13回、火曜日午後6時から8時50分）。

　その後、1965年には、日本エディタースクールの教育活動は、日本書籍出版協会や日本雑誌協会の後援を得ることとなり、出版業界におけるその存在基盤をより確実なものとしていくことになる。

　さらに、1966年4月には、日本エディタースクールの教室を持ち、昼間部コースを開設した。この昼間コースは1年を通して毎週月・水・金曜日午前10時30分から午後3時30分まで3時限の授業を行うシステムであり、第一期生は24名（男性19名、女性5名）が集まった。さらに昼間部コースと併行して、夜間部・専科コースを設け、企画・編集・製作、校正、レイアウト教室も開講した。

　また1968年からは通信教育・出版編集技術コースを開講し、72年には通信教育・校正コース、80年には文章コース、84年には校正フレックスコースが併設された。

　そして日本エディタースクールの編集者教育活動のなかで、編集者の職能を客観的に評価できる試験制度を次々と設けてきたのは、日本エディタースクールの大きな業績の一つとして評価できよう。

　まず、最初に設けられた職能検定制度は日本エディタースクールが発足してから3年後、1966年11月に設けられた「校正技能検定試験」である。校正技能検定試験は、「現場で通用する技能レベルを判定すること」そして「それをめざす本人の技能向上心を育てる教育」という二つの目的を持っており、第1回目

第4節　日本エディタースクールにおける出版教育の状況

の校正技能検定試験では51名が受験し、21名が合格した。その後、1972年第8回目の校正技能検定試験からは、三級と四級の級付け制度を設けて検定試験を実施し、毎年四級2回、三級1回のペースで試験を実施している。2001年3月には第100回校正技能検定試験「三級」を実施し、100回までの総受験者数は四級試験8062名(合格者2426名)、三級試験1729名(合格者436名)を数える*22。なお「校正技能検定試験」は、現在では、上級・中級・初級に3つに区分けで実施されている(脚注の補足資料参照)。

　日本エディタースクールはこのように日本の出版業界における唯一の専門的編集者の養成機関として、その教育活動の上で必要とされる職能教育のためのテキストを数多く出版してきた。2002年4月現在323点の出版物を出版しており、その内容は出版実務、出版論、出版事情・出版史など出版に関するものだけではなく、社会史や現代史、現代思想など社会学や歴史分野に関する出版物など幅広い。それらの出版物は出版・出版物を理解するために役立つ実用的テキストであるだけではなく、日本エディタースクールの設立目的に明記されている「本づくりの経験の理論化」を実現した産物でもあると評価できる。

　さらに日本エディタースクールは1988年に創立25周年を迎え、それを機に「出版教育のあり方を多様な角度から追究すること」を目的とする「出版教育研究所」を開設した。出版職能の教育機関としてどのような出版関連団体よりも出版現場に密接に繋がっている日本エディタースクールとしては、出版教育について考え、それを実行するということはそのまま自ずと出版とは何か、出版物とは何か、を研究することに繋がってきたと思われる。

＊22　出版学校日本エディタースクール編『校正技能検定試験100回の歩み1966－2001』
　　　(出版学校日本エディタースクール、2001年)、3頁〜4頁。

補足資料　日本エディタースクールのその後

　日本エディタースクールは1964年に創立された、出版界で働く編集者や校正者を養成する学校である。開校から、40年間に2013年度までの受講生総数は延べ7万5500人、校正技能検定試験は2015年12月で144回となる。
　現在は、出版全般の技能を学ぶコース(全日制総合科)と、専門技能を学ぶコース(夜間講座・土曜講座・通信講座)、校正者養成専門コースなど多面的なコースが設けられている。

241

第5章　日本の編集者教育

第2項　日本エディタースクールの教育活動

1964年発足当時は夜間コースのみだった日本エディタースクールは、その後、夜間コースだけではなく、昼間コース、通信教育コースなど教育課程を開拓してきた。

日本エディタースクールが、出版業界のみならず、大学における「出版教育」に与えた影響は計り知れないが、残念ながら、全日制（昼間コース）のうち2年制コースは2006年の3月で修了となり、一年制コースも2015年3月で修了となり、2015年度は募集をしていない。

2015年現在、日本エディタースクールに設けられている教育課程を整理すると次のようになっている（**表5-9**）。

表5-9　日本エディタースクールの教育課程（コース）

全日制のコース	
編集者養成総合科	2015年度の募集なし。定員30名、週5日（月曜〜金曜）
校正者養成専門コース	年2回（2月・7月）に募集、定員30名、週4日（月曜〜木曜）
夜間開講座のコース	
総合コース	年3回（春・秋・冬）に募集、定員30名、3ヶ月間開講（全5ユニット）
選択研修コース	夜間部の全5ユニットから自由に選択して受講するコース
編集コース	年3回（春・秋・冬）に募集、定員30名、3ヶ月間開講（週3回）
校正コース	年3回（春・秋・冬）に募集、定員30名、6ヶ月間開講（週2回）
校正検定訓練〈中級〉	年2回（春・秋）に募集、定員30名、2ヶ月間開講（週1回、日曜日）
校正検定訓練〈上級〉	年2回（春・秋）に募集、定員30名、2ヶ月間開講（週1回、日曜日))
土曜講座のコース	
校正教室	年2回（春・秋）に募集、定員30名、6ヶ月間開講（土曜日も午後）
InDesign：本づくりコース	年3回（春・秋・冬）に募集、定員10名、3ヶ月間開講（土曜日午後・終日）
通信講座のコース	
校正コース	随時受け付け8カ月（＋延長期間4カ月）
校正フレックスコース	随時受け付け6カ月（＋延長期間3カ月）
編集コース	随時受け付け8カ月（＋延長期間4カ月）
編集ベーシックコース	随時受け付け6カ月（＋延長期間3カ月）
雑誌編集入門コース	随時受け付け6カ月（＋延長期間3カ月）
雑誌記事入門コース	随時受け付け4カ月（＋延長期間2カ月）
短期セミナーのコース（2015年募集中セミナー）	
校正1日教室	適宜募集、一日集中30名（最低実施人数15名）、通学版／通信版
編集1日教室	適宜募集、一日集中30名（最低実施人数20名）
DTP1日教室	適宜募集、一日集中10名（最低実施人数5名）

＊　日本エディタースクールのWebから引用。http://www.editor.co.jp/course/
　　短期セミナーは、適宜開催され「著作権講座」「電子出版講座」なども開催されている。

242

第4節　日本エディタースクールにおける出版教育の状況

表5-10　1997年から2002年までの昼間部総合課程入学者数

	1997年	1998年	1999年	2000年	2001年	2002年
2年課程	62期：19名	64期：17名	66期：15名	68期：15名	72期：12名	70期：15名
1年課程	63期：81名	65期：85名	67期：73名	69期：84名	71期：106名	73期：89名

＊　出版学校日本エディタースクール発行『2003年度講師総会資料』から作成

　ここでは2003年までの昼間部と夜間部を中心にその教育内容と受講生の特性について見てみることにしよう。まず、昼間部は、1966年、新人編集者の養成コースとして発足され、企画・執筆・編集・製作(デザイン)・校正など、書籍や雑誌をつくるためのあらゆる技術と知識を習得させる総合コースであり、2002年まで4600名を越える学生を送り出している。

　昼間部の入学資格は高等学校卒業以上の学力を有する者となっており、「1966年の第1期生は24名、67年の第2期生は60名、第3期生69名、第4期生は39名、第5期生72名」と記録されている[23]。昼間部の総合課程に2年制を開講したのは1981年4月からである。

　表5-10は1977年から2002年までの昼間部総合課程(1年課程、2年課程)に入学した学生数の推移である。

　昼間部のカリキュラムは、出版業界を目指す者が出版編集全般に関する知識を幅広く習得できるように、そして理論と実習が共に学習できるように構成されており、また出版の仕事のおける技術進歩や出版環境の変化に対応できる出版人材育成のために、とりわけ近来においてはDTPやパソコン基礎教育や実習などを取り入れるなどと工夫を凝らしているように見える。

　次ページの**表5-11**は、昼間部のカリキュラムを整理したものである。

　基礎科目は出版概論、雑誌論、マスコミ論など概論的課目も配置されており、実務だけではなく出版に関する基本的・概論的知識も習得できるようにしている。他にも著作権知識、印刷知識、造本設計など、出版の実務をこなすための専門的知識と理論を教えている。そして通常出版現場で直接経験することで学ぶとされている出版編集に関する専門技術を直接的に実習を通して身に付けるように構成された専攻科目があり、そのなかで編集、文章、設計、校正、DTPの編集実務を学習させている。

＊23　前掲書、151頁〜164頁。

243

第5章　日本の編集者教育

表5-11　日本エディタースクール昼間部のカリキュラム

	基礎科目	専攻科目		教養科目
昼間部 編集者養成総合科 1年課程・ 2年課程[1年次]	・出版概論 ・雑誌論 ・マスコミ論 ・著作権知識 ・造本設計 ・出版広告知識 ・出版流通知識 ・印刷知識 ・製本知識 ・原価計算 ・漢字検定	編集 文章 設計 校正 DTP	・企画編集 ・雑誌編集実習 ・原稿編集 ・パソコン基礎実習 ・パソコン編集実習 ・写真実習 ・文章基礎実習 ・記事作成実習(I)(II) ・本づくり基礎実習 ・書籍製作実習 ・レイアウト基礎実習 ・レイアウト実習(I)(II) ・校正実習(I)(II) ・校正特別実習 ・DTP編集ゼミ ・DTP基礎実習 ・DTP編集実習 ・DTP特別実習	・絵画の歴史 ・現代の写真 ・現代文化論 ・社会思想史 ・出版英語 ・児童文化論(I)(II) ・現代史探訪 ・中国語講座(I)(II) ・韓国語会話入門
昼間部 編集者養成総合科 2年課程[2年次]	・雑誌論 ・マスコミ論(I)(II)	編集 文章 設計 校正 DTP	・企画編集 ・編集演習 ・マスコミ文章演習(I)(II) ・エディトリアル ・デザイン演習(I)(II) ・校正演習 ・校正総合演習 ・校正特別実習 ・DTP編集演習(I)(II)	・絵画の歴史 ・現代の写真 ・現代文化論 ・社会思想史 ・出版英語 ・児童文化論(I)(II) ・現代史探訪 ・中国語講座(I)(II) ・韓国語会話入門

＊　出版学校日本エディタースクール発行『2003年度講師総会資料』、昼間部広報資料から作成
　　表中の太字は必修科目を表す。なお、現在は、昼間部の募集を行っていない。

　カリキュラムのなかの太字の科目は必須科目であり、1年課程と2年課程の1年次の間に基礎科目と専攻科目のほとんどは必ず受講するシステムとなっており、日本エディタースクール昼間部の教育内容の最も基本的な柱はこの基礎科目と専攻科目であると言える。

　他産業と同様、出版産業の現場でも技術革新の影響を受け、それに対応できる人材の養成と教育が必要とされてきたが、技術が急速に発展したとしても印刷現場に比べると、出版社内部ではそれほどの影響は受けて来なかった。しかし、近年デジタル技術の発展とその普及の影響は、編集の現場にも大きく影響を及ぼしてきている。編集者の実務においてもパソコンやDTPなどの使用は、もはや基礎知識として知っておけば良い程度のものではなく、使えないと仕事がはかどらないほどの必須知識、技術となってきている。日本エディタースクールの教育内容はこのような出版現場の技術的変化にも対応できるカリキュラムを編成しているように思われる。

第4節　日本エディタースクールにおける出版教育の状況

　また、日本エディタースクールでは昼間部の学生においては、日本エディタースクールのほうから各出版社および企業に「採用のお願い」を送付し、それに応える形で各出版社および企業から寄せられた求人にあわせて昼間部の受講生の就職を紹介している。その求人の内訳を2002年4月から2003年3月までの1年間の統計から分析して見ると次のようである（**表5-12**）。

　求人社の内訳から日本エディタースクールの昼間部で長期間受講した学生は出版社や編集プロダクションの仕事に就き、また主に編集（63％）の仕事に従事するようになることがわかる。ただ、一つ学歴別求人を見てみると、学歴を問わない割合が59％もあることに意外性を感じる。日本エディタースクールの就職ガイドには学歴別求人に関する分析で、以上のような傾向から「学歴によって進路がとざされることがないこと」を読み取ることができるとし、「本校の開校以前は高校新卒者が編集者になることはきわめて稀であった」と述べている[*24]。

表5-12　日本エディタースクールにおける求人状況「（2002年と2010年比較）

A：求人社の内訳（計61社）			2010年の求人社の内訳（259名）		
出版社	34社	56%	出版社	95社	36%
編集プロダクション	13社	21%	編集プロダクション	65社	25%
社内報・PR誌制作	1社	2%	校正プロダクション	24社	9%
新聞社	5社	8%	PR誌・DTP・Web制作	12社	5%
その他	8社	13%	人材派遣会社	10社	4%
B：学歴別求人数（計126名のうち）			デザイン会社	7社	3%
大学卒	10社	8%	新聞社・印刷会社・その他	47社	18%
短大卒	17社	13%	**職種別求人（計585名）**		
専門学校卒	4社	3%	編集	235人	40%
高卒	21社	17%	校正	240人	41%
不問	74社	59%	DTPデザイナー	47人	8%
C：職種別求人（計126名のうち）			ライター	35人	6%
編集	83社	66%	その他	28人	5%
校正	6社	5%	〈注〉		
デザイナー	7社	6%	求人企業は、出版社や編集プロ		
書籍製作	0社	0%	ダクションが6割を占めており、		
DTP編集	18社	14%	職種は編集者が40％、校正者		
ライター	6社	5%	が41％、DTPデザイナーが8％		
営業	4社	3%	などとなっている。		
その他	2社	2%			

＊　日本エディタースクール『2003年度講師総会資料』から作成。なお、2010年の求人状況は、日本エディタースクールWebから引用。http://www.editor.co.jp/career/

＊24　日本エディタースクール『就職ガイド』（2002年度版）、4頁。

つまり、高卒であっても日本エディタースクールの昼間部課程で学習することによって編集者としての基本的職能を身に付けていれば、出版社等で働く機会が与えられるという意味で受け取ることができるが、このような傾向は出版社の一般的な雇用パターンというより、求人が日本エディタースクールの昼間部の課程を修了した者を対象にしているから成立している雇用パターンではないかと推測される。

次に、夜間部は、職場または大学等に在籍している人も受講できるよう講義時間を18時45分から20時45分までの約２時間で行われている短期専修課程であり、入学資格は昼間部と同様、「高校卒業程度の学力を有する者」となっている。

夜間部の編集者養成科は、検定訓練講座を除き、現在、５ユニットで行われており、１ユニットの講義回数は週１回で12週間実施される。

〈注：2005年当時は、「出版の基本知識」「本づくりの基礎知識」「雑誌編集の基礎」「誌面構成の基礎」「校正基礎実習」「企画と原稿編集」「本づくりの総合実習」「雑誌記事の書き方」「誌面演出の技法」「縦組校正実習」「横組校正実習」「校正実力養成」などから構成されていた。〉

夜間部はこのように出版編集の職業に従事したいという人の職前教育だけではなく、就職後教育の役割をも果たしており、実際出版社などでも20社以上が研修目的で夜間部を利用しているという。2002年度夜間部は294名が受講し、その年齢構成をみると次のようである。受講生の76％が20代であり、20代前半の受講生が多いのが特徴である。またその数は多くないにせよ30代以上の受講生が22％もあることから、就職後教育が実現されている可能性をみることができる。

以上、日本エディタースクールの昼間部と夜間部を中心にそのカリキュラムと若干の就職傾向を見てきたが、日本エディタースクールの以上のような教育課程とその教育課程で使われているテキスト等はスクール設立以来40年に近い年月、出版編集教育を実践する過程で独自的に開発し、発展させた貴重な経験であり、成果であると言えるであろう。とりわけ現在日本の出版関連団体で行われている職能教育の状況を踏まえると、日本エディタースクールが実践している独自の教育課程やテキストは、「職能の確立」（次ページの**補足資料**参照）というスクール設立目的に明示されているとおりの、出版編集に必要される職能教育は非常に充実したものであると評価できよう。

ただし、俗に言われているように編集者は幅広い一般教養を備えるべきであ

第4節　日本エディタースクールにおける出版教育の状況

るとした場合、そして編集者がある特定分野の出版編集をこなすにはその分野の専門家とは異なるがその専門分野や専門家を見極められるほどの専門性を持たなければならないとした場合、それらの知識と専門性を身に付けることにおいては、あくまでも「職能教育」を中心としている民間教育機関としての日本エディタースクールの教育課程は、カリキュラムの面においても制度的な面においても対応できないというのが現実であろう。したがって、大学に出版教育の専攻がない日本的状況下では、大卒程度の教育を受け、分野の専門性を身に付けた者が日本エディタースクールを通して出版編集者に必要とされる職能教育を受けることは、現段階において非常に有効な教育プロセスとなり得るし、実

補足資料

　日本エディタースクールの創始者吉田公彦氏は、「職能の確立を」ということをその信念とされてきた。以下に紹介する文章は、1972年の日本エディタースクールの「学校案内書」に掲げられた吉田公彦氏の「職能の確立」を呼びかけるメッセージである。

「職能の確立を」
日本エディタースクール代表幹事　吉田公彦

　本は一点一点が独自の内容をもち、そのことによって、等しく読者の精神活動に参与する。そのために出版の仕事にはとりわけ創造性が要求される。"自由な精神"がこの創造性の源泉となっているのはいうまでもない。先人たちを魅惑し、今もなお私たちを惹きつけるものは、この創造と自由の世界に生きることへの期待ではあるまいか。それは近代以降百年の歴史をもつわが国の出版を内から支えてきた力でもあった。
　しかしながら、創造と自由を尊重する気風が、編集者のなかに"悪しき経験主義"を育んできたのも見逃せない事実である。すなわち独自性にとらわれるあまり自己の経験は自己にとってしか価値がないものとして閉じ、また他者の経験は自己には無縁だとする論理が支配していたといえる。"編集という仕事は教わるものではなく、やってみなければ分らないもの"とされ、職場の先輩たちの仕事ぶりから、見よう見まねで覚えるのが、この世界におけるほとんど唯一の伝達法となっていたことをみても明らかである。
　しかし、いかに困難であっても、このように経験の交流がなされず、実践を理論化し、経験を規範化する試みがなされないならば、どのような創造的な努力もひとりよがりな結果になる危険をはらんでいる。そして内容のみを重視し、それの表現形式を軽視する方向へと発展しがちである。こうしてついには出版という職業の固有の意味を自らに問うことすら不可能となるであろう。すぐれた先人たちは、そのことを直感し、時代の制約のなかで、自己の才能によって、この課題を切り抜け、その業績を達成してきた。
　そして今日、日本エディタースクールが"職能の確立"のスローガンをかかげ、その仕事を"自己復権"のための学習運動とよぶのは、これらの課題が、現代の出版状況のなかで、いっそう深刻な意味をもって迫っているからである。
　さいわい、開校以来出版界の内外から広い賛同を受け、第一線で活躍されている多くの方々に講師として御協力いただき、まもなく10年の歩みを画そうとしている。わが国の出版史上初めてというべきこの事業が、関係者ご一同の御支援、とくに若い人びとの参加によってなおいっそう前進するようおねがいする次第である。　　（昭和47年12月）

■ 第5章 日本の編集者教育

際日本エディタースクールの昼間部などには大卒以上の学歴を持つ者が受講し
ているケースが増えているという。

第3項　日本エディタースクールの研究活動と位置付け

　日本エディタースクールは教育部門、研究部門、出版部門、管理部門という
４つの部門から成っており、そのなかで特に注目に値する活動の一つが「出版
教育研究所」を中心とする研究活動である。1988年出版教育研究所の開設にあ
たって日本エディタースクールの理事長吉田公彦は出版教育研究所の目的を
「出版教育の在り方を多様な角度から追究すること」とし、「出版教育について
考えるということは、一面では出版そのものについて考えることに通じている」
と書いている。出版教育研究所をそれぞれの立場、それぞれの観点から出版と
は何か、出版はどうあるべきか、それをどう教え、どう学ぶのかを「考える場」
として設けたいという希望を述べている[25]。

　吉田のこのような研究所の目的やあり方に対する考え方で最も重要なポイン
トは、「出版教育研究」を「出版そのものを研究すること」に繋げて考えていると
ころであり、この指摘は出版、出版教育、出版学、出版研究、そして(プロフェッ
ションとしての)編集者を考える際においても非常に意味あるものであると思
われる。つまり、出版教育をするということは、出版や出版に関連する諸関係
や諸現象を対象化し、理論的知識の体系を構成する作業を前提としているもの
であり、出版教育はそのような出版研究の成果を直接あるいは間接的に反映し
ていくものである。したがって日本の唯一の出版教育機関としての日本エディ
タースクールでそういった出版教育研究＝出版研究を促す出版教育研究所を設
立するようになったのは自然な成り行きだったように思われる。一般的にプロ
フェッショナル・スクールに期待され、制度的には主に大学や大学院などの教
育機関によって果たされてきた「専門人材の養成の機能」と「専門知識の理論化・
体系化＝研究機能」が、日本の出版・編集者の場合、日本エディタースクール
という民間教育機関で、小規模で限界はあるものの自生的に育てられてきたと
も言えるであろう。

＊25　吉田公彦「出版教育研究所の開設について」『出版教育研究所会報』No.1（出版学校
　　　日本エディタースクール・出版教育研究所、1988年）

248

第4節　日本エディタースクールにおける出版教育の状況

　出版教育研究所では、1988年以後不定期的ではあるが出版教育と関連した
テーマを揚げて『出版教育研究所報』を発行しており、2003年現在第8号まで
数えるようになっているが、その特集テーマだけを拾ってみると、「第1号出
版教育の可能性をめぐって」（1988年）「第2号電算植字の組方をめぐって」
（1989年）「第3号出版教育の可能性をめぐって」（1989年）「第4号中国の出
版教育の現状、アンケート・出版教育の課題」（1991年）「第5号イギリスの
出版教育」（1993年）「第6号韓国の出版教育」（1993年）「第7号市場経済に
おける出版と出版教育」（1995年）「第8号日本の出版教育」（2002年）となっ
ており、日本の出版教育の現状を調査、診断する研究や諸外国の出版教育の現
況を紹介している様子が伺える。さらに「近現代の史料の紹介を通じて、日本
出版史研究の基礎ツールの蓄積をめざす」という目的の下で日本出版学会と共
同で『日本出版史料』を編集する活動も行っている。
　また、直接出版教育研究所名義の活動ではないにせよ、今まで日本エディター
スクールの教育部門や出版部門で行ってきたテキストを含む諸出版関連書籍の
出版活動は、日本エディタースクールの出版教育の成果であると共に出版教育
の研究、出版研究の証であり、そういった研究を奨励し、その場を与えるとい
う意味で出版教育研究所の目指している活動の一部分であると評価できよう。
　このように民間の教育機関でありながら日本エディタースクールと出版教育
研究所が創立以来現在に至るまでの活動、日本の出版教育の模型を作り、実践
し、調査・研究してきた業績は日本の出版界にとって大変貴重なものである。
ただし、職能教育を主な教育内容としている日本エディタースクールとそれを
母体として出版教育研究所は、当然、出版編集職能の教育とその理論化や体系
化に比重が置かれてきており、さらにこれからの活動を継続させるにあたって、
実際問題として研究所としての人事・組織・予算などが整っていない状況は研
究所活動を活性化し、恒常的な研究機関として位置付けるのに大きな限界とし
て作用しているように思われる。

249

第5章　日本の編集者教育

補足資料　日本エディタースクールの歩み

実施年月	主な歩み
1964年 4 月	開校　夜間 編集者養成科開講
1965年 4 月	日本書籍出版協会・日本雑誌協会の後援を受ける
1966年 4 月	全日制 総合科 1 年課程の第 1 期生入学
1966年11月	第 1 回校正技能検定試験実施
1968年 4 月	通信 編集コース開講
1969年 9 月	夜間 文章力養成科開講
1971年 7 月	日本エディタースクール出版部を設置
1972年 9 月	通信 校正コース開講
1980年 4 月	全日制 総合科 2 年課程の第 1 期生入学
1980年 8 月	通信 文章コース開講
1984年12月	通信 校正フレックスコース開講
1991年 6 月	中国・上海出版印刷高等専科学校と姉妹校提携
1995年 8 月	土曜 校正教室開講　通信 雑誌編集入門コース開講
1996年 2 月	校正技能検定試験100回記念祝賀会実施
2001年11月	InDesignコース開講
2004年12月	通信 雑誌記事入門コース開講
2008年 7 月	全日制 校正者養成専門コース開講
2010年 7 月	校正技能検定試験を関西会場で同時開催
2012年 5 月	出版ビジネス講座開講

吉田公彦氏の業績について、日本出版学会ホームページには次のように記されている。

◇　**吉田公彦氏の主な業績**（順不同）
1. 日本エディタースクールを創設し、出版人の教育・育成に尽力した。
2. 同校で出版に関する公開セミナーを継続的に開催した。
3. 日本出版学会の設立に尽力し、その後理事として活躍するにとどまらず、理事会、研究会、総会などの場の提供など、本学会を多面的に支援した。
4. 日本出版学会会長として本学会の発展に尽力した。
5. 出版研究の国際交流を推進した。
6. 日本エディタースクール出版部を設立し、出版史、出版論、出版実務等に関する出版物を発行した。
7. 日本出版学会の『出版研究』、『日本出版史資料』等を同出版部で発行した。
8. 出版に関するさまざまな論文を発表した。

◇　**論文等**（刊行順）
* 「言語過程としての出版――対象の設定」『出版研究』13, 1982年, 10 〜 42頁
* 「出版における複製の構造――同一性について」『出版研究』16, 1985年, 197 〜 225頁
* 『日本における出版教育：日中出版研究者交流会議報告書』1990年
* 「出版学の構築をめぐる問題」『出版研究』24, 1993年, 91 〜 99頁
* 「出版学」『出版研究』30, 1999年, 9 〜 15頁（『出版学の現在』再収, 2008年, 日本出版学会, 71 〜 77頁）
* 「創立35周年座談会」『出版学の現在』, 2008年, 9 頁〜 44頁
* 「出版理論・教育の研究分野の活動」『出版学の現在』2008年, 144 〜 150頁

第6章

明日の出版編集者のために

本章の内容

　プロフェッションとは、あくまでも職業の理念型であり、プロフェッションを論ずるということは、ある職業が真の意味のプロフェッションなのかどうかを判断しようとするものではなく、ある任意の職業が理念型としてのプロフェッションを志向して変化していく、動態的過程を理解すること、そしてプロフェッションを志向する意味を問うことにその意味がある。

　本研究の目的もプロフェッションという理念的モデルに編集者の職業特性を当てはめ、編集者がプロフェッションなのか否かを問うことではもちろんない。

　本研究は日本の社会変動と職業環境の変化に関連づけながら編集者が一つの職業として誕生し、成長していく過程を歴史的に考察し、その過程がどのような段階まで進行しているのかを検証することによって、プロフェッションとしての編集者の現段階を把握すること、編集者という職業の特色を明らかにすることを目的としている。

　第6章は、結論として、日本の書籍出版編集者の専門的職業化における構造的特性とそれと関連する若干の態度的特性を付け加えながら、これまでの論議を整理する。

第6章　明日の出版編集者のために

第1節

専門的職業化の観点から見る
日本の編集者

第1項　編集者の誕生と職業の成立

　職業社会学の研究者たちはすべての職業は技能職(craft)から専門職(profession)へと向かっていく連続線上のどこかに位置しているとし、良い教育と訓練がプロフェッションに与えられ、プロフェッションのメンバーに幅広い自主性が与えられ、そしてプロフェッショナルが彼らのサービス理念が具現できる行動のルールを作るなどのプロセスを経て長い年月をかけてプロフェッションへ変化していくと説明した。このように職業をジョブ(job)的なものからプロフェッション的なものへと変化する一つの連続線上で把握した際、結論から言うと日本の書籍出版編集者は未だ確立されたプロフェッション(established profession)とは言い難いであろう。

　江戸時代の末期に一つの営利的かつ恒常的事業としての萌芽を見せた日本の出版業は明治20年代を境に多くの出版社が創業され、活発な活動を展開し、近代的出版・商業的出版の道が開かれるようになった。産業規模が小さくかつ多品種少量生産という出版商品の持つ特殊性もあり、出版業は他産業に比べると近代的な大企業へと成長する機会や余裕には恵まれていなかったものの、以後大正や昭和初期に至るまで順調に企業化の過程を辿った。

　出版業の成立から明治－大正－昭和初期に至るまで出版業を担ってきたその人的要因の持つ特性は、「出版業者と著者の区分けが曖昧で、多くの場合、彼らはインテリであり、同じプチブル層に属し、資力、教養、趣味その他共通す

252

第1節　専門的職業化の観点から見る日本の編集者

る点が多く、時には同じ、文化的分野における同好の士であり、友人であった」
という記録がある。つまり、当時の出版業者は著者とともに出版物の内容をな
している各種の文化にある程度参与しつつ、商人としての眼と批評家としての
眼をもって出版という事業活動を行っている。その業務内容からすると、編集
者・編集企画者の仕事や経営者・販売営業者としての仕事がとかく分離するこ
ともなく入り混じった形で行われてきたと思える。

　小宮山（1985年）は明治以来から昭和初期までの日本の出版業で多くの創業
者がそれぞれ理想を掲げて出版活動を展開し、彼らの出版活動が企画者であり
ながら編集者であり経営者でもあったことをもってその職務未分化の時代の出
版業者こそ良き時代の出版人像であるとしているが、本論文の観点からすると
当時の出版人は自営プロフェッションのスタイルを持っていたと理解すること
ができる。それが1930年代を前後にして出版業が本格的な資本主義企業とし
て発展した。世界恐慌の吹き荒れる厳しい不況の最中、婦人雑誌や娯楽的大衆
雑誌の台頭、そして円本全集の流行などによる激しい競争をくぐりぬけて空前
の成長を遂げた日本の出版業界では、多くの出版社が誕生するようになり、出
版社内部の仕事においても編集長とほんの1〜2人の編集助手では、飛躍的
に伸びた部数や激しい競争をくぐり抜けられなくなってきたのである。

　日本における中心的な出版各社の多くが、1920年代から30年代に株式会社
に組織を変更して近代化し、社屋を大きく新しくし、社員数を短時日のうちに
2倍から数倍あるいは10倍以上にまで増やすなどして、まさにこの時期に「産
業革命」ともいうべきものが遂行されたのである。このような出版業の産業革
命のなかで、もはや一昔のような作家と編集者の甘い共存の時代に終止符を打
ち、編集者が専門的職業人として自立しなければならなくなった。

　1930年頃から中央公論社や改造社、文藝春秋社などの雑誌社を皮切りに公
募による新人採用方式を取り入れるようになり、出版の仕事を目指す新しいタ
イプの人材－自分が知識人であることに充分な誇りを感じ、文筆の仕事を志し
て、出版・新聞などジャーナリズムの編集に従事するのを望む若い知識人ゲン
チャ青年たちが出版社に入るようになった。

　しかし、この時期の日本社会は、天皇制ファシズムによって制度的・思想的
に自由な言論、出版活動が制限されていた時期であり、編集者が自由でかつ本
格的な活動を展開したのは「戦後になってからである」と理解しなければならな

253

第6章　明日の出版編集者のために

い。また一概に出版活動、編集者といっても、当時1920年代から30年代にかけての日本の出版界は書籍出版よりは雑誌出版のほうが主となっており、本論文の対象である書籍出版編集者が自らの仕事を独立した仕事として独立的編集者としての自覚を持つようになるのは、戦後書籍出版が活発になってからであることを理解する必要がある。

　戦前まで書籍出版がなかったわけではないが、戦後になって書籍出版分野では文庫、全集、新書ブームが勃興し、書籍分野において連続性を持つ企画ものの出版、書籍の多種大量出版体制が整えられることによって、出版経営の安定と発展が図られた。書籍出版が出版業界のなかで確固たる位置を固めるにしたがって、書籍出版編集においても計画性と企画力が要求されるようになったのである。このような過程でやっと書籍出版編集者はその仕事の基盤を確立し、理論的・論理的なものではないにせよそれぞれの編集者が仕事を通じて経験的に書籍出版、編集についてそれなりのシステムとエディターシップを持つようになったと思われる。

　そして、1957年3月に日本の書籍出版界を代表する「日本書籍出版協会」が設立され、直ちに出版人の憲法ともいえる「出版倫理綱領」が作成されたが、これらの団体の成立や自主的ルールの制定は出版業界、とりわけ書籍出版の安定と成熟を意味するものであると理解できる。また1953年4月「出版労組懇談会」として出発した「出版労連」の活動とその経緯は、編集者を含む出版労働従事者一人ひとりが自らの職業や職業環境を見直し改善していく過程であり、出版という仕事の価値を再認識しつつ仕事の主体として自立、成長してきた職業の確立の過程をうかがうことができる。

　そしてこの時期、教育や研究領域においても動きが見え、1963年出版ジャーナリズムの総合的研究を目指した「現代ジャーナリズム研究所」が発足し、この「現代ジャーナリズム研究所」の活動はのちに編集職能の確立と専門的出版編集人材の養成を目標とする教育機関「日本エディタースクール」の創立（1964年4月）へ繋がった。そして書籍・雑誌出版およびそれに関連する事項の調査・研究を目的とする「日本出版学会」の設立（1969年3月）に引継がれた。

　戦後1950年以後から1960年代に至るまでの時期は、書籍編集者の仕事が確立され、書籍編集者を取り巻く周辺構造が固まってきた時期として、現代的書籍編集者の職業の確立において非常に重要な時期であったと考えられる。

第1節　専門的職業化の観点から見る日本の編集者

第2項　編集者のプロフェッショナル・アソシエーション

　Wilenskyは諸職業の専門的職業化の歴史的展開は5つのステップ―①フル・タイム職業の出現、②当該職業の初期参入者あるいはクライアントたる公衆の要求に基づく訓練・教育機関の設立、③プロフェッショナル・アソシエーション（professional associations）の設立、④職業領域の保護と倫理綱領の保持に対する法の支持を得るための政治的アジテーション、⑤フォーマルな倫理綱領（formal code of ethics）の制定―を踏むことでプロフェッションとしての地位を確保し安定化していくと説明したが、このようなWilenskyの提示した各段階に日本の書籍出版編集者を照らしてみた場合、特有の展開をみせているといえる。

　まず、ある職業の専門的職業化を測る重要バロメーターの一つであるプロフェッショナル・アソシエーションは、単なる同業組合的、親睦会的なものではなく、プロフェッション性の獲得のための―プロフェッションとしての社会的承認を獲得するための―政治的団体として、プロフェッションとしての技能の教育、訓練、維持、向上のための活動をする義務を持ち、メンバーの行動を規制し、ときにはその非行に対して懲戒を加えるといういわゆる自己規制の団体でもある。

　日本には書籍出版を代表するものとして「日本書籍出版協会」が存在しているが、この団体は「出版業界の発展と向上のために、出版業者の力を一丸とまとめ、共同の活動を通して業界の権利を拡張させること」を目的する出版経営者の出版業界団体であり、いままで出版業界に必要とされる調査研究や教育活動、倫理綱領の作成など出版全領域にわたる幅広い活動を展開してきたものの、それらの活動はあくまでも出版業、具体的には書籍出版における販売・生産そして著作権の問題に焦点を当てたものであり、編集者のプロフェッショナル・アソシエーションとは根本的に異なる目的志向性を持つ団体である。

　そして、もう一つ日本の出版関連団体のなかで、2003年で結成50周年を迎えた「出版労連」の存在とその活動は注目に値する。「出版労連」は戦後日本の出版業界が資本主義的経済構造に編成され成長していく過程で、出版業に従事する出版労働者が自発的・自主的に結成した団体として、出版業に蔓延している前近代的職場環境、精神的労働を中心とする出版労働の性格に便乗した長時間

255

犠牲労働の強要等々の問題に立ち向かい、出版労働者の基礎的生計や仕事の保証、労働条件の改善のために様々な活動を展開してきた。「出版労連」は活動の初期においてはもっぱら出版労働者の経済主義的利益のための活動を中心にしていたものの、時代や出版状況の変化とともにその観点は「労働者」の観点から「出版労働者」の観点へと質的転換を遂げ、自らの職業活動＝出版活動が社会でどのような機能を果たしており、どのような役割を果たすべきなのかという職業の本質的性格を明確にすることで、より質の高い労働運動を目指すことを目標に活動を続けてきている。

　「出版労連」は出版経営者の団体である「日本書籍出版協会」と異なり、その構成員の職業の性格を明らかにし、職業活動における主体性の獲得を目指したという点で、編集者のプロフェッショナル・アソシエーションとしての性格やその任務と大きく重なるところもあるが、出版従事者＝労働者とは非常に幅広く包括的な概念であり、本論文の対象である書籍出版編集者のプロフェッショナル・アソシエーションとは、その性格や目標がやはり異なる。

　戦後日本で生れた出版関連主要団体「日本書籍出版協会」と「出版労連」を通して日本の編集者をみると、近代的出版ジャーナリズムが資本主義的社会制度に編入され、企業として成立したとき、日本においては出版経営者としてのアイデンティティや出版労働者としてのアイデンティティに対する論議は発展したが、編集者という独立した職業人というアイデンティティは形成されないまま現在に至っているように見える。そのような意味で、出版事業の成立初期の自由業知識人ゲンチャ出版人論と戦後の精神的労働者論をつなぐ媒介として「専門的職業人としての編集者論」がユニークな視覚を提供してくれるのではないかという期待を持つ。

　しかし、実際出版の現場で働いている書籍出版編集者のプロフェッショナル・

＊1　文嬿珠(2004)「日本の書籍出版編集者の専門的職業化過程に関する研究」では、日本の出版業界で働いている書籍出版編集者の職業に対する意識的および態度的特性を把握するために実証調査を行った。調査は、計580社、18,351名の母集団から確率比例抽出法(sampling with probability of proportionate to unit size)という無作為抽出法を用いて標本を抽出しており、その結果、計287社、600名を対象に調査を実施した。調査期間は、2002年10月中旬から12月中旬まで２ヶ月間行われた。回答は計130社、287名からもらい、そのうち有効回答者数は127社、281名、有効回答率は出版社数では44.2％、編集者数では46.8％である。プロフェッショナル・アソシエーションに関する態度的特性と関連しては論文の276頁〜279頁参照。

第1節　専門的職業化の観点から見る日本の編集者　■

アソシエーションに対する意識・態度を調べた結果では、その存在の必要性について否定的な立場をとっていることが浮き彫りになった[*1]。

　調査では、編集者によって作られたプロフェッショナル・アソシエーションの不在という日本的状況の上で、果たして日本の編集者たちはそのような組織や組織を構成することに対してどのような態度を持っているかをみるために、3つの設問項目を設けた（**表6-1**参照）。

　まず、項目(1)では代表的な専門職である弁護士や医師などがその職業の専門的スタンダードを守り、向上させるためのプロフェッショナル・アソシエーションを設けてきたように、編集者も職能団体[*2]を持つべきなのかを聞いた。結果、職能団体の必要性を強く認識しているのはただの2.1%しかなく、肯定的な態度をとっている編集者は合計しても23.8%に過ぎなかった。中立的な意見を見せた編集者は31.3%あり、44.5%の編集者が職能団体の必要性について否定的な立場をとっていた。

　次に設問項目(2)である「出版編集者が職能組織体の規範に違反する行動をとった場合、その職能団体による制裁を受けるべきである」に関しては、

表6-1　専門的職能団体に関する認識

測定尺度 項目（Items）	(1) 全くそう思わない	(2) どちらかと言えばそう思わない	(3) どちらとも言えない	(4) どちらかと言えばそう思う	(5) 全くそう思う	無回答(N.A)	得点の平均
(1)　弁護士や医師のような職業の人々はその職業の専門的スタンダードを守り、向上させるための組織を設けてきた。したがって編集者も直面した問題の対処や専門知識と技能を向上させるために職能団体を持つべきである。	38名 13.5%	87名 31.0%	88名 31.3%	61名 21.7%	6名 2.1%	1名 0.4%	2.67
(2)　出版編集者が職能組織体の規範に違反する行動をとった場合、その職能団体による制裁を受けるべきである。	80名 28.5%	69名 24.6%	95名 33.8%	30名 10.7%	5名 1.8%	2名 0.7%	2.31
(3)　編集者は彼らの職能団体から資格、訓練、能力に対する何らかの資格証明を受けるようにするのが良い。	122名 43.4%	82名 29.2%	63名 22.4%	12名 4.3%	1名 0.4%	1名 0.4%	1.88

〈注〉N=281名（100.0%）

[*2]　調査ではプロフェッショナル・アソシエーション（professional association）という言葉自体、あまり日本社会や出版界で馴染みのない言葉であるため、"職能団体"という言葉を使った。

53.1%の編集者が否定的な意見を示した。職業の専門的スタンダードを守り、向上させるための組織としての職能団体は、その目的を果たすためにも、職能団体に所属している構成員に強い拘束力を持ち、もし構成員が職業スタンダードを守らなかった場合、それを制裁する権限を持つ場合もしばしばある。職能団体を持たない日本の編集者にとって「職能団体による制裁」という表現自体、非常に抑圧的に感じ取られた可能性もあるが、結果的に半数近い編集者が「職能団体の設立」や「職能団体による制裁」について否定的な見解を示していることが分かった。

　最後に「編集者は彼らの職能団体から資格、訓練、能力に対する何らかの資格証明を受けるようにするのが良い」という設問に関しても回答者の72.6%が否定的な態度をみせていた。ジャーナリズム論議のなかでジャーナリストの資格証明に関しては反論が非常に多く、ジャーナリストにとって資格証明はジャーナリズム活動の前提となる自由な言論・表現活動を制限しかねないという危惧が強い。とりわけ編集者自らの合意で自主的に作られた職能団体が存在しない状況下で、「職能団体による制裁」や「資格証明」を論じること自体早すぎる論議かもしれない。

　このように日本の書籍出版編集者は彼らの職業活動の倫理的・規範的基準となる職業横断的なプロフェッショナル・アソシエーションの持ってないことはもとより、そのようなプロフェッショナル・アソシエーションの必要性についてもかなり批判的な立場であることが分かった。そのような態度の背景には、限りなく表現の自由を求めるという出版活動の性格、また戦争時における国家権力による出版統制という強烈な歴史的経験などにより、どのような形であれ外の力による統制や規制を受けること自体に非常に強い拒否反応を見せているようにみえる。職能団体に対するこのような否定的な態度は日本の編集者の歴史的・社会的背景によるものであり、プロフェッショナル・アソシエーションの真の意味合いを理解・認知した上での判断や態度であるとは考えられない。

258

第1節　専門的職業化の観点から見る日本の編集者

第3項　編集者のためのプロフェッショナル教育

　プロフェッションにとって特定分野に関する高度な体系的知識を所有し、かつそれを長期間にわたり学習・訓練すること、そして修得した知識を職業の現場で創造的に適用することはある職業をプロフェッションたらしめる重要な要素である。

　しかし、日本の編集者は幅広い知識と教養を持つことが編集者の要件であるとするのが一般的な認識であり、編集者になるために特別な専門教育あるいはシステムを備えた教育と訓練を受けるというよりは、入社後の経験を通して編集者として完成していくという経験主義・現場主義的傾向が強い。また中小規模の出版社が多いこともあり、社内にきちんとした教育システムを備えている出版社はきわめて少なく、業界関連団体である「日本書籍出版協会」や「出版労連」で行われている教育は、短期間で出版に関する基礎知識を伝授することを目的としており、出版教育が整備されていない現状では、それなりに有用であるものの、それだけで充分な教育として成り立っているとは言い難い。

　そして教育の対象者においても実際に教育に参加しているのは概ね編集者中心とはなっているものの編集者に特定されたものではない。

　職業教育というのは職業活動に必要とされる知識や職能、スキルだけを修得するものではなく、彼らが従事している職業文化や態度までを内面化するものである。その職業が専門性を要求するものであればあるほど、職業教育の体系を立てて、教育システムを整備することが重要になってくる。日本の場合、そういった類の教育が定着しておらず、とりわけ出版の場合、大学を通して行われている出版教育といえば、幅広いメディア・リテラシー教育の一部分として行われている傾向が強い。唯一システマティックに行われている出版教育といえば、「日本エディタースクール」で行われている教育をあげることができる。

　このような教育状況のなかで日本の編集者たちが教育や訓練をプロフェッションへの向上と結び付けているとは考えにくいが、このような日本的事情を踏まえたうえで、日本の編集者たちが専門的教育・訓練に対しどのような態度を見せているのかを、実際のデータを通して検証してみた[3]。

＊3　文嬿珠、前掲論文、267頁〜272頁。

■ 第6章　明日の出版編集者のために

　まず、**表6-2**からみるように、本調査では編集者の専門的教育と訓練に対する態度をみるために7つの項目を設けた。表からみられるように「ある特定分野に関する高度の知的専門性（specialization）」の必要性については63.0％の編集者が肯定的な態度をとっており、現代社会における知識と情報の高度化・専門化（specialization）・細分化により、編集者の仕事の内容も、幅広い知識だけではなく、自分の仕事内容を関連する特定分野に関する高度の知識を持つことが強調されつつあると考えられる。

　そして、次に高い同意度をみせたのが「再教育」の必要性である。回答者の57.3％が「現役の編集者のための再教育の機会が提供されるべきである」としており、編集者としての仕事をこなすために教育が必要であるということに共感している編集者が多かった。しかし、教育の必要性というのがあくまでも現役編集者のための再教育であり、編集者になるための職前教育として「大学教育」（Top-2：39.2％）や「正規のトレーニング」（Top-2：38.8％）の必要性や有効性についてはそれほど肯定的な態度をみせていなかった。

　とりわけ「編集者になるためには高度な専門的教育訓練が必要である」という項目については僅か2割程度の編集者が積極的に同意したに過ぎず（Top-2：

表6-2　教育に関する認識と態度

項目（Items）／測定尺度	(1)全くそう思わない	(2)どちらかと言えばそう思わない	(3)どちらとも言えない	(4)どちらかと言えばそう思う	(5)全くそう思う	無回答(N.A)	得点の平均
(1)出版ジャーナリズムのためには正規のトレーニングが必要である。	34名 12.1%	55名 19.6%	81名 28.8%	94名 33.5%	15名 5.3%	2名 0.7%	2.98
(2)出版編集者になるためには大学教育が必須である。	39名 13.9%	58名 20.6%	73名 26.0%	84名 29.9%	26名 9.3%	1名 0.4%	2.99
(3)現役の編集者のための再教育の機会が提供されるべきである。	16名 5.7%	43名 15.3%	59名 21.0%	125名 44.5%	36名 12.8%	2名 0.7%	3.41
(4)編集者になるためには高度な専門的教育訓練が必要である。	55名 19.6%	64名 22.8%	99名 35.2%	57名 20.3%	5名 1.8%	1名 0.4%	2.61
(5)日本の大学は編集者を養成するための教育コースを設けるべきである。	88名 31.3%	79名 28.1%	76名 27.0%	34名 12.1%	3名 1.1%	1名 0.4%	2.22
(6)編集者にもある特定分野に関する高度の知的専門性（Specialization）が必要である。(例：医学、憲法、金融論等々)	19名 6.8%	19名 6.8%	65名 23.1%	130名 46.3%	47名 16.7%	1名 0.4%	3.58
(7)出版に関する体系的な学問研究が必要である。	25名 8.9%	79名 28.1%	83名 29.5%	83名 29.5%	10名 3.6%	1名 0.4%	2.90

〈注〉N=281名（100%）

260

第1節　専門的職業化の観点から見る日本の編集者

22.1%)、専門的教育訓練は必要ではないという意見のほうがそれの2倍近くあった(Bottom-2：42.4%)。ここでは多くの編集者が必要であると答えている「再教育」の内容とは何かをより詳しく調べてみる必要があると思われる。

　注目に値するところは、編集者たちが「日本の大学教育」を編集者となるための前提条件として考える程度が非常に低いことと、大学教育のシステムを利用して編集者を養成するという意識もあまり持っていないことである。(「編集者を養成するための教育コースを設けるべきである」(Top-2：13.2%))つまり編集者にとって大学教育の内容や制度自体が、少なくとも編集者という職業に限っていうと、あまり信頼されていないのではないかと推測できる。

　このような認識をみせている原因として、現在日本の大学に編集者養成を目的とする出版教育はないに等しいという現状をあげることができるであろう。つまり、現在、日本の出版社で働いている現役の編集者は実際大学で出版編集教育を受けた経験がなく、出版社に入ってから仕事の実際経験することで学ぶという伝統が強いため、大学教育システムを通した出版編集者の教育コースをイメージすることはできないのではないかと推測できる。また「日本の大学教育」そのものに対する不信はないのかという問題も考えるべきであろう。ただしその問題は本論文の枠を超える問題提起なのでここでは割愛させていただくことにする。

　また、編集者養成のための教育とは少々異なる範疇だが、「出版に関する体系的な学問研究が必要である」のかという設問項目に関して肯定的な態度を示しているのは33.1%に過ぎず、37.0%の編集者が否定的であった。編集者となるための専門的教育訓練の必要性を認めている編集者が少ないことや、大学教育を通して編集者を養成するという認識があまりないことなどを参考に考えると、出版という社会的コミュニケーション行為、過程、現象を説明できる出版学の体系化の必要性についても、あまり共感していない結果が出るのは当然の結果かもしれない。

　以上の結果を整理すると、編集者たちは編集者としての仕事をこなすために特定分野に関する高度の知的専門性の必要性や再教育を望んでいた。彼らの多くが感じている高度の知的専門性の獲得方法や再教育の内容、形式については今後より詳しく調べる必要があると思われる。他方、編集者たちはそのような知識と技術供給の拠り所を大学教育とは思っておらず、編集者になるための知

261

■ 第6章　明日の出版編集者のために

識と技術というものは高度の専門的教育訓練から得られるものだとは思わないだけに、そういった専門教育の必要性や体系的な教育内容、教育システムの必要性をそれほど切実に感じていかった。

　教育に対する日本の編集者のこのような認識や態度で一つ問題なのは日本の編集者の職業的社会化（occupational socialization）[*4]の過程がもっぱら会社組織に依存しているということである。

　新人のジャーナリストが新聞社の価値システムに染っていく非常に巧妙な社会化過程を観察分析したBreed[*5]は、新人のジャーナリストが様々な記事の中からどのような記事を選ぶかを先輩ジャーナリストの日々の報道から学び、新人ジャーナリストの社会化が社内で受けるフォーマルな形の訓練や経験だけではなく、先輩ジャーナリストとの飲み屋での会話や時には先輩ジャーナリストの沈黙から編集方針を身につけていると描写した。問題はこのように職業的社会化の全過程がただ就職後の直接的職業活動から積み重ねられることにより、彼らが習得するようになる職業固有の価値や態度のほとんどの部分が会社組織の価値と一致してしまう恐れがあることである。

　特にジャーナリストにとってジャーナリズム活動を通して目指すべき職業的価値は必ずしも会社の考える価値や方針と一致しない場合がしばしばある。ジャーナリストが雇われた組織内で与えられる教育や訓練が多くなればなるほど、そのジャーナリストはプロフェッションや職業そのものの価値体系ではなく雇用主や組織の価値システムに社会化される機会も多くなる[*6]。職業前教育あるいは会社組織外の教育はその意味で会社組織を超越した職業的価値を身につける機会を与えるという意味で重要な意味合いを持つ。

　いくつかのプロフェッションにおいて訓練学校（professional training schools）が設立されるケースがあるし、アメリカにおいては少なくともプロフェッションとしてジャーナリズム活動を担うジャーナリストを養成するために大学においてジャーナリズム教育が定着しているが、これらの正規教育機

[*4]　人々は様々な職業に固有の価値・態度や知識・技能を、職業につく前に、あるいは職業につくことにより内面化していく累積的な過程のこと（『新社会学辞典』）

[*5]　W. Breed, "Social Control in the Newsroom: A Functional analysis", Social Forces 33(1955), pp.326-335.

[*6]　S. Windahl & K. Rosengren, "The Professionalization of Swedish Journalist", Gazette 23:3 (1976), pp.143-144.

第1節　専門的職業化の観点から見る日本の編集者

関を通した職業前教育は、教育を通して職業上の知識や技能を習得するだけではなく、ある種の精神的特性と態度、つまりある種の共通のイデオロギーないし理念を習得するという意味においてその有効性と必要性を熟考してみる必要がある。Elliottは教育によって涵養されるプロフェッショナルの特性を具体的に「パブリックサービスと紳士的プロフェッショナリズムのイデオロギーであり、人格的サービス、競争や広告や利潤に対する嫌悪、報酬を求めて働くのではなく働くために支払いを得るという原則およびサービス動機の優越性への信念、というごとき価値を合体したものである」[*7]と解している。

　編集者に限っていうと、出版社組織に編入される前に出版編集者としてその活動が持つ文化的意味や社会における出版編集活動の責任や役割などについて「編集者」という職業に従事する者として持つべき横断的な職業理念や態度を形成できる機会が与えられるという意味において職業前教育を考えてみる必要があると考えられる。

　さらにプロフェッショナルな職業人にとって専門的教育というのはただ職業のための知識や技能を習得するという意味に止まらない。職業社会学の観点からみると、独立した体系を持った専門的教育とそのシステムの存在は専門家にとってその専門的職業活動に自主性や職業的権威を与えるものである。

　このような意味から職業における教育の必要性や重要性を考えた場合、日本の編集者はそのほとんどが大学教育という高等教育を受けてはいるものの、専攻といえばジャーナリズムやマス・コミュニケーションなどの関連専攻を学んだ人も現状では非常に少なく、出版編集のための体系的学問の確立も教育システムの整備もない状況である。このような現状が影響し合っているせいでもあるが出版編集のための専門的教育の必要性はほとんど提起されていない。つまりプロフェッションとしての編集者を論ずる際、このような専門的教育と訓練の観点から日本の出版編集者を見るとかなり遅れているあるいはいまだその論議が成熟していない状況であると言わざるを得ない。

　このような調査結果は日本の出版業界に現場主義・経験主義がどれだけ根強く位置しているかを覗かせるところでもある。問題なのは編集者が職業に必要

＊7　Elliott, Ph.The Sociology of the Professions. London, The Macmillan Press Ltd. 1972.
　　p.52. 長尾周也『プロフェッショナルと組織』大阪府立大学経済学部、1995年、5頁から
　　再引用。

263

とされる知識・技能の習得はもとより職業に対する価値・態度の形成がもっぱ
ら職業に就いた後の経験に依存することにより、彼らが習得するようになる職
業固有の価値や態度のほとんどが会社組織の価値と一致してしまう可能性があ
るということである。特にジャーナリストにとってジャーナリズム活動を通し
て目指すべき職業的価値は必ずしも会社の考える価値や方針と一致しない場合
がしばしばあり、職業前教育あるいは会社組織外の教育は会社組織を超越した
職業横断的な職業的価値を身につける機会を与えるという意味で重要な意味合
いを持つ。さらに、プロフェッショナルな職業人にとって専門的教育というの
はただ職業のための知識や技能を習得するという意味に止まるものではなく、
独立した体系を持った専門的教育とそのシステムの存在によってプロフェッ
ショナルの専門的職業活動に自主性や職業的権威を与えるものでもある。

　このような観点から考えた場合、日本の書籍出版編集者にとって教育の意味
するものは何なのか、教育は果たして必要なのか、どのような教育が必要なの
かなどの問題を看過することはできないであろう。

　また調査結果から、若い編集者や女性編集者、未婚の編集者、勤続年数が短
いあるいは編集業務経験年数が短い編集者たちは「学習・経験の機会」を望んで
いたし、年齢の高い編集者や勤続年数・編集業務経験年数が長い編集者、そし
て編集員よりは編集責任者のほうが「専門的知識と技能」を重視する傾向をみせ
ていた。このような傾向はそれぞれの編集者たちが何らかの形であれそれぞれ
の位置や程度にあわせ学習や経験を積み、自分の専門的分野を築いていきたい
という願望を表しているように思われる。ただし、なぜかそのような願望の解
決策として出版を体系的な学問の対象としてみなしたり、専門的教育訓練や定
期のトレーニングなどを設けたりする具体的なプログラムにはそれほど関心を
示さなかった。

　このような傾向はOJT（on the job training）や徒弟制度のようなシステムの
なかで仕事をこなしてきた日本の出版業界の編集者たちに、専門的教育と訓練
の経験と伝統がなかったことから起因するところもあると推測されるが、調査
で得られた編集者の意識・態度特性を手がかりに編集者が必要としている教育
や訓練に関する具体的な論議が活性化されることを望みたい。

第1節　専門的職業化の観点から見る日本の編集者

第4項　編集者の自主性そして倫理意識

　そして日本の編集者にみられる現場主義と関連してプロフェッショナルと組織の問題、つまり自主性の問題は看過することのできないテーマである。日本では欧米に比べてプロフェッション概念に相当する職業観が非常に弱く、従ってプロフェッションにみえる「横断的な連帯性と類似性」よりは「タテ社会的文化」、すなわち「系列化や序列化によるタテの移動として現れる管理職主義（管理重視）という組織文化」が根強い。

　ただし、日本の書籍出版社はその規模が様々であり、一概にすべての出版社がタテ社会的文化を形成しているとは言い難いが、近代化・産業化の過程を経るなかで日本の大手出版社を中心にこのような組織文化が浸透していったのは確かな事実であろう。

　とりわけその職に就くことで出版編集に関する仕事のすべてを習得していくという現場主義的（OJT）な意識の強い日本の編集者たちは、当然編集者としての職業規範、職業原理を彼らが所属する企業組織に依存しがちである。前述したように職業横断的な教育システムの貧弱さやアソシエーションの不在という状況下で編集者たちの職業横断的な連帯はなかなか生れて来ず、このような環境下で編集者たちは自分たちの業務遂行においてどれだけ主体性を持って働いているのか、具体的には彼が取り結んでいる関係（対読者関係、対雇用組織関係）でどれだけ自主性を発揮しているのかが問題となってくる。

　「組織内専門職」が増加する現代社会の中で被雇用というのが必ずしも自主性を損傷するというわけではなく、問題は組織化されたなかでもその組織内の被雇用者が自分の仕事の持つ社会的意味や役割をどれだけ認知しているのかによって、その仕事の質も変わるであろうと考えられる。

　またその職業活動が持つ価値に対して充分な社会的承認を受けること、そしてそのような社会における重要な価値を実現するためにプロフェッショナルが一般の人々とは異なる高い知識や技術を持ち、公共へのサービスを提供するということができたとき、自主性の獲得は自ずと実現できると考えられる。

　最後に、倫理綱領と日本の書籍出版編集者の倫理意識についてふれてみることにしよう。「出版倫理綱領」は日本書籍出版協会の創立によって協会を中心に慎重に検討され、1957年10月27日、「日本書籍出版協会」と「日本雑誌協会」の

連名で発表された。出版倫理綱領の成立は戦後、悪書追放運動などにより出版倫理の問題が社会的に大きな問題として提起されたのが直接的なきっかけとなったが、「文化の向上と社会の進展に寄与すべく」とする出版の社会的、公共的な役割と責任を明確にする上で、そういった活動の主体として出版人に問われる規範やあり方を成文化した出版人にとっては憲法とも言えるものである。

　一般的にプロフェッションに高い水準の倫理性が要求される理由は、その職業が持つ排他性や独占性にある。つまり、プロフェッショナルは彼らが持つ高度の知識と技術が公認されることでその職業活動において大幅の自主性が容認されることになる。彼らに与えられた大幅の自主性というのはつまり彼らの活動に自由かつ独自な判断や行動の幅を与えるものであり、それこそクライアントに対する排他的かつ独占的権限である。

　したがって彼らに与えられたその排他的・独占的権限が乱用された場合、クライアントあるいは社会に大きなダメージを与えることとなる。そのような可能性を防ぐための措置が「職業倫理」である。ただし、「倫理」とは強制力を持たない自律的に順守されるべきものである。

　編集者の職業倫理とは編集者の社会的役割と関わる価値指針ないし行動指針であるが、それを代表する倫理綱領が制定されたことが必ずしも彼らが高い倫理意識を持っていることを保証するわけではないし、倫理綱領が制定されていないことが必ずしも彼らの倫理意識が低いことを意味しているわけでもない。問題はある編集者が彼らの職業活動を遂行する上で自主的規範となる倫理意識を持っているかどうかのことである。このような意味で日本の書籍出版編集者の職業倫理に対する態度的特性をみた結果によると、彼らは抜きん出て高い倫理意識を見せていた[8]。

　編集者個人個人が公式的あるいは非公式的過程を通して仕事のための教育と訓練、職業に就くための特別な資格要件、職業における自主性と自己規制に関する観点などを内面化していくことを専門的職業化の態度的側面として把握した場合、日本の編集者は専門的教育と訓練の必要性や出版編集者になるための職前教育の必要性について全般的に否定的な態度をみせており、プロフェッショナル・アソシエーションの設立についてはもとよりプロフェッショナル・

---

[8]　文嫄珠、前掲論文、280頁〜284頁。

アソシエーションを通じた制裁や資格証明などに対しては非常に否定的な態度を示していた。しかし、自主的次元で形成され守られてきていた彼らの「倫理意識」は実証研究の結果からすると著しく高く、調査結果からみた限りにおいて倫理に対するこのような高い意識は日本の書籍出版編集者の重要な態度的特性であると理解することができる。

第5項　編集者の専門的職業化過程研究の持つ意義

最後にシュラムの言葉をもう一度引用したい。シュラムはプロフェッションについての古典的定義から見た場合、マス・コミュニケーションはプロフェッションとなることを期待されながら、現状ではそうでないことを認めた上で、次のように述べている。

マス・コミュニケーションは、在来の考え方から見ればプロフェッションではないし、将来も多分そうならないものということについて異論がないのではあるまいか。これをプロフェッションの型にはめ込もうと努力することは、無駄なことである。しかし、マス・コミュニケーションが在来のプロフェッションの定型に合わないと言っても、プロフェッションとしての水準、態度、行動をマス・コミュニケーションに期待することができないと言う理由にはならない。実際のところ、マス・コミュニケーションのように、公共サービスといった高度の考え方を中心として組織されている職業は、当然プロフェッションであり、これに従事する者はプロフェッショナルなものと主張することはできる。プロフェッションは、他のプロフェッションの組織がどうなっているかを追求したところで発展するものではなく、その職業の担うべき公共サービスの義務を遂行するために、どんな行動が必要であるかということを追求することによって発展するものである。こうした問題を真剣に追及して、思慮深い結論を出し、これに基づいた行動をとるならば、マス・コミュニケーションは正に専門職業化の途上にある。これこそ、われわれがマス・コミュニケーションの「専門職業化」という言葉の下に論じている問題点である[9]。（傍点筆者）

シュラムのこのような説明以上にマス・コミュニケーションの「専門的職業化」の論議の持つ意義をうまく表現したものはないように思われる。

文嬿珠の実証調査の結果によると[10]、日本の書籍出版編集者は「仕事のやりがい」や「適性にあう仕事」そして「仕事の社会的・文化的に意義」を重視して職業を選んでおり、編集者たちは職業の「社会的機能」に重点を置く職業観を持っている人が多く、個人的機能の上でも職業から得られる「金銭的報酬」よりは「自己実現」などの精神的価値に重点を置いている編集者のほうが多いことがわかった。そして日本の編集者が重視している職業特性項目をみても、プロフェッションを志向する態度的特性を多く含んでいるとみえる。しかし、彼らの職業成立の歴史的過程や現在における構造的条件、そしてプロフェッションを向上させるために内面化していく態度的特性の数々を歴史的かつ実証的アプローチを用いて検討した結果、日本の編集者は構造的にも態度的にもプロフェッションとは程遠いといわざるを得ない。

しかし、繰り返し強調しているように、本論文の目的は日本の書籍出版編集者がプロフェッションなのか否かを判断するためではなく、プロフェッションという職業社会学の概念と研究の枠を取り入れて編集者の職業としての成長過程と現状を把握することによって、出版編集という職業が持つ社会的役割と機能を問うことであった。そしてそうした考察を通して、われわれは出版編集という職業が持つ社会的価値を実現することにおいてどのような行動と意識、制度と規範等々が必要なのかを追究することができる。これこそが専門的職業化という概念と論議が持つ大きな実践的な意義であろう。前述した出版編集者のための専門的教育やプロフェッショナル・アソシエーションの問題についてもこれから出版の社会的役割を果たすには各々がどう位置づけ、どう機能すべきかを考えるべきであろう。

またもう一つの例をあげるとしたら、本研究の職業満足度に関する重回帰分析の結果では[11]、日本の書籍編集者は編集者として出版ジャーナリズム活動

＊9　Rivers, William L. & Schramm, Wilbur., Responsibility in Mass Communication,(New York, Harper & Brothers, 1957)　崎山正毅訳『コミュニケーションの社会的責任』（日本放送出版協会、1959年）、497頁。

＊10　文嬿珠、前掲論文、263頁〜266頁。

＊11　文嬿珠、前掲論文、258頁〜263頁。

を日常的職業活動としてこなすことでやり甲斐を感じ、そういったやり甲斐が
彼らの職業満足度に大きく寄与しているものの、出版ジャーナリズムにおける
編集者の将来性についてはあまり期待が持てず、編集者の将来性に不安を感じ
ることで仕事における満足度が低下していることが分かった。

　本調査では彼らが出版ジャーナリズム活動に期待を持てない具体的要因まで
は検証することができなかったが、現在日本の編集者たちが将来に期待を持て
ない具体的原因を明らかにし、その改善策を探っていくのは今後の研究の課題
の一つとして設定できよう。こういった実践的課題を一つ一つ考え、解決して
いく過程こそが他ならぬ編集者の専門的職業化の過程であろうと思われる。

　そして何よりこのような専門的職業化の過程において重要なのは、編集者の
プロフェッション性の向上、それ以前に出版ジャーナリズムとは何か、編集者
とは、編集者のエディターシップとは何か等々の問題を解く主体は、近代化や
産業化による急激な社会変化のなかをくぐって来た編集者自身、そしてこれか
らの情報化社会をのり越えて行く編集者自身からの自主的活動でなければなら
ないということであろう。

■ 第6章　明日の出版編集者のために

第2節
研究の限界と今後の研究課題

　人間社会のコミュニケーション史において出版メディアはそれが持つ長い歴史とは裏腹に、マス・コミュニケーションやジャーナリズムの研究のなかにおいては長い間一つの独立した研究領域として自立できず、研究の累積がきわめて少なかった。そのような状況のなかで出版コミュニケーションの送り手である編集者集団や個々の編集者を対象とする研究はさらに貧弱であった。その理由としてはまず出版コミュニケーション過程において編集者という存在が表現と創造の前面に出ないという特性により、その役割や機能についてあまり注目が払われてこなかったことをあげることができよう。

　しかし、より根本的な理由は長年、出版コミュニケーションに過程に関わってきた現場の人や研究者らの関心が、もっぱら円滑な出版コミュニケーションの疎通だけに集中してきており、いかにコミュニケーションさせるか、いかに流通させるのかという問題だけをひたすら考えてきた傾向があったのではないだろうか。このような関心の偏りは結果的に出版コミュニケーションに何らかの問題が提起された際につねに自らを振り返ってみる努力を怠ることになり、自らの活動を客観的に評価する機会を逃してきたのではないかと思われる。

　多様なメディアが出現し、出版の従来の機能や役割を代替し、ある分野においては出版メディアよりもはるかに優れたサービスを提供するメディアが出現したなかで、現在の出版メディアはその役割と機能とは何かを問い直さざるを得なくなったと思われる。今までのようにモノの流れだけではなく、自分らが流通させているモノは何なのか、何を流通させるべきなのか、そのために自分らはどうあるべきかを考える時期になったとも言えるであろう。

　本研究は基本的にこのような関心から出版コミュニケーションにおける創造

270

的表現者および生産者、そして思想や文化のゲートキーパーとしての中心的な役割を果たしている個々の編集者や編集者集団の活動をより客観的かつ総体的に考察するために、プロフェッションという職業社会学の観点から編集者論への理論的・体系的アプローチを試みることにした。本研究を進めるにあたって、以上に指摘した出版研究の貧困、とりわけ編集者論を含む送り手研究の蓄積が乏しいことはそのまま本研究の最も大きい限界として作用したと思われる。

具体的には、本論文の大きな軸となっている書籍出版編集者の構造的特性を歴史的アプローチで考察するにあたって、日本の書籍出版編集者が職業として成立する過程や環境・構造的要因を概観したが、その過程で日本の出版史を眺める際、出版業者や編集者の実態と変容過程を数量的かつ実証的資料に基づいて把握することが非常に困難であった。

公刊されている社史・業界史は本研究で非常に役立つ資料であったが、その中に出版業者もしくは編集者自身に関する情報、出版社の内部状況に関する情報はあまり見当たらなく、このような資料の貧困は出版の歴史を多様な角度でみることに限界をもたらす原因であり、とりわけ本研究に少なからぬ制限をもたらすところでもあった。

また日本における近代の出版業は各々の出版社の創業者によってその性格や個性が決まる傾向が強く、特に影響力の大きかった出版社の創業者の伝記のような記録は少々見ることができたが、それをもって日本の編集者の総体的な変容過程の全貌を把握することは少々無理があるように思われる。したがって、出版コミュニケーションの送り手に関する資料や研究の不足は本研究において最も大きい限界として作用したと思われる。

最後に、編集者を総体的に見るという本論文の研究課題はプロフェッションとしての編集者とかかわる諸事項を総花的に網羅してはいるものの、それゆえに諸事項の細かいところまで詳細に検討することができなかったという限界を持つ。例えば、プロフェッショナル・アソシエーションの問題（本論では日本書籍出版協会と日本出版労連を検証したが）や出版教育の問題、出版倫理の問題等々はそれぞれが一つの個別的な研究テーマとして充分成り立ちうるものであり、より詳細に取り扱われるべきテーマであると思われる。

それらのテーマに関する研究は今後の課題にし、より立ち入った詳細な研究が進められることを望みたい。

■ あとがき

あとがきに代えて…未来の編集者たちへ

　1972年10月、朴正熙政権は韓国全土に非常戒厳令措置を発して国会を解散し維新憲法を強行改正した。独裁色の強い維新体制に対し、知識人や宗教人、ジャーナリストなどを中心とする抵抗が始まると、政府は幾度の緊急措置を発し対抗勢力を圧迫した。

　とりわけマスコミに対する弾圧が強く、政府批判的な報道は硬く禁じられるようになった。このような言論弾圧に対し、1974年10月24日、東亜日報の記者180余人は東亜日報社の社屋に集まり、新聞記者自らが言論の自由を勝ちとるべしという旨の"東亜自由言論実践宣言"を唱えた。すると、政府は東亜日報の広告主に圧迫をかけ広告契約を一方的に解約させ、とうとう12月26日付けの東亜日報の広告欄は白紙になって発行されることとなった。

　この「東亜日報白紙広告事態」は韓国言論史に残る有名な出来事である。政府の弾圧が続いた挙句、東亜日報の130余名の記者らは新聞社から追い放された。当時、解職されたのは東亜日報の記者だけではない。同じく維新政権に対抗した朝鮮日報の記者達も余儀なく解職された。

　以後、全斗煥政権に代わってからも言論統制政策は続き、1980年の"言論統廃合"を機にまたもや解職記者が量産されるようになった。

　時が流れて今、当時のことを振り替えてみて興味深いことは、彼ら解職記者達のその後の行路である。生計を立てるためにも、そして民主主義と言論の自由という志をなすためにも、解職記者たちは次の一歩を歩かなければならなかった。その解職記者たちが選んだ一つの道に零細ではあるが、しっかりとした眼差しを持った「人文書出版社」があり、進歩的時事雑誌『マル』（1989年創刊）があり、韓国初の国民株を土台として創刊された新聞『ハンギョレ』（1988年

あとがき

創刊)がある。
　彼らの活動は、その後の韓国の言論史と民主化運動に大きな影響を及ぼした。89年に大学に入った著者個人も、それ以前の学校システムや主流メディアからは伝えてもらえなかった韓国社会や時代の出来事の多くを解職記者達が関連していたそれらの媒体から教わった経験を持っている。

　解職記者達が絡んでいたメディア・コンテンツがある個人の20歳以前と以後の価値観を変えたように、そして韓国社会と言論史を変えたように、出版物を始めとするメディア・コンテンツが人々に及ぼす影響は決して少なくない。

　本書は、そのコンテンツたる思想や知識、情報の流れ及び伝達を司る者、つまり編集者に注目して執筆している。
　それはその編集者の置かれている社会環境、彼らの個人特性や経験、価値意識、態度、信念、職業的背景や職業意識等々こそが、彼らの伝達する出版メディアの内容や形式はもちろん時代や社会や文化の流れに大きな影響を与えると考えるからである。本書の最も基本的な問題意識はここにある。

　その先人たちの「歩んできた道」の上に、現在の韓国の編集者の基盤が築かれている。
　歴史的条件が違ってはいるが、日本の編集者の「歩んできた道」も、自由と民主主義のために日夜苦労された先人たちの贈り物の上に、現在の編集者の基盤があるに違いない。
　その贈り物を日韓両国の「次世代の若者たち」にしっかり送り届けたい。
　本書がその架け橋になることを願っている。
　2016年3月
　　　　　　　　　　　　　ソウルにて　　文 嬿 珠(Moon Youn Ju)

■ 参考文献・論文

参考文献および参考論文

◇ 日本の参考文献・論文

＊青木保・川本三郎ほか編『知識人』岩波書店、1999年
＊青木春雄「出版経営（試）論」『出版研究』1号、1970年
　　同　　　『現代の出版業』日本エディタースクール、1975年
　　同　　　「出版人の養成」国際出版連合大会報告文、1976年
＊甘露寺八郎「出版書肆鳥瞰論（三）」『総合ヂャーナリズム講座』第8巻、内外社、
＊飯塚浩一「大学教育における"送り手"教育の試み」『マス・コミュニケーション研究』59号、
　　2001年
＊荒瀬豊「知識人と印刷文化」『energy』37号、エッソ・スタンダード石油株式会社広報部、
　　1973年
＊秋山憲治「プロフェッション概念に関する諸問題」『社会学年誌』第25号、早稲田大学社会学会、
　　1984年
＊安藤直正「雑誌の編集－一編集者の回想」『出版研究』3号、1974年
＊李光鎬「ゲートキーパー論に関する一考察」『慶応義塾大学大学院社会学研究科紀要』第34号、
　　1992年
＊井家上隆幸「編集者は組織者である」『現代ジャーナリズム』1号、現代ジャーナリズム研究所、
　　1964年
＊池田恵美子編著『出版女性史－出版ジャーナリズムに生きる女性たち』世界思想社、2001年
＊石田勝利「新聞の言説生産過程とマスコミ労働者の可能性－S・ホール／稲葉三千男の議論を手
　　がかりとして」『マス・コミュニケーション研究』47号、1995年
＊石塚純一「円本を編集した人々」『出版研究』29号、1998年
＊石村善助『現代のプロフェッション』至誠堂、1969年
＊稲葉三千男「マス・コミュニケーションの伝達過程」『東京大学社会情報研究所紀要』12号、
　　1963年
　　同　　　『現代コミュニケーションの理論』青木書店、1975年
＊井上文夫・井上和子・小野能文・西垣悦代『よりよい社会調査をめざして』創元社、1995年
＊岩崎勝海『出版ジャーナリズム研究ノート』図書新聞社、1965年
　　同　　　「現代編集者の誕生－出版と社会・1930年前後」『20c.-21c.－マスコミ・ジャーナリ
　　　　　　ズム論集』2号、1994年
　　同　　　「日本における編集者の仕事の変化と出版教育」『出版教育研究所所報』7号、1995年
＊植田康夫『現代の出版－この魅力ある活字世界』理想出版社、1980年（新装版、出版メディアパ
　　ル、2008年）
　　同　　　「出版－大衆化と崩壊」南博・社会心理研究所『昭和文化1925－1945』勁草書房、1987年
　　同　　　「「戦後」に対処した出版人たち」南博・社会心理研究所『続・昭和文化1945－1989』勁
　　　　　　草書房、1990年
　　同　　　「出版の文化的役割と出版文化の再生」『放送学研究』41号、1991年「『出版学』の成
　　　　　　立の可能性について－清水英夫氏の論文を手がかりに－」『コミュニケーション研究』
　　　　　　No.27、上智大学コミュニケーション学会、1997年
　　同　　　「出版論」『出版研究』30号、1999年
＊植田康夫、伊豫田康彦、小林宏一「開拓途上における研究の位相と展開」『新聞学評論』39号、
　　1990年
＊梅沢正『サラリーマンの自画像』ミネルヴァ書房、1997年
＊江尻進「大学の新聞教育と記者の養成」『新聞研究』日本新聞協会、1965年9月号
　　同　　　「プロフェッションとしてのジャーナリスト」『コミュニケーション研究』2号、上智
　　大学コミュニケーション学会、1968年

274

参考文献・論文

＊遠藤健治『SPSSにおける分散分析の手順(改訂版)』北樹出版、2002年
＊大井眞二「ジャーナリズム意識の研究－米ジャーナリスト研究のインプリケーション－」『マス・コミュニケーション研究』48号、1996年
　　　同　　「マス・コミュニケーション教育の現在」『マス・コミュニケーション研究』59号、2001年
＊大石裕「日本ジャーナリズムの理論的課題」『政治・社会理論のフロンティア』慶応義塾大学法学部政治学科開設百年記念論文集、1998年
＊大田信男「ジャーナリスト養成教育への提言－大学新卒入社試験を中心に」『政経研究』第29巻第2号、日本大学法学会、1992年
＊太田良作・橋本進・森下昭平・出版労連30周年史刊行委員会『出版労働者が歩いてきた道』高文研、1988年
＊大宅壮一『大宅壮一選集7　マス・コミ』筑摩書房、1959年
＊小川菊松『出版興亡五十年』誠文堂新光社、1992年
＊尾高邦雄『職業の倫理』中央公論社、1970年
　　　同　　『尾高邦雄選集第一巻　職業社会学』夢窓庵、1995年
　　　同　　『尾高邦雄選集第二巻　仕事への奉仕』夢窓庵、1995年
　　　同　　『尾高邦雄選集第三巻　社会階層と社会移動』夢窓庵、1995年
　　　同　　『尾高邦雄選集第四巻　労働者意識の構造』夢窓庵、1995年
＊賀川洋『出版再生－アメリカの出版ビジネスから何が見えるか』文化通信社、2001年
＊加藤一夫編『カッパの本－「創作出版」の発生とその進展』光文社、1968年
＊金子勝昭『歴史としての文藝春秋』日本エディタースクール出版部、1991年
＊金平聖之助「アメリカにおける雑誌編集者養成について」『出版研究』No.3、1974年
＊川瀬一馬『日本出版文化史』日本エディタースクール出版部、1983年
　　　同　　「日本印刷出版の歴史(明治以前)」『講談社の80年』講談社、1990年
＊川中康弘・石川弘義・林伸郎・佐々木繁・清水英夫「出版コミュニケーションの諸問」『出版研究』1号、1970年
＊神吉晴夫『カッパ兵法』華書房、1966年
＊城戸又一編『マス・コミュニケーション講座第3巻　新聞・雑誌・出版』河出書房、1954年
　　　同　　編『講座現代ジャーナリズムⅣ　出版』時事通信社、1973年
　　　同　　編『講座現代ジャーナリズムⅥ　ジャーナリスト』時事通信社、1974年
＊木本至『雑誌で読む戦後史』新潮社、1985年
＊栗田確也編『出版人の遺言平凡社下中弥三郎』栗田書店、1968年
＊桑原武夫訳編『百科全書』岩波書店、1971年
＊小出鐸男『現代出版産業論－競争と協調の構造－』日本エディタースクール出版部、1992年
　　　同　　「試論　編集企画の背景－1950年代の新書出版について」『出版研究』29号、1998年
講談社Web現代『編集者の学校』講談社、2001年
小林一博『本とは何か』講談社、1979年
小宮山量平『編集者とは何か－危機の時代の創造』日本エディタースクール、1983年
　　　同　　『出版の正象を求めて－戦後出版史の覚書』日本エディタースクール、1985年
＊佐藤卓巳『現代メディア史』岩波書店、1998年
＊佐藤毅「戦後ジャーナリズム論」『新聞学評論』18号、日本新聞学会、1969年
　　　同　　『現代マスコミ入門』青木書店、1986年
＊塩澤実信『雑誌記者池島信平』文藝春秋、1993年
＊芝祐順『因子分析法』東京大学出版会、1979年
＊嶋中雄作「日本出版協会論」『中央公論』中央公論社、1948年9月号
＊島村忠義『日本における臨床看護婦の職業意識構造に関する実証的研究』多賀出版、1984年
＊清水英夫・小林一博『出版業界』教育社、1979年
＊清水英夫「現代出版ジャーナリズムの理解」『新聞学評論』18号、1969年
　　　同　　『現代出版論』理想出版社、1980年
　　　同　　『出版学と出版の自由』日本エディタースクール出版部、1995年

275

参考文献・論文

＊下村昭夫「労働組合が取り組んだ『本の学校＝出版技術講座20年の歩み』」『出版ニュース』
 2001年8月上旬号
  同　　編著『絵でみる出版産業－産業統計で解き明かす出版再生への道』出版メディアパル、
 2003年
＊荘司徳太郎『私家版・日配史』出版ニュース社、1995年
＊新聞協会研究所「現代新聞記者像上・下」『新聞研究』日本新聞協会、1994年5月号、6月号
＊末永俊郎編『社会心理学研究入門』東京大学出版会、1987年
＊鈴木均「エディトリアル・シンキング＝出版編集論」『出版研究』10号、1979年
＊鈴木省三『日本の出版界を築いた人々』柏書房、1985年
＊鈴木均「エディトリアル・シンキング＝出版編集論」『出版研究』10号、1979年
  同　　『出版の現場学－発想と方法』出版ニュース社、1978年
  同　　『職業としての出版人』中経出版、1978年
  同　　『出版界－その理想と現実』理想出版社、1979年
＊鈴木徹造『出版人物事典－明治～平成物故出版人』出版ニュース社、1996年
＊鈴木裕久『マス・コミュニケーションの調査研究法』創風社、1990年
＊諏訪春雄『出版事始－江戸の本』毎日新聞社、1978年
＊出版教育研究所編『出版界はどうなるのか－ここ10年の構造変化を検証する』日本エディタース
 クール編集部、2002年
＊高木教典編『講座現在日本のマス・コミュニケーション第4巻：マス・メディアの構造とマス・
 コミ労働者』青木書店、1973年
＊武市英雄「米国大学のジャーナリズム教育」『新聞研究』日本新聞協会、1994年5月号
＊竹内洋「専門職の社会学－専門職の概念－」『ソシオロジ』第16巻 第3号、1971年
＊武端隆『流通データでみる出版界　1974年‐1995年』出版ニュース社、1997年
＊田村紀雄「出版編集論－その職業と意思決定についての考察－」『出版研究』10号、1979年
＊千葉次郎「ジャーナリスト教育の問題点－基礎的な社会科学の土台の確立へ」『総合ジャーナ
 リズム研究』1965年5月号
＊辻勝次『仕事の社会学』世界思想社、1980年
＊津野海太郎『本が揺れた！ 1997－2001』本とコンピュータ編集室、2002年
＊鶴木眞「現代日本におけるマスコミ教育の現状とあり方」『第9回日韓国際シンポジウムプログ
 ラム・報告要旨集－マス・コミュニケーション教育を考える』2001年
＊外山滋比古『エディターシップ』みすず書房、1975年
＊中島健蔵「出版学の体系化序説」『出版研究』1号、1970年
＊長尾周也『プロフェッショナルと組織』大阪府立大学経済学部、1989年
＊中野秀一郎『プロフェッションの社会学』木鐸社、1981年
＊西谷能雄『出版とは何か』日本エディタースクール、1972年
  同　　『出版を考える』未来社、1984年
＊日本エディタースクール編『本の誕生－編集の現場から』日本エディタースクール編集部、1981
 年
  同　　編『日本の書籍出版社－仕事と仕組み－』日本エディタースクール編集部、1995年
  同　　編『校正技能検定試験100回の歩み1966－2001』出版学校日本エディタースクール、
 2001年
＊日本出版学会編『出版の検証－敗戦から現在まで1945～1995』文化通信社、1996年
＊布川角左衛門「編集とは何か」『出版研究』5号、1974年
  同　　『出版の諸相』日本エディタースクール出版部、1975年
＊野田実『統計調査実務雑記』2002年
＊橋本厚生「専門家の機能と民主主義について」『社会学評論』104号（第26巻第4号）、日本社会
 学会編、1976年
＊橋本求『日本出版販売史』講談社、1964年
＊花田達朗「学としてのジャーナリスト教育－欧米ジャーナリスト・スクール教授陣の訪問を受け
 て」『新聞研究』日本新聞協会、1998年9月号

参考文献・論文

同　　「諸外国におけるジャーナリスト教育の経験と日本の課題」『東京大学社会情報研究所紀要』No.58、1999年
＊花田達朗・廣井脩編『いま、ジャーナリスト教育』東京大学出版会、2003年
＊早川善治郎「マス・コミュニケーション論とジャーナリズム論」『新聞学評論』18号、1969年
＊林文・山岡和枝『調査の実際―不完全なデータから何を読みとるか―』朝倉書店、2002年
＊原田三郎「ジャーナリストには専門教育と現場研修を」『新聞研究』579号、1999年10月
＊春原昭彦「新聞人のジャーナリズム論」『新聞学評論』18号、1969年
同　　「日本の大学におけるジャーナリスト養成の現状と課題」『新聞研究』1994年5月号
同　　「新聞界の共同機関・日本新聞会と日本新聞協会その成立に至る歴史的経緯について」『日本新聞教育文化財団研究室年報』第17号、日本新聞教育文化財団、1999年
＊畔上和也「記者教育の歴史と課題」『日本新聞協会研究所1990年版年報』第9号、1990年
＊馬場浩也『SPSSで学ぶ統計分析入門』東洋経済新報社、2002年
＊別府三奈子「岐路に立つ米国ジャーナリズム研究・教育」『新聞研究』580号、1999年11月
同　　「ジャーナリズム向上のための米大学の試み」『総合ジャーナリズム研究』172号、2000年
同　　『米国ジャーナリズムの職業規範に関する史的分析』上智大学大学院、博士学位論文、2002年
＊深谷澄男・喜多安哲『SPSSとデータ分析1（基礎編）』北樹出版、2001年
＊本間康平『教職の専門的職業化』有斐閣、1982年
＊毎日新聞社編『岩波書店と文藝春秋』毎日新聞社、1996年
＊松居直「編集者論のためのノート」『出版研究』5号、1974年
＊松岡正剛『知の編集工学』朝日新聞社、1996年
＊松本昌次『戦後出版と編集者』一葉社、2001年
＊村田宏雄編『社会調査』勁草書房、1981年
＊三浦一郎「ルターと印刷術その他」『energy』37号、エッソ・スタンダード石油株式会社広報部、1973年
＊箕輪成男「学問としての出版研究とは何か」『総合ジャーナリズム研究』74号、1975年
同　　「制度から見た出版教育」『出版教育研究所会報』1号、1988年
同　　『出版学序説』日本エディタースクール出版部、1997年
＊美作太郎「編集論序説」『出版研究』5号、1974年
同　　「出版産業の現状と問題点」『ジュリスト』（増刊総合特集5　現代のマスコミ）、有斐閣、1976年
＊文嫦珠「日本の大学における出版教育の現況と出版教育の有効性について」『出版教育研究所所報』8号、日本エディタースクール・出版教育研究所、2002年
＊諸橋泰樹「大学におけるマスコミ・出版教育と就職問題」『雑誌文化の中の女性学』明石書店、1993年
＊山口昌男「編集者とは何か」『季刊メディアレビュー』メディアレビュー編集室、1981年
＊山田宗睦『職業としての編集者』三一書房、1979年
＊山田礼子『プロフェッショナルスクール：アメリカの専門職養成』玉川大学出版部、1998年
＊山本七平「出版「知的産業」への知的転換を」『総合ジャーナリズム研究』74号、1997年
＊山本文雄『日本マス・コミュニケーション史』東海大学出版会、1983年
＊吉田公彦編『名著の履歴書―80人編集社の回想』（上・下）日本エディタースクール出版部、1971年
同　　「出版教育の可能性をめぐって」『出版教育研究所会報』1号、1988年
同　　「出版教育研究所の開設について」『出版教育研究所会報』1号、1988年
同　　『日本における出版教育』日中出版研究者交流会議報告、1990年
同　　「出版学の構築をめぐる問題」『出版研究』24号、1993年
＊渡辺美知子『日本の小出版』柏植書房、1993年

277

■ 参考文献・論文

◇ **英文の参考文献・論文**

＊Barber, Bernard., Some Problems in the Sociology of the Professions, *Journal of the American Academy of Arts and Sciences* 92(4), 1963

＊Beam, Randal A., Journalism Professionalism As An Organizational-Level Concept, *Journalism Monographs* 121, 1990

＊Becker, Lee B., Soboeale, Idowu A. & Cobbey, Robin E., Reporters and Their Professional And Organizational
Commitment, *Journalism Quarterly* 56, 1979

＊Beer, John J. & Lewis, W. David., Aspects of the Professionalization of Science, *Journal of the American Academy of Arts and Sciences* 92(4), 1963

＊Berkowitz, Dan., *Social Meanings of News*, Sage Publications, Inc., 1997

＊Breed, Warren., Newspaper 'Opinion Leaders' and Processes of Standardiaztion, Journalism Qrarterly Summer 1955

＊Carr-Saunders, A. M. & P. A. Wilson, *The Professions*, Clarendon Press Oxford, 1993

＊Collins, R., Changing conceptions in the sociology of the professions, *The Formation of Professions:Knowledge, State and Strategy*, edited by R. Torstendahl and M. Burrage, London: SAGE Publicatons, 1990

＊Coldwell, Thomas., Professionalization And Performance Among Newspaper Photographers, *Gazette* 20(2), 1974

＊Coser, Lewis A., Men of Ideas – A Sociologist's View, The Free Press, 1965.高橋徹訳『知識人と社会』培風館、1970

　同　　., Publishers as Gatekeepers of Idea, *The ANNALS of The American Academy of Political and Social Science* 421, Sept.1975

＊Dennis, E. & Merrll J.C., *Basic Issues in Mass Communications: A Debate, Newyork* Macmillan, 1984

　同　　, Media Debates: *Issues in mass Communication, Second Edition*, Longman Publishers. 1996

＊Dillon, John., Career Values as Predictor of the Perceived Role of Media, *Journalism Quarterly* 67(2), Summer 1990

＊Epstein, Jason., *Publishing Past Present and Future*, W. W. Norton & Company Inc., 堀江洪『出版、わか天職－モダニズムからオンデマンド時代へ』新曜社、2001年

＊Escarpit, Robert., *The Book Revolution*, UNESCO, 1918, 清水英夫訳『出版革命』講談社、1967年

＊Etzioni, Amitai., *A Comparative Analysis of Complex Organizations,* The Free Press of Glencoe, 1961, 綿貫譲治監訳、『組織の社会学的分析』、培風館、1966年

　同　　, The Semi-Professions and their Organization : teachers, nurses, social workers, Free Press, N.Y., 1969

＊Ettema, James S. & Whitney, D. Chaeles., Professional Mass Communicators, *Handbook of communication Science*, Sage Publications, Inc, 1987

＊Forsyth, Patrick B. & Danisiewicz, Thomas J., Toward a Theory of Professionalization, *Work and Occupations* 12(1), 1985

＊Freidson, Eliot., Professional Dominance: *The Social Structure of Medical Care*, Atherton Press, Inc., 1970, 進藤雄三・宝月誠訳『医療と専門家支配』恒星社厚生閣、1992年

　同　　, Professional Powers: *A Study of the Institutionalization of Formal Knowledge*, Chicago and London: The University of Chicago Press, 1986

＊Goode, W., Professions and Non-professions, *Professionalization*, edited by Vollmer and Mills, Englewood Cliffs, N. Y.: Prentice-Hall, Inc., 1966

＊Greco, Albert N., Teaching Publishing in the United States, *Book Research Quarterly* 6(1), Spring 1990

＊Greenwood, Ernest., Attributes of a profession, *Social Work* Ⅱ, 3 , July 1957

＊Hall, R.H., Professionalization and Bureaucratization, *American Sociological Review* 33, 1968
   同　　, *Occupations and The Social Structure*, Englewood Cliffs, N.J: Prentice-Hall, 1969
＊Henningham, J.P., Comparisons Three Versions Of the Professional Orientation Index, *Journalism Quarterly 61*, 1984
＊Hughes, Everett S., Professions, *Journal of the American Academy of Arts and Sciences* 92(4), 1963
＊Idsvoog, Karl A. & Hoyt, James L., Professionalism and Performance of Television Journalists, *Journal of Broadcasting*, 21, Winter 1974
＊Johnstone, John W. C., Slawski, Edward J. & Bowman, William W., The professional Values of American Newsmen, *Public Opinion Quarterly* 49, 1972
   同　　, *The News Media: A Journalist Looks at His Profession*, New York: Holt. Rinehart and Winstone, 1986
＊Johnson, T. J., *The Rise of Professionalism: A Sociological Analysis*. Berkeley: Univ. of California Press, 1972
＊Laham Nadia., Teaching Publishing in the France, *Book Research Quarterly* 6(1), Spring 1990
＊Lane, Michael., Shapers of Culture: The Editor In Book Publishing, *The ANNALS of The American Academy of Political and Social Science*, 421, Sept.1975
＊Lattimore, D.L. & Nayman, Oguz B., Professionalism Of Colorado' s Daily Newsman: A Communicator Analysis, *Gazette* 20(1), 1974
＊Lawrence, Raymond D., Kansan Publishers – A Professional Analysis, *Journalism Quarterly* 15, December 1938
＊Leroy, David J., Levels of Professionalism in a Sample of Television Newsmen, J*ournal of Broadcasting* 17,Spring 1972-73
＊Lieberman, Myron., *Education as a Profession*, Englewood Cliffs, N.J: Prentice-Hall, 1956
＊Lichter, S. R., Rothman, S., & Lichter, L. S., *The media elite*. Bethesda, MD: Adler & Alder, 1986
＊Lynn, Kenneth., Introduction to the Issue "The Professions" , *Journal of the American Academy of Arts and Sciences* 92(4), 1963
＊Macdonald, Keith.M., *The Sociology of the Professions*, Sage Publications of London, 1995. グォンオフン訳『専門職の社会学』イルシン社、1999年
＊Marron, Maria B., Levels of Professionalism and Professional Efficacy Among Journalists in Ireland, *Gazette* 56, 1995
＊McLeod, Jack M. & Hawley Jr, Searle E., Professionalization Among Newsdmen, *Journalism Quarterly* 41, 1964
＊McLeod, Jack M. & Ruch, Ramona R., Professionalization of Latin American and U.S. Journalists, Part 1 and Part 2," *Journalism Quarterly* 46:583-590, Autumn 1969 and 46:784-789, Winter 1969
＊McQuail, Denis., *Mass Communication Theory An Introduction*, Sage Publications Ltd., 1983, 竹内郁郎・三上俊治・竹下俊郎・水野博助訳『マス・コミュニケーションの理論』新曜社、1985年
＊Nayman, Oguz B., Professional Orientation of Journalists: An Introduction to Communicator Analysis Studies, *Gazette* 19(4), 1973
＊Nayman, Oguz B., Atkin, Charles K. and O' Keefe, Garrett J., Journalism as a Profession in a Developing Society: Metropolitan Turkish Newsmen, *Journalism Quarterly* 50, Spring 1973
＊Neavil, Gordon B., Role of the Publisher In the Dissemination of Knowledge, *The ANNALS of The American Academy of Political and Social Science*, 421, Sept.1975
＊Parsons, Patrick R., Values of Communications Students And Professional Self-Selection, *Journalism Quarterly* 66, 1989
＊Peterson, R. A., Albaum, G., Kozmetsky, G., & Cunningham, I. C. M., Attiudes of newspaper business editors and general public toward capitalism. *Journalism Quarterly* 61,

1984

＊Pollard, George., Social attributes and job satisfaction among Newsworkers, *Gazette* 52, 1994

＊Ritzer, George., *The Mcdonaldization of Society*, Pine Forge Press, 1996, 正岡寛司監訳『マクドナルド化する社会』早稲田大学出版部、1999年

＊Rivers, William L. & Schramm, Wilbur., *Responsibility in Mass Communication*, New York: Harper & Brothers, 1957, 崎山正毅訳『コミュニケーションの社会的責任』日本放送出版協会、1959年

＊Ruotolo, A. Carlos., Professional orientation among journalists in three Latin American countries, *Gazette* 40, 1987

＊Schramm, Wilbur., *Mass Communications* : a book of readings, University of Illinois Press, 1960, 学習院大学社会学研究室訳『マス・コミュニケーション:マス・メディアの総合的研究』東京創元社、1968年

＊Shoemaker, Pamela. J., *Gatekeeping*, Sage Publications, 1991. 崔在完・河奉駿共訳『ゲートキーピング』図書出版ナムド、1993年

　同　　, Mediating the Message: *Theories of Influences on Mass Media Content*, Longman Publishers USA, 1996. 金完用訳『マスメディア社会学』ナナム出版、1997年

＊Sparks, Colin. & Splichal, Slavko., Journalistic education and professional socialization-Summary of a survey study in 22 countries, *Gazette* 43, 1989

＊Smith, Bernard., Professional Status for the Industrial Editor?, *Gazette* 2, 1961

＊Stone, Vernon A., Broadcast News Educators and the Profession, *Journalism Quarterly* 47, 1970

　同　　, Changing Profiles of News Directors of Radio and TV Stations, 1972-1986, *Journalism Quarterly* 64, 1987

＊Taylor, Lee., *Occupational Sociology*, New York Oxford University Press, 1968

＊Tuchman, Gaye., *Making News*, The Free Press a Division of Macmillan Inc., 1978. 鶴木眞・櫻内篤子訳『ニュース社会学』三嶺書房、1991年

＊Unwin, Stanley., *The Truth about Publishing*, George Allen & Unwin (Publishers) Ltd, 1960. 布川角左衛門・美作太郎訳『最新版出版概論』日本エディタースクール出版部、1980年

＊Vollmer, H & D. L. Mills, *Professionalizations*, N. J.: Prentice-Hall, 1966

＊Weaver, David H. & Wilhoit G, Cleveland., A profile of JMC educators: Traits, attitudes, and values. *Journalism Educator* 43, 1986

　同　　, *The American Journalist in the 1990s*, Lawrence Erlbaum Associations, Inc., 1996

＊Weinthal, Donald S. & O'Keefe, Garrett J., Professionalism Among Broadcast Newsmen in an Urban Area, J*ournal of Broadcasting*, 18, Spring 1974

＊Wilensky, Harold L., The Professionalization of Everyone?, *The American Journal of Sociology* 70(2), 1964

＊Woodings, R. P., Teaching Publishing in the United Kindom, *Book Research Quarterly* 6(1), Spring 1990

＊Wright, Donald K., An Analysis of the Levels of Professionalism among Canadian Journalists, *Gazette* 20, 1974

　同　　, Professionalism Levels of British Columbia`s Broadcast Journalists: A Communicator Analysis, *Gazette* 22, 1976

＊Windahl, Swen. & Rosengren, Karl Erik., The Professionalization of Swedish Journalist, *Gazette* 23(3), 1976

　同　　, Newsmen' s Professionalization: Some Methodological Problems, *Journalism Quarterly* 55, 1978

＊Wu, Wei & Weaver, David H., Making Chinese Journalists for the Next Millennium –The Professionalization of Chinese Journalism Studients, *Gazette* 60, 1999

＊Zelizer, Barbie., Has Communicatioin Explained Journalism? *Journal of Communication* 43(4), 1993

◇　韓国の参考文献・論文
＊姜明求『韓国言論専門職の社会学』ナナム出版社、1993年
＊金ゼユン「出版文化政策と出協の役割に関する研究」中央大学新聞放送大学院出版雑誌専攻碩士学位論文、1994年
＊金羲洛「プロデュサー事業としての出版」『出版学研究』韓国出版学会、1983年
＊朴有鳳・徐正宇・車培根・韓泰烈『新聞学言論』博英社、1980年
＊朴ヨンギュ「日帝下民間紙記者集団の社会的特性の変化過程に関する研究－職業意識と職業的特性の変化を中心に－」ソウル大学大学院新聞学科 文学博士学位論文、1994年
＊徐ジョンウ・韓テヨル・車ベグン・鄭ジンソク『新聞学理論』博英社、1974年
＊ユホンジュン『組織社会学』經文社、1999年
＊ユンゼホン「韓国言論人の職業意識研究」成均館大学大学院博士学位論文、1996年
＊李康洙「文化的ゲートキーパーとしての出版産業および出版人に対する研究－韓国出版産業研究」『漢陽大学言論学報』第３集、1982年
　同　「図書出版の専門性に関する考察」『出版学研究』韓国出版学会、1984年
　同　『マスコミ社会学』ナナム出版社、1987年
＊李康洙・金宰範『出版業界従事者の意識調査研究』韓国出版研究所、1991年
＊李斗暎「韓国出版団体の生成過程と発展課題」『出版学研究』44号、韓国出版学会、2002年
＊李正春『出版社会学』タレ出版、1992年
＊林東郁「言論職の専門化に関する研究」中央大学大学院新聞学科碩士学位論文、1982年
＊鄭洙棟「韓国言論の専門職化発展方案に関する研究」東国大学行政大学院行政学科碩士学位論文、1992年
＊鄭テチョル『米国新聞研究－公益性と商業性そして専門職システムの理解』コミュニケーションブックス、1999年
＊趙相浩「出版人の社会的役割と地位に関する研究」延世大学行政大学院言論広報専攻碩士学位論文、1989年
　同　『韓国言論と出版ジャーナリズム』ナナム出版、1999年
＊韓国言論財団『言論人専門化教育－概念とモデル、外国の実態と展望』韓国言論財団、1999年
　同　『韓米言論人の職業意識比較』韓国言論財団、1999年

◆　参考資料
＊『現代社会学辞典』有信堂出版、1984年
＊『下中弥三郎事典』平凡社、1965年
＊『出版事典』出版ニュース社、1971年
＊『出版人物事典』出版ニュース社、1996年
＊『社会学事典』弘文堂、1988年
＊『新社会学辞典』有斐閣、1993年
＊『岩波書店八十年』岩波書店、1996年
＊『偕成社五十年の歩み』偕成社、1987年
＊『クロニック講談社の80年』講談社、1990年
＊『講談社の歩んだ五十年』講談社、1959年
＊『財団法人日本出版クラブ三十年史』財団法人日本出版クラブ、1987年
＊『実業之日本社百年史』実業之日本社、1997年
＊『写真でみる岩波書店の80年』岩波書店、1993年
＊『出版データブック改訂版1945→2000』出版ニュース社、2002年
＊『出版年鑑』東京堂、1930年～ 1941年
＊『出版年鑑』出版ニュース社、1952年～ 2002年
＊『出版販売小史』東京出版販売株式会社、1959年
＊『出版労連』（機関紙縮刷版）第ⅰ巻～第ⅴ巻、（1953年～ 1983年）、日本出版労働組合連合会、1984年
＊『主婦之友社の五十年』主婦之友社

参考文献・論文

＊『情報メディア白書2003』電通総研編、ダイヤモンド社、2003年
＊『大日本図書百年史』大日本図書株式会社、1992年
＊『中央公論社七十年史』／『中央公論社八十年史』中央公論社
＊『東京出版協会二十五年史』東京出版協会、1939年
＊『東洋経済新報社百年史』東洋経済新報社、1996年
＊『日本出版年鑑』協同出版社；日本出版会、1943年～1948年
＊『日本書籍出版協会三十年史』社団法人日本書籍出版協会、1987年
＊『日本出版百年史年表』社団法人日本書籍出版協会、1968年
＊『文藝春秋三十五年史稿』文藝春秋新社、1959年
＊『ある軌跡－未来社25年の記録』未来社、1976年
＊『有斐閣百年史』矢作勝美編著、有斐閣、1980年

＊『1991年度出版労連第98回定期大会一般報告・資料集』日本出版労働組合連合会、1991年
＊『1997年版青年白書　若い出版労働者は何を考えているのか』出版青年白書刊行委員会、日本出版労働組合連合会、1997年
＊『2002年度新人社員研修会統計・資料集』日本書籍出版協会、2002年
＊『2003年度講師総会資料』出版学校日本エディタースクール、2003年
＊『2003年度出版労連第98回定期大会一般報告・資料集』日本出版労働組合連合会、2003年
＊『An Introduction to Publishing in japan2014～15』日本書籍出版協会、2015年
＊『新入組合員入門講座　これが出版労連だ!!』出版労連青年対策部編、日本出版労働組合連合会、2001年
＊「"ジャーナリズムを考える"新しい編集者をめざす三つの活動」『週刊読書人』（1965年2月8日付）、2面
＊『就職ガイド』出版学校日本エディタースクール、2002年度版
＊『出版技術講座20年の歩み』日本出版労働組合連合会／出版技術講座運営委員会、2001年
＊『出版教育研究所会報』No.1、出版学校日本エディタースクール・出版教育研究所、1988年
＊『出版教育研究所会報』No.2（1989年）、No.3（1989年）、No.4（1991年）、No.5（1993年）、No.6（1993年）、No.7（1995年）、No.8（2002年）
＊『出版労連2003年度第98回定期大会議案書』日本出版労働組合連合会、2002年
＊『昭和5年国勢調査報告－第二巻職業及産業』内閣統計局、1935年
＊『昭和15年国政調査報告－第三巻職業』総理府統計局、1973年
＊『昭和45年国勢調査報告－第2巻全国編(基本集計結果)』総理府統計局、1972年
＊『昭和45年国勢調査報告－第5巻詳細集計結果その1全国編』総理府統計局、1973年
＊『昭和55年国勢調査モノグラフシリーズNo.5職業構造からみた人口』総理府統計局、1985年
＊『戦前期国勢調査報告集－大正9年第1巻国勢調査技術編』クレス出版、1993年
＊『戦前期国勢調査報告集－昭和5年第2巻職業及産業』クレス出版、1993年
＊『戦前期国勢調査報告集－昭和15年第3巻職業』総理府統計局、1994年
＊『日本における出版教育－日中出版研究者交流会議報告』出版学校日本エディタースクール・出版教育研究所、1990年
＊『日中出版教育校際学術交流会論文集』出版学校日本エディタースクール、1997年
＊『日中出版教育校際学術交流会論文集』上海出版印刷高等専科学校、1999年
＊『日中出版教育校際学術交流会論文集』出版学校日本エディタースクール、2001年
＊『平成2年国勢調査報告－第5巻就業者の産業(小分類)・職業(小分類)その1全国編』総務庁統計局、1995年
＊『平成7年国勢調査報告－第5巻就業者の産業(小分類)・職業(小分類)その1．全国編』総務庁統計局、1999年
＊『平成7年国勢調査最終報告書－日本の人口(解説編)』総務庁統計局、2000年
＊『若い出版労働者は何を考えているのか』日本出版労働組合連合会、1997年

編集者の誕生と変遷／事象索引

＜ア行＞
アジア文化交流出版会… 162
アソシエーション…… 28,
　149,150,151,152
悪書追放運動……… 176
新しい質の運動… 201,204
　●
委託販売……… 137
医書出版協会……… 162
　●
エディターシップ… 11,12,
　71,72,84,133,215,269
エディター待望論……… 83
円本……… 97,108
　●
オイルショック……… 120

＜カ行＞
学習参考書協会……… 161
官僚的規範……… 40
　●
企画革命……… 85
技術革新……… 20
技術的・科学的プロフェッション… 29
技能職……… 66
教科書協会… 161,162,168
教科書懇話会…… 161,162
　●
クリエイティヴな編集者… 82
黒衣……… 9,146
　●
ゲートキーパー… 76,78,89
経済力過度集中排除法… 118
現代ジャーナリズム研究所
　…… 119,146,239,240,254
言論及び新聞の自由に
　関する覚書……… 159
言論出版の自由……… 13
　●
コミュニティの承認…… 34
コンヴェンショナル編集者… 82
工学書協会……… 162
校正技能検定試験… 241
高等教科書協会……… 162
国際出版連合……… 183
国勢調査からみる編集者

……… 135,139
国勢調査職業分類
　……… 139,140,144

＜サ行＞
再販制度……… 137
雑高書低……… 135
雑誌ジャーナリズム…… 97
雑誌広告倫理綱領…… 176
雑誌編集倫理綱領…… 176
　●
ジャーナリスト… 53,68,151
―における専門的職業化 64
―の社会学的研究……… 51
―の社会構造……… 64
―の専門性志向…… 54,55
―の専門的職業化
　……… 47,48,52,56,70
―専門的職業化の度合い… 66
―の専門的態度……… 64
―の態度的特性……… 52
―教育……… 219,220
―法……… 157
ジャーナリズム
　……… 44,45,68,270
―・プロフェッション論…
　21,44,48,49,219
―研究……… 14,18
―職……… 45,46
―職の専門的職業化…… 51
―職の職業規範……… 48
ジャーナリズム論
　……… 14,15,18,20,219
資格証明… 151,267
自営プロフェッション… 38
自習書協会……… 162
自然科学書協会……… 161
自転車操業的な出版… 137
辞典協会……… 161
社員募集要項……… 225
社会的コミュニケーション
　……… 261
週刊誌ジャーナリズム… 122
週刊誌ブーム……… 120
集会結社の自由……… 113
集合における専門的職業化
　……… 64,65,66

出版研究……… 16,17
出版コミュニケーション
　……9,10,17,76,77,80,82,
　270,271
出版ジャーナリズム… 97,269
―論……… 14
出版の自由……… 117,118
出版プロデューサー… 130
出版メディア……… 12,13
出版界粛正事件……… 159
出版概論……… 86
出版学……… 235
出版教育エデュケータ… 237
出版関連団体…… 152,164
出版企画者……… 130
出版技術講座
　……… 208,209,210,211
―20年の歩み……… 208
―のカリキュラム 212,213
出版教育…… 220,228,237,
　238,259
―の目標……… 230
出版教育研究所
　……… 241,248,249
出版教育研究部会…… 233
出版教育勉強会
　……… 230,231,233
出版業……… 92,93,94
―の産業革命……… 101
出版産業の実売状況
　……… 135,146
出版社における社員教育
　……… 221
出版取次懇話会…… 162
出版取締り制度……… 153
出版新体制……… 157
出版人の憲法……… 254
出版人の養成……… 222
出版人材教育……… 224
出版団体連合会
　……… 161,162,176
出版物取次倫理綱領… 176
出版文化国際交流会… 162
出版編集という職業… 87,88
出版編集者……… 249
―の教育……… 220
出版倫理協議会……… 176

索引

出版倫理綱領…… 175,176,189,254,265,266
出版労協…… 134,196198,199,200
出版労懇…… 134,191,192,194,195,196,205,214
出版労働者………… 190
―の職業意識… 140～145
出版労働組合懇談会
　（出版労懇）………… 162
出版労連………… 118,134,200,201,203,205,214,215,216,224,255,256
―のあり方………… 201
―の組織構成………… 206
―の編集者教育活動… 208
―職員技術講座… 208,210,211
書籍出版編集者…… 20,21,124,125,254
―の専門的職業化… 148,251
―の誕生………… 91
―の倫理意識………… 265
書籍職業学校………… 209
書店スト…………… 183
書店業…………… 93,94
書物屋仲間………… 153
書物問屋仲間………… 153
書林組合…………… 153
書肆…… 93,94,153,223
職業…………… 19,20
―アソシエーション… 149
―としての編集者… 86,89
職業規範論…………… 20
職業教育…………… 259
職業社会学… 20,23,181,252
職業分類………… 139,140
職前教育………… 224,225
職能の確立… 239,247
職能教育…………… 247
職能団体………… 257,258
新刊書籍発行点数…… 123
新書ブーム………… 119,194
新人社員研修会……… 177
新聞ジャーナリストの
　専門的職業化………… 80
新聞学…………… 15,16
新聞雑誌用紙協議会… 157

スクール・オブ・ジャーナ
　リズム………… 219,220
スペシャリスト………… 81

青年労働者の職業意識……
　140,141,142,143,14145
政治的アジテーション… 34
精神的労働者論……… 256
専門職………19,20,24,66
専門性志向………… 53,55
専門的教育訓練……… 260
専門的職業化 19,21,23,24,30,31,33,34,36,38,44,51,52,53,67,144,252
―のプロセス………… 33
―化のモデル…24,33,43,67
―の度合い………… 40,41
専門的職業人…… 253,256
戦争責任追及の問題… 159
全国印刷出版産業労働組合
　………………… 191
全国学校図書館協議会… 162
全国出版協会………… 161
全国大学マスコミ関係講座
　………… 227,231,234
全集ブーム………… 119
全東京印刷出版労働組合
　連合会………… 191

創作出版………… 129,130
創造性………………… 74
創造的才能………… 144

＜タ行＞
大学における出版教育
　……… 228,229,230,234
大衆的倫理観………… 127

知識の伝達者・創造者… 90
知的労働者として編集者… 90
地本問屋仲間…… 153,154
著作物の創造性……… 75

伝統的・典型的プロフェッ
　ション………… 48

徒弟制度………… 223,264
東京雑誌組合…… 154,155
東京雑誌販売業組合… 155
東京出版協会………… 154
東京出版販売（東販）… 161
東京書籍出版営業者組合… 154
東京書籍商組合… 154,155
東京書林組合………… 154
東京図書出版協会…… 155
東京堂教習所………… 223

東京堂実践商業学校… 223
東京編輯者協会……… 158
取次業……………… 93,94

＜ナ行＞
日本エディタースクール
　……… 119,146,239,240,241,242,245,254,259
―における出版教育…239,242
―の教育課程… 242,244,246
―の歩み……………… 248
日本ジャーナリスト会議… 193
日本ジャーナリスト連盟… 193
日本のプロフェッショナル
　教育……………… 219
日本の大学教育……… 261
日本の編集者教育
　………… 217,218,222
日本雑誌協会…… 155,162,162,166,168,175,176,265
日本雑誌広告協会…… 176
日本児童図書出版協会… 162
日本自由出版協会… 160,161
日本出版クラブ……… 162
日本出版会…… 157,158
日本出版界企画編集者規定
　……………… 157
日本出版学会
　……… 119,159,160,254
日本出版協会… 159,160,161
日本出版取次協会… 162,176
日本出版団体連合会… 168
日本出版配給………… 157
日本出版販売（日販）… 161
日本出版文化協会
　………… 157,158,162
日本出版連盟………… 161
日本出版労働組合協議会
　（出版労協）…… 193,196
日本出版労働組合連合会（出版労連）… 147,163,190,198
―の性格と役割……… 190
日本書籍出版協会…… 118,147,159,162,163,166,168,170,171,175,177,181,183,184,185,186,188,214,224,255,265
―50年史 ……… 182
―の組織構造…… 172,173
―のあり方………… 185
―のテーマ別研修会… 180,181
―の新人社員研修会… 177

—の性格と役割… 166,168
—の目的と事業 …… 172
—三十年史… 159,169,182
—新人社員研修の内容… 177
—定款…………… 172
日本書店商業組合連合会… 183
日本著作権協議会… 162
日本編集者会………… 158
日本編集者協会……… 158

●

ノン・プロフェッショナル
　項目… 57,58,59,60,62,63
ノン・プロフェッション
　………… 31,219,220

＜ハ行＞

販売予測………… 129
反プロフェッション…… 62

●

非プロフェッション…… 32
百科事典ブーム……… 120

●

プロフェッショナリズム
　………… 37,50
プロフェッショナリゼー
　ション ………… 38
　—の官僚制化 ………… 38
プロフェッショナル… 28,29
　—・スクール……… 219
　—としての編集者… 190
　—な職業人………… 264
　—の資格証明……… 150
　—の職業意識……… 133
　—教育……… 217,218
　—項目… 57,58,59,60,62,63
　—組織（協会）……… 42
プロフェッショナル・
　アソシエーション……27,
　28,34,35,36,64,147,148,
　149,150,152,163,181,186,
　188,189,190,214,215,216,
　219,255,256,257,258,266
　—の性格と機能… 147,148,152
プロフェッション… 9,19,20,
　23,25,31,32,33,34,35,36,
　38,39,40,42,43,46,50,51,
　52,53,67,68,69,70,71,80,
　81,85,88,89,147,148,
　149,150,163,181,
　190,217,219,249,
　252,255,259,262,
　263,268,271

—としてのジャーナリスト… 20
—としての編集者……… 21
プロフェッションの社会学
　………… 20,21,26
　—のスタンダード… 34
　—の基本要件……… 27
　—の構成要因………… 46
　—の構造的特性……… 37
　—の社会学……… 23,84
　—の定義リスト…… 26,28
　—の特性………… 47
　—の備えるべき要件…… 45
　—規範……… 38,40,85
　—研究………… 26
　—組織………… 37
　—発生………… 24
　—論………… 23,55
文庫………… 97
文庫本ブーム………… 119

●

編集……… 71,72,78
　—の概念……71,72,73,74
　—の持つ創造性…… 74,75
編集権………… 85
編集者…… 76,77,78,80,82,
　84,85,86,97,101,124,151,
　190,253
　—35歳定年説 ……… 19
　—職業……… 117
　—とは何か……9,10,83
　—のプロフェッショナル・ア
　ソシエーション … 256,259
　—の自主性……… 265
　—の社会的役割………… 19
　—の職業的社会化… 262,267
　—の専門的職業化…… 269
　—の誕生…… 921,081,113,
　124,252
　—の部分労働者化…… 132
　—の役割………… 76
　—の倫理意識…… 265,266
　—関取論………… 19
　—黒衣論………… 19
　—懇談会………… 193
　—女給論………… 19
編集者論…… 17,18,78,79,
　85,86,86
編集論………17,72,78,79

●

本の学校＝出版技術講座
　20年の歩み ……… 208
本屋仲間………… 153

＜マ行＞

マーケティング……… 129
マス・コミュニケーション
　………… 270
　—の専門職業化…… 49,267
　—研究………… 15
　—論………… 15,219
マスプロ・マスセール… 120
　—体制
　123,132,134,198,201

●

民主主義出版同士会… 159
民主的職能団体……… 134

●

メディア・リテラシー教育
　………… 259
メディエーター……… 82
明治・大正期の出版関連団体
　………… 156

＜ヤ行＞

有斐閣における社員教育
　………… 221

＜ラ行＞

利益集団………… 187
理念型のプロフェッション
　………… 30,31
倫理綱領…… 34,35,36,147

●

レクラム文庫………… 97

＜英文＞

GHQ ………… 159
HP（High Professional）
　………… 61,62
LP（Low Professional）
　………… 61,62
McLeod＆Hawleyの計算式
　………… 58,61,62
MP（Medium Professional）
　………… 61,62
Naymanらの計算式
　………… 59,61,62
OJT(On the job Training)
　………… 220,264,265
Windahl＆Rosengrenの
　計算式………… 61

編集者の誕生と変遷／人名索引

＜日本の編集者・出版人＞

青木春雄･･････････ 118,230
青地晨･････････････････ 239
井家上隆幸
　････････ 17,79,80,82,83,85
池島信平････････････83,84
石川武美･･･････････････ 100
石村善助･･････････ 81,149
岩崎勝海････ 17,87,88,89,
　　101,113,114,116,124
岩崎徹太･･･････････ 167,189
岩波茂雄 105,106,115,128
岩波雄二郎･････････････ 106
岩堀喜之助････････････ 126
植田康夫 10,79,128,146
江草四郎 108,167,189,222
大石裕････････････････ 14,18
大橋佐平･･･････････････ 104
大宅壮一････････････99, 108
　　　　　●
金原一郎･･･････････ 167,189
川井良介･･･････････････ 229
川瀬一馬･･････････････････ 93
神吉晴夫･･･････ 83,84,126,
　　127,128,129,130,131
菊池寛･･･････ 103,111,114
小林一博･･･････････････ 118
小林美一･･･････････ 167,189
小宮山量平････････ 17,83,
　　　　84,85,253
　　　　　●
坂本嘉治馬････････････ 104
嶋中雄作･･･････････････ 101
清水英夫･･･････････16,96
下中邦彦･･･････････････ 239
下中弥三郎････････ 166,168
下村昭夫･･･････ 208,209,211
鈴木均････････････････ 239
　　　　　●
竹内洋･･･････････ 26,218
田所太郎････････････････ 131
田町忠治････････････････ 102
田村紀雄･･････････････88,89
戸坂潤････････････････ 112
外山滋比古･･･11,17,71,72,73
　　　　　●

長尾周也･･･････････ 25,39,40,
　　　151,152,263
中野秀一郎･･･････ 26,27,28,
　　　　29,38
中町英樹････････････････ 136
楢橋国武･･･････････ 194,195
布川角左衛門･･･72, 167,176
野間清治･･･104,105,109,110
野間省一･･･････････････ 125
　　　　　●
橋本進･･･････ 132,133,134
花田達朗････････････････ 219
花森安治････････････83,84
日高六郎････････････････ 239
　　　　　●
増田義一･･･････････ 100,103
箕輪成男･･･････････ 230,233
美作太郎･･･ 73,74,75,78,79
森下昭平････････････････ 209
　　　　　●
山口昌男･････ 17,83,85,131
山田宗睦････････････89,90
吉田公彦（谷川公彦）･･･････
　　230,239.247, 248,250
吉野源三郎･･･････････････ 106

＜海外の編集者・出版人＞

姜明求（ガン・ミョング）･･･ 80
徐正宇（ソ・ジョンウ）･･･ 44
アンウィン･･････ 86,87,88
グーテンベルク････････････ 10
シュラム･･･････････ 49,267
ジョン・ケリー･･････････ 74
ダランベール････････････ 10
ディドロ････････････････ 10
マクウェール････････････ 69
マックス・ウェーバー･･･ 38
　　　　　●
Atkin ････････････････ 55
Breed ･･･････････････ 262
Carr-Saunders ･･･26,31,218
Cogan ･･･････････････ 218
Coser ･･････････････ 76
Danisiewicz･･･40,41,42,51,67
Elliott ･･･････････････ 263

Etzioni ･･････････････ 32
Forsyth ･･･ 40,41,42,51,67
Freidson ･･･････････････ 24
Goode ･･････････････ 33,218
Greenwood ･･･････････34,35
Gross ･･･････････････ 36
Hall ･･･････････････ 35,37,40
Hawley ･･･ 51,52,53,54,56,
　　57,58,59,60,61,62,63,66
Henningham ･･････ 56,61,62
Hoyt ･･･････････････ 55
Idsvoog ･･･････････････ 55
Johnstone ･･･････････････ 69
Lambeth ･･･････････････ 46
Lattimore ････････････55,60
Lewis Lapham ･･･････ 47
Lynn ･･･････････････ 47
McQuail ･･･････････････ 68
McLeod ･･･ 51,52,53,54,56,
　　57,58,59,60,61,62,63,66
Merrill ･･･････････････46,47
Mills ･･･････････････30,31
N.Toren ･･･････････････ 218
Nayman ･･･ 55,58,59,60,62
Nayman ･･･････････････ 55
Neavill ･･･････････････76,78
O'Keefe ･･･････････ 54,55,58
Rosengren ･･･････････････ 56
Rosengren ･･････ 60,61,62,
　　63,64,65,66
Schramn･･･････････ 49,267
Unwin（Stanley Unwin）
　･･･････････ 86,87,88
Vollmer ･･･････････････30,31
Weinthal ･･･････ 54,55,58
Wilensky･･･ 34,51,148,255
Wilson ･･･ 26,31,151,218
Windahl ･･･････ 56,60,61,62,
　　63,64,65,66
Wright ･･･････････ 54,55

◎ 著者略歴

文嬿珠（Moon Youn Ju、ムン ヨンジュ）
韓国出版学会会員・日本出版学会会員
1970年　韓国仁川生まれ
2004年　上智大学大学院博士後期課程修了。新聞学博士。
2004年～韓国の中央大学などで非常勤講師として講義を担当
2008年～亜洲大学校世界学研究所研究員
2011年～放送通信審議委員会勤務
連絡先：nishiogi40@hotmail.com

◎ 日本語の著書
◇ 『韓国の出版事情』共著（出版メディアパル、2006年）
◇ 『韓国の出版事情ガイド』共著（出版メディアパル、2008年）
　①韓国の出版ガイド（2006年版）&②韓国の出版ガイド（2008年版）
◇ 『図説　韓国の古書―本の歴史』翻訳書（安春根著、日本エディタースクール
　出版部、2006年）

◎ 韓国語の著書
◇ 『日本編集者の誕生』（コミュニケーションブックス、2010年）
◇ 『出版天才神吉晴夫』翻訳書（コミュニケーションブックス、2011年）
　原著：神吉晴夫『カッパ軍団をひきいて』学陽書房、1976年
◇ 『日本漫画産業を覗き見る』翻訳書（共訳、大韓出版文化協会、2011年）
　原著：中野 晴行『マンガ産業論』筑摩書房、2004年

編集者の誕生と変遷 ―プロフェッションとしての編集者論
© 2016　文嬿珠
2016年5月15日　　第1版　　第1刷発行
著者：文嬿珠
発行所：出版メディアパル　　　　住所：〒272-0812 市川市若宮 1-1-1
Tel&Fax：047-334-7094
e-mail：shimo@murapal.com　　　URL：http://www.murapal.com/

カバーデザイン：道吉　剛　　DTP編集：出版メディアパル　組版：今井印刷
CTP印刷・製本：今井印刷

ISBN　978-4-902251-62-3

●本の未来を考える＝出版メディアパル No.25
本づくりこれだけは〈改訂4版〉—失敗しないための編集術
下村昭夫 著　　　　定価（本体価格 1,200 円＋税）　A5 判　104 頁

●本の未来を考える＝出版メディアパル No.27
校正のレッスン〈改訂2版〉—活字との対話のために
大西寿男 著　　　　定価（本体価格 1,600 円＋税）　A5 判　160 頁

●本の未来を考える＝出版メディアパル No.29
編集デザイン入門〈改訂2版〉—編集者・デザイナーのための視覚表現法
荒瀬光治 著　　　　定価（本体価格 2,000 円＋税）　A5 判　144 頁

●本の未来を考える＝出版メディアパル No.28
表現の自由と出版規制—時の政権と出版メディアの攻防
山 了吉 著　　　　定価（本体価格 2,000 円＋税）　A5 判　192 頁

●出版実務書
韓国出版発展史 1945〜2010
李斗暎 著　舘野晳 訳　定価（本体価格 4,000 円＋税）　A5 判　512 頁

●出版学実務書
出版産業の変遷と書籍出版流通〈増補版〉
蔡星慧 著　　　　定価（本体価格 2,400 円＋税）　A5 判　232 頁

●出版学実務書
世界の本屋さん見て歩き—海外 35 ヵ国 202 書店の横顔
能勢 仁 著　　　　定価（本体価格 2,400 円＋税）　A5 判　272 頁

●本の未来を考える＝出版メディアパル No.26
昭和の出版が歩んだ道—激動の昭和へ Time TRaVEL
能勢 仁・八木壯一 共著　定価（本体価格 1,800 円＋税）　A5 判　184 頁

 出版メディアパル　担当者 下村 昭夫
〒272-0812　千葉県市川市若宮 1-1-1　　電話＆FAX：047-334-7094